Hilda-Maria Lander · Maria-Regina Zohner

Meditatives Tanzen

Tanz ist die Rückkehr in die ursprüngliche Ordnung der Schöpfung, die in rhythmischer Weise weitergeht. *Gregor von Nyssa*

Meditatives Tanzen

Hilda Maria Lander
Maria-Regina Zohner

Kreuz Verlag

Die Abbildungen wurden folgenden Werken entnommen:
S. 56, »M. Lurker, Der Kreis als Symbol« Wunderlich Verlag, Tübingen
S. 66/67 »Th. Schwenk, Das sensible Chaos« Verlag Freies Geistesleben, Stuttgart
S. 36, 65, 109, 205 »G. Doczi, Die Kraft der Grenzen« Dianus-Trikont Buchverlag, München
S. 71, 72, 75 »H. Kern, Labyrinthe« Prestel Verlag, München
S. 78 »Lexikon der Symbole« Fourier Verlag, Wiesbaden
S. 102/103 »J. Platon, Kreta« Nagel Verlag, München. Genf
S. 104/207 »J. Schmidt-Voigt, Russ. Ikonenmalerei und Medizin« © by edition Thiemig bei der Nymphenburger Verlagshandlung GmbH, München
S. 145 »F. Schachermeyr, Die minoische Kultur des alten Kreta« Kohlhammer Verlag, Stuttgart
S. 208 »E. H. Gombrich, Ornament und Kunst« Klett-Cotta, Stuttgart
S. 78/126/202/202/206 »O. Keel, Die Welt der altorientalischen Bildsymbolik und das Alte Testament« Benziger Verlag, Zürich
Illustrationen und Grafiken: Angelika Turian. HF Ottmann. Atelier Frommelt

4 5 6 7 97 96 95 94

Umschlaggestaltung: HF Ottmann
Umschlagfoto: Karl-Heinz Wacker, Ludwigsburg
Gesamtherstellung: Wilhelm Röck, Weinsberg
ISBN 3 7831 0844 6

Inhalt

Ergangene Gedanken

Meditatives Tanzen, meditierendes Tanzen – die Begriffe sind nicht neu, jedoch noch relativ jung. Die Inhalte reichen von uralt bis ganz neu. Vielerlei und Unterschiedliches wird in der Praxis angeboten. Meist sind es Bewegungsformen und Tänze, die ruhig sind, die den Leuten einfach guttun, die zum Nach-Denken anregen, die frei machen, heiter, besinnlich, die Sinn vermitteln. »Einfach schön war es, viel hat es mir gegeben, beglückt bin ich, davon kann ich noch lange zehren« – so die Aussagen von Tanzenden. Wenn es jedoch darum geht, zu erklären, was meditierendes Tanzen (diesen Begriff wollen wir wählen) eigentlich sei, treffen wir meist auf Sprachlosigkeit. Ruhig werden, Kraft schöpfen, eigentlich ist es nicht zu beschreiben – so die Aussagen. In der Tat ist es schwierig und fast unlösbar, etwas, was sich im Leib, auf anderen Ebenen vollzieht als auf der Ebene des scharfen Geistes, mit dem Wort einzufangen. Die gedankliche Vorstellung, was meditierendes Tanzen sei, ist noch bruchstückhaft, punktuell.

Trotz der Schwierigkeit, rational etwas zu erfassen, was sich weitgehend unserer Ratio entzieht, möchten wir versuchen, unsere theoretischen Ansätze darzustellen. Zunächst sind wir intuitiv vorgegangen, Tänze und Bewegungsformen zu suchen, die uns meditativ erscheinen. Unsere eigene Frage, was speziell an diesen Bewegungen und Tänzen meditativ sei, konnten wir vorerst nicht beantworten. Wir sind dann Stück für Stück der Praxis nachgegangen, ihren Wirkweisen, ihren Inhalten, und haben zusätzlich im breiten Bereich der Meditationsliteratur nachgefragt, welche Vorstellungen bestehen, welche Formen es gibt. Allmählich haben wir Baustein für Baustein von Erfahrungen und Erkenntnissen zusammengefügt, aus dem theoretischen Spektrum anderer Meditationsformen uns passend erscheinende Elemente ausgesucht, um dann meditierendes Bewegen und Tanzen geistig-seelisch zu erfassen. Wir sind bislang noch keinem Konzept in dieser Richtung begegnet. So ist der Versuch für uns neu, vielleicht auch noch unausgegoren. Dennoch, dies kann ein erster Ansatz zur Diskussion sein. Mit diskutieren meinen wir »discutio« im eigentlichen Sinne, nämlich zerschneiden, aufschneiden, zerbeißen, auf der Suche nach Wahrheit sein – ein höchst meditativer Vorgang. Wie Meditation selbst ist auch der Erkennungsvorgang nie fertig und bleibt letztlich zuinnerst ein Geheimnis. Wir versuchen uns diesem Unaussprechlichen, dem Unermeßlichen anzunähern, es zu umkreisen. Dingfest, damit wir es fest im Griff haben, können wir es nicht machen, damit wäre es bereits zerronnen und stünde im Widerspruch zur Meditation.

Einige theoretische Einsichten finden wir in verschiedenen Meditations-Techniken. Sie sind also keine Neufindung von uns. Wir haben sie lediglich befragt, ob sie den Vorgang des meditierenden Tanzens erhellen können. Einige Aspekte allerdings ergeben sich neu, zumindest aus unserer Sicht. Es ist also ein doppelter Weg:

– meditierendes Bewegen und Tanzen in das Gesamt von Meditation zu integrieren – manche sagen, meditierendes Tanzen kann es nicht geben;
– und das ganz Spezifische des meditierenden Tanzens auszuloten, in kristallinen Strukturen sichtbar werden zu lassen, das heißt herauszukristallisieren.

Durch die theoretische Auseinandersetzung haben wir begonnen, unsere Praxisarbeit aus dem rein Spontanen und Zufälligen in einen bewußten und größeren Zusammenhang zu bringen. Konkret sind entstanden: Formen der Einführung in die Tänze, Bewegungsvertiefungen, das Wiederholen der Tänze selbst, Bezüge zu Bildern (inneren und äußeren) herstellen, sie kommen lassen und den Geist einsammeln. Immer mehr wurden dabei die archetypischen Symbole Grundlage unseres praktischen Tuns und theoretischen Durchdringens.

Werden und Sterben, Freude und Trauer, Schmerz und Wohlbefinden, das ist der Vorgang dieser gedanklichen Geburt. So haben wir sie erlitten, uns gefreut. Wir hoffen, daß meditierendes Bewegen und Tanzen eintreten kann in die Versammlung jahrtausendealter, ehrwürdiger Meditationsformen.

Wir möchten den vielen Menschen danken, die uns bisher direkt in der Begegnung oder indirekt durch ihre Bücher Weggefährten waren und sind. Dank den Freunden des Frankfurter Tanzkreises, bei denen wir Gehör und Ermutigung fanden.

Teil I

Zur Mitte gegangen werden

Theoretische Einsichten

1. Meditation: verschiedene Wege, verschiedene Sichtweisen

Meditation als Begriff wird unterschiedlich gebraucht und interpretiert, je nachdem, ob es aus einer religiösen, einer medizinischen, einer psychologischen oder sonstigen Sichtweise geschieht. Auch die etymologische Ableitung vom Wortstamm hat verschiedene Ansätze, wie: *meditari* (lat.) = nachsinnen, *exercici* (lat.) = exerzieren, üben; *meditatio* = sinnliche Betrachtung, *haga* (hebräisch) = Übung mit halblautem Lesen, *meletan* (griech.) = hegen, pflegen.

Es geht uns nicht darum, all die Verschiedenheit darzustellen und dabei abzugrenzen, was noch Meditation sein kann und was nicht. Wir wollen lediglich auf die Vielfältigkeit verschiedener Meditationsformen und -wege hinweisen, sie aufzählen, weiterführende Literatur angeben. Es gibt so viele Meditationswege, wie es Menschen gibt: Alles kann der Meditation dienen und zur Meditation werden. Das deutet die Fülle und Breite an, jedoch auch die Inflation des Begriffs und der Inhalte. Wenn letztlich alles Meditation sein kann, jedes Rennen durch den Wald mit Meditation bezeichnet wird, wo findet sich dann die Grenze? Letztlich kann zwar jegliches Tun nach langem Üben meditierend verrichtet werden, dennoch ist nicht jedes Tun von vornherein Meditation. So hegen wir auch Zweifel, daß jegliche Entspannungstechnik schon Meditation sei. Sie kann zur Meditation hinführen, sie kann Meditations-Elemente enthalten, sie kann jedoch genausogut rein funktionale Körperentspannung sein.

Der Begriff Meditation wurde ursprünglich fast ausschließlich im religiösen Bereich verwendet (Lobo, 51), und zwar in den verschiedensten Religionen. Dabei wird Meditation gesehen als das vornehmste Tun der Religion, das Innewerden des Innersten (Dargyaym, 119). Einige Entspannungstechniken verstehen sich bewußt im Gegensatz zu dieser Meditationsauffassung mit religiösem Hintergrund. Sie wollen Meditation von Mystik und Magie »bereinigt« sehen, rein funktional, technisch-wissenschaftlich nachprüfbar, aufklärerisch durchsichtig. Hier prallen unterschiedliche Welten aufeinander. Jedoch: Können wir wirklich alles, was Leben ist, sehen, schmecken, erklären, nachprüfen? Diese Art säkularisierter Meditation mag jedoch für manche Menschen einen guten Zugang bieten, innezuhalten, bewußt zu leben, ihre Lebenssituation zu gestalten, zu überdenken, sie wahrzunehmen. Sie sind nicht gezwungen, irgendeine Religion, ihre Philosophie, Theosophie notgedrungen hinzunehmen. Allerdings fehlt diesen funktionalen Anschauungen des öfteren die Frage nach dem Lebenssinn, den Lebenszusammenhängen, der re-ligio = Rückbindung an Wesentliches, Ursprüngliches, dem Erkennen von Wahrheiten.

Wir möchten die verschiedenen Meditationsansichten nicht als besser, schlechter, höher, niedriger einstufen – wer kann dies letztlich beurteilen? Wir meinen jedoch, daß Meditationswege mit philosophischen Fragestellungen nach Sinnzusammenhängen dem einzelnen breitere – nicht leichtere – Chancen der Sinnfüllung, Sinn-Er-füllung anbieten. Das eigene Bemühen darum jedoch bleibt.

Meditation unterliegt verschiedenen Unterscheidungsmerkmalen, wie

- objektgebundene, gegenständliche Meditation und objektfreie Selbstversenkung,
- Konzentration – Meditation – Kontemplation,
- östliche und westliche Meditationswege, Mischformen,
- langfristige und kurzfristige Meditationsformen,
- alte und neue Meditationstechniken.

Unabhängig von diesen Unterscheidungsmerkmalen wollen wir einige Meditationsformen und -wege nennen, um wenigstens die Fülle erahnen zu lassen. Wir verzichten darauf, sie einzeln zu beschreiben, sondern verweisen auf unser Literaturverzeichnis.

● Meditationswege aus dem östlichen Lebenskreis sind zum Beispiel:
- Zen-Meditation
- Buddhismus, Zen-Buddhismus
- Yoga
- Taoismus
- T'ai Chi (Bewegungsmeditation)
- Aikido (Bewegungsmeditation)
- Ikebana (die meditative Kunst des Blumensteckens)
- Zen in der Kunst des Bogenschießens
- Schrift-Meditation, Kalligrafie, der Weg der Schrift

● Meditationsformen im westlichen Kulturkreis sind zum Beispiel:
- Mystisch-asketische Kontemplation (z. B. Einsiedlermönche)
- Philosophische Mystik
- Kontemplative Meditation (»Die Wolke des Nichtwissens«)

– Christliche Meditation, die östliche und westliche Meditationsformen verbindet und sich in vielerlei Gestalt findet
– Eutonie
– Bioenergetik

- Objektgebundene Meditationswege sind zum Beispiel:
– Natur-Meditation (sich Dingen der Natur meditierend annähern)
– Musik-Meditation (hören, ausüben von Musik)
– Mantra-Meditation (»heilige Silben« wiederholend sprechen, siehe auch Transzendentale Meditation)
– Symbol-Meditation (z.B. Symbol Baum, Kreis, Kreuz)
– Metapher-Meditation (gleichnishafte Ausdrücke)
– Bild-Meditation (versenkte Bildbetrachtung, Schauen)
– Meditatives Malen (Imaginatives Gestalten)
– Meditatives Bewegen und Tanzen
– Meditation des Mitmenschen (über die Liebe zum Mitmenschen, metta = selbstlose Liebe)
– Text-Meditation (Haiku, Schrifttexte)

- Objektfreie Selbstversenkung
– Stille-Meditation (s. auch Zen-Meditation) in verschiedenen Formen, wie Sitz-Meditation, Geh-Meditation, Steh-Meditation

- Meditation und Sternzeichen
In ungewöhnlicher Weise bringt Seitz eine interessante Zuordnung von Meditationsformen zu den einzelnen Sternzeichen. Grundlage ist eine astrologische Denkweise mit den Tierkreiszeichen. Wir wollen nicht die jeweilige Zuordnung wiedergeben, sondern lediglich die Fülle der Meditationspraktiken aufführen, die angegeben sind. Gleichzeitig ist kritisch zu fragen, ob der einzelne ohne Anleitung imstande ist, aus der Fülle adäquat auszuwählen, sich zu vertiefen, oder ob er in den Sog des Aktionismus gerät, dem Feind von Meditation.
Bei Seitz sind aufgeführt:
– Sonnen-Meditation (Sonnenaufgang schauen, meditieren)
– Bewegungs-Meditation (frühmorgens laufen)
– Wirbel-Meditation (sich drehen wie die Derwische)
– T'ai Chi (Bewegungsmeditation)
– Dynamische Meditation (chaotisch anmutende Bewegungen, ähnlich Kundalini-Übungen)
– Hatha-Yoga (Bewegung, Atmung, verschiedene Übungen)
– Mantra-Singen (Wort-Melodie-Kombination)
– Ton modellieren (imaginatives Gestalten mit Ton)
– Natur-Meditation (verschiedene Übungen in der Natur)
– Yogi-Vollatmung (Bauch-Atmung)
– Ha-Atmung (Atmung und Bewegung)
– Dhikr-Meditation (religiös-orientierte Gebets-Meditation)
– Mutterleib-Meditation (abendliche Stille-Meditation)
– Spiegel-Meditation (schauen der eigenen Augen im Spiegel)
– Mond-Meditation (Mondschauen um die Vollmondzeit)
– Wasser-Imagination (ähnlich dem autogenen Training)
– Meditatives Malen (zweckfreies Malen)
– Meditatives Tanzen (freie Bewegungen auf Musik)
– Licht-Meditation (mit geschlossenen Augen die Sonne schauen)
– Liebe-Meditation (Liebesenergien verströmen)

- Sonnengebet (bestimmte Yoga-Übungen)
- Meditatives Waschen (konkretes oder imaginatives Duschen)
- Satipatthana-Meditation (jede Handlung bewußt machen)
- Schreib-Meditation (Übungen, Gedanken aufzuschreiben)
- Meditatives Arbeiten (bewußtes, achtsames Arbeiten)
- Karma-Yoga (bewußtes Tun)
- Friedens-Meditation (positive Schwingungen einsetzen)
- Nadabrahma-Partnermeditation (gemeinsames Summen)
- Metta-Meditation (selbstlose Liebe meditieren)
- Kunst-Meditation (Betrachtung von Kunstwerken)
- Zen in der Kunst der Blumenzeremonie (Ikebana)
- Meditation über den Stirb-und-Werde-Vorgang in der Natur
- Mutprobe-Imagination (Phantasiereise mit autogenem Training)
- Meditation über Leben und Tod (vor dem Schlafengehen und nach dem Aufwachen meditieren)
- Spannungs-Meditation (Spannung und Entspannung)
- Aiki-do (Bewegungsmeditation)
- Raja-Yoga (Beherrschung der seelischen Vorgänge)
- Tantra (Verwandlung von sexueller in spirituelle Energie)
- Inana-Yoga (Pfad der Erkenntnis)
- Zen in der Kunst des Bogenschießens (geistige Übung)
- Konzentrations-Meditation (Kristall als Gegenstand)
- Gebirgs-Imagination (Phantasiereise mit autogenem Training)
- Meditation der Kargheit (einen ganzen Tag schweigen, fasten, sich auf Wesentliches konzentrieren)
- Zazen (Ziel ist Erleuchtung)
- Lach-Meditation (schon morgens im Bett lachen)
- Grimassen-Meditation (vor dem Spiegel Fratzen schneiden)
- Stop-Meditation (plötzlich verharren, nach innen richten)
- Flug-Imagination (Phantasiereise)
- Sternschnuppen-Imagination (Phantasiereise)
- Zen-Koan (kurze Texte mit Widerspruch, Paradox)
- Sufi-Witze (irrationaler Meditationsgegenstand)
- Meditation über Symbole (Ursymbole meditieren)
- Traum-Meditation (Geträumtes meditieren)
- Musik-Meditation (Musik hören)
- Verschwinden (»Wie wäre die Welt ohne mich?«)
- Meditation über das Meer

Diese – fast erschlagende – Vielfalt zeigt die Komplexität und Fülle des Lebens selbst an, aber auch die Schwierigkeit, aus der Vielfalt eine einigende, zentrierende Mitte zu finden. »Aus der Vielheit beginnt der Weg, und das ist der Sinn der Schöpfung von der Vielheit zur Einheit« (Weinreb, 50).

2. *Meditierend bewegen und tanzen*

Ein Versuch, leib-orientierte Meditation durch die geronnene Bewegung der Schrift auszudrücken.

Tänzerische Grundlagen, von denen wir ausgehen

Wir haben unsere theoretischen Einsichten, unser Suchen, was meditierendes Bewegen und Tanzen sein kann, nicht im luftleeren Raum geschrieben. Bestimmtes Bewegungs- und Tanzmaterial haben wir zugrunde gelegt und möchten es nachstehend benennen. Das heißt nicht, daß nicht auch mit anderen Tänzen, anderen Bewegungsformen meditierend umgegangen werden kann. Zum Beispiel können wir uns sehr wohl vorstellen, daß sich dafür aus der afrikanischen Tanzkultur Bewegungsmaterial eignet. Wir haben jedoch nur die Tänze und Bewegungsformen genommen, mit denen wir selbst praktische Erfahrungen haben. Es ist sicherlich kein Zufall, daß ein Teil dieser Tänze früher Kulttänze waren oder daß dies vermutet wird. Hier zeigt sich eine Parallele: T'ai Chi, die alte chinesische Bewegungskunst, ist ursprünglich bereits 2600 Jahre vor Christus (Anders, Das Chinesische Schattenboxen, 12) aus kultischen Tänzen entstanden. Es liegt Sinn in einer solchen Entwicklung.

Wir möchten meditierendes Bewegen und Tanzen nicht als Gegensatz zu anderen Tanzformen verstehen, sondern es aus den eigenen Inhalten und Wirkweisen definieren, es gleichrangig zu den anderen sehen. Deshalb erscheint es uns nicht notwendig, große Ausführungen zu machen, was Tanz an sich sein könnte. Lediglich von einigen wenigen Aussagen zum Tanz möchten wir ausgehen, die sich letztlich im meditierenden Tanzen wiederfinden:

– Der Tanz ist die älteste und elementarste Form der religiösen Äußerung (Göttner-Abendroth, 45). Ein Hauptmerkmal aller matriarchalen und auch späterer Kulte war der Tanz.

– Tanz ist immer sakral; alles Sichtbare ist eine Vision des Unsichtbaren (Bejart).

– Die wichtigsten Ereignisse des Lebens wurden getanzt. Nicht

Zerstreuung war Tanz, sondern Gebet (nach Acogny, afrikanischer Tanz).

– Die Wortbedeutung »Tanz« hat mit Ziehendem zu tun (Salber), und in dieses Ziehen werden die Tanzenden einbezogen, sie spüren ein unfaßbares Gezogenwerden.

– Der Tanz enthält Askese wie Schöpfung (nach Bejart).

– Tanzen heißt, sich mit den Steinen verständigen, den Gesang des Meeres verstehen und den Atem des Windes (Bejart).

– Es ist gerade für den Tanz als Einheit sehr charakteristisch, daß er Gegensätzliches so nahe beieinander hat (Salber).

– Ekstatisches Tanzen kann die Vereinigung des Tänzers mit der Gottheit sein, vom Geist Jahwes überwältigt werden (Nouwens).

Konkret sind die tänzerischen Grundlagen, von denen wir ausgehen:

- alte, uralte Tänze verschiedener Kulturen, Gruppentänze, Reigen, frühere Kulttänze, Folkloretänze;
- neu entstandene und entwickelte Tänze und Bewegungsthemen, die gefunden und erfunden wurden, teilweise entlehnt aus altem Tanzmaterial oder benachbarten Bewegungsformen wie T'ai Chi;
- Bewegungsthemen und -vertiefungen, die wesentliche Aussagen der Tänze vertiefen oder gar erst durch Bewegung bewußt werden lassen;
- Elemente aus T'ai Chi, Qi Kong, Yoga, Eutonie und Bioenergetik, die einerseits vorbereitend zu den Tänzen hinführen, sie jedoch auch vertiefen und abschließen können; meist werden sie mit Atemübungen verbunden;
- Symbole, sinn-orientierte Bilder, die die bewegende und geistige Beziehung zum tänzerischen Inhalt darstellen;
- Bewegungen und Tänze in Verbindung mit Liedern, Gedichten und Gebärden.

Nicht einbezogen und bei unseren Überlegungen auch nicht gemeint ist spontanes, freies Bewegen zu einer Musik oder inneren Eingebung. Wir haben wenig Erfahrung damit. Eindeutig ist, daß wir von einer Bewegungs- und Tanzgestalt und damit Gestaltung ausgehen, einer Struktur, die wir uns einverleiben und die so ihre Wirkweisen entfalten kann.

Gemeinhin wird angenommen, meditierendes Tanzen sei langsames Bewegen. Grundsätzlich muß dies nicht so sein. Es können durchaus auch schnelle Bewegungen, pulsierende Tänze meditiert werden, wenn sie entsprechende Inhalte haben. Dennoch sind unsere Tänze meist langsam, gleichsam als Gegenpendel zur Hektik und Überreizung, in der wir meist leben. Wachsame Ruhe und Stille haben wir zu wenig. Denkbar ist allerdings auch die Kombination von ruhigen und aktivierenden Tänzen. Wesentlich erscheint uns die jeweilige Botschaft, die Tänze und Bewegungsformen vermitteln, die wir bewegend erfassen und denen wir uns annähern können. Nur ein absichtsloses Dahinbewegen als alleinige Form scheint uns nicht in den Wirkungskreis meditierenden Tanzens zu gehören.

Meditierendes Bewegen und Tanzen kann all dies beinhalten, was nachstehend beschrieben wird. Das heißt jedoch nicht, daß alles gleichzeitig, grundsätzlich und automatisch wirksam wird. Oft werden wir nur winzige Anteile davon erfahren, manchmal gar nichts. Meditierendes Tanzen kann uns in Hochstimmung, in leichte Heiterkeit bringen, aber auch die Trauer intensivieren. Es kann unsere Gesundheit fördern, heilend wirken, jedoch wird es uns nicht grundsätzlich vor Krankheit bewahren können. Mühe und Mühelosigkeit verbinden sich im meditierenden Tanzen, Werden und Vergehen.

Meditari – zur Mitte hin gegangen werden

Aus der Fülle der Begriffe, Deutungen und Bedeutungen möchten wir für meditierendes Tanzen *meditari* (lat.) nehmen mit der fülligen Kurzformel »zur Mitte hin gegangen werden«. Das, was Mitte ist, ist wesentlich, das Wesentliche schlechthin. Ob als Mitte ein religiöser Hintergrund gegeben wird oder allgemein der Sinn des Lebens begrifflich einzufangen versucht wird, liegt in der Entscheidung des einzelnen. Auch Sinngehalte von Tänzen können unterschiedlich auf das »Wesentliche« hinweisen. Zum Beispiel ein Pilgertanz, der immer wieder einen Rückschritt enthält, der sich der Mitte eines Kreises annähert oder Tiefe und Höhe durch seine Schritte einholt, ist vielschichtig und doch wieder eindeutig im Pilgergedanken. Es gibt eindeutige Sakraltänze, zum Beispiel die Sufi-Tänze, für die diese Mitte, das Wesentliche, Gott, Allah ist. Ein Teil unserer Tänze kann für einzelne ebenfalls dieses Bestreben erfüllen; sie können jedoch auch mit anderem Wesentlichen belegt werden, zum Beispiel sich mit dem Kosmos eins fühlen, die Beziehung zu Rhythmen der Natur herstellen. Wir haben keine Sufi-Tänze aufgenommen, da wir meinen, daß sie in ihrer Eindeutigkeit nur zu Allah, zu Gott hin getanzt werden können und nicht säkularisiert werden sollen.

Zweifellos hatten die alten Kulttänze verschiedener Kulturen ebenfalls eindeutige Inhalte zu Gott, zu Göttinnen, zu Göttern, zu heiligen Handlungen. Diese Inhalte sind weitgehend verlorengegangen. Wir haben die Chance, sie neu zu füllen, ähnlich wie bei inhaltlos gewordenen Symbolen. Jedoch bei den Tänzen, die derzeitig noch für die Tanzenden der jeweiligen Kultur auf Gott orientierte Inhalte haben, möchten wir keine Umdeutung oder Mehrdeutigkeit anbieten. Wir würden die Substanz zerstören, wenn wir etwa folgendes umdeuten wollten: »Der Reigen ekstatisch sich drehender Derwische wurde häufig als ein ›Tanz‹ bezeichnet. Dabei handelt es sich tatsächlich um einen heiligen Tanz, einen Reigen, der bereits ähnlich von Jesus mit seinen zwölf Jüngern ausgeübt und in den Apokryphen des Johannes eindrucksvoll und atemberaubend beschrieben worden ist« (Makowski, 38).

Eindeutig ist, daß es Mitte, Wesentliches im meditierenden Tanzen gibt, mehrdeutig sind jedoch die inhaltlichen Rückbindungen (im eigentlichen Sinne re-ligio). Es ist nicht die Mitte haben, besitzen, sondern in Beziehung zu ihr stehen, sie suchen.

Diese Mitte, dieses Wesentliche, was es auch sein mag, kann jedoch nie voll und ganz erfaßt oder begriffen werden. Die Mevlevi-Derwische gehen bei ihren sakralen Tänzen davon aus, daß die Mitte nie direkt angegangen werden kann, sondern daß sich der Tanzende nur umkreisend annähern kann. Ein letztes Geheimnis, ein letztes Nichtbegreifen bleibt. Das gilt auch für die Vorstellung, daß Meditation das Innewerden des Innersten (Dargyay, 119) ist, auch und gerade, wenn dies durch den sich bewegenden Leib mit seiner eigenen Mitte geschieht.

Mitte lebt jedoch auch von der Spannung zur Peripherie, sonst könnte ich nicht Mitte erfahren. Ein Bild soll diese Beziehung Mitte–Peripherie einleuchtend machen. Dieses Bild taucht in verschiedenen Kulturen auf, wie Indien, Japan, Europa. Wenn in die Mitte eines begrenzten Wassers , in einen Teich, einen kleinen See ein Stein geworfen wird, gehen von dieser Mitte Wellen nach außen, es entsteht Bewegung. Diese Wellen brechen sich an der Peripherie und gehen wieder, in veränderter Form, nach innen. Von der Mitte, die ich ahne, die ich suche, geht also eine Bewegung aus, die sich ausdehnt (Ek-stase = ausdehnen) und die wieder zur Mitte zurückgeht, in das Innerste (En-stase). Die Bewegungen der Wellen können mit den Bewegungen des Tanzens verglichen werden. In diesem Symbol-Bild finden sich auch die Mandalas, die Kreisbilder (siehe C. G. Jung, Mandala).

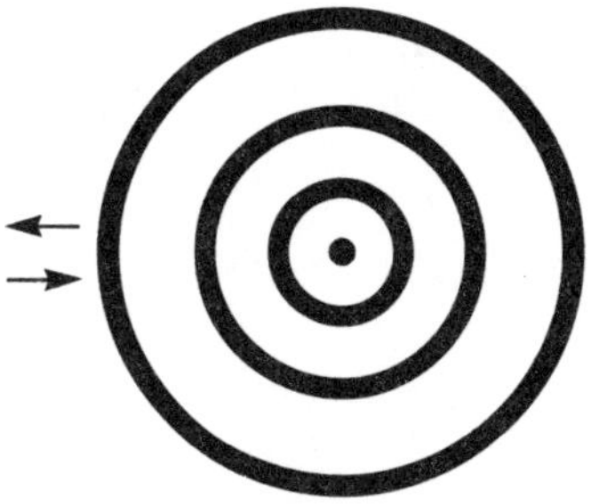

Mitte liegt in uns, aber auch außerhalb von uns, übersteigend. So liegt die Mitte-Erfahrung in dieser Spannung. Ich kann die Mitte außerhalb von mir in mich hineindrehen (Derwisch-Tänze), sie mit meiner Mitte verbinden und dann nach außen ver-mitt-eln.

Ähnlich – und doch ganz anders – zeigt sich der meditative Vorgang bei den Wandmalereien der Moldau-Klöster in Rumänien, die Wege-Kirchen sind (Nyssen, 28 f.). Die Innenmalerei entspricht, trotz unterschiedlicher Themen, einer jeweils inhaltlichen Zentrierung auf das Heil (Zentrum). Die Außenmalerei entspricht dem Wanderzug der Gestalten auf das endgültig kommende Ziel. Die Außenfresken sind eine Art Transparenz, ein Durchscheinen dessen, was innen abgebildet ist. In allmählichen Rhythmen ziehen die Gestalten, am Inneren orientiert, gen Osten (Orient-orientiert). Der Betrachtungsvorgang dieser bemalten Kirchen gleicht dem meditierenden Tanzen, besonders wenn sie die Form des Reigens, des Kreises, der Spirale haben. Die räumliche oder geistige Mitte, die außerhalb von mir ist, kann ich mir bewegend einverleiben, mit meiner Mitte verbinden und nach außen vermitteln. Dies kann im Tanz ein ganz konkreter Bewegungsvorgang sein. Die Außengestalten der bemalten Kirchen vermitteln gleichzeitig, was innen ist; Weg und Ziel fallen zusammen. Vermitteln kann ich jedoch nur, wenn ich an einer Mitte orientiert bin, sie, wenn auch gebrochen, erkenne, sie suche.

Ergreifen und sich ergreifen lassen, einüben und wiederholen

Die Vielschichtigkeit von Meditation zeigt sich auch in den Paradoxien, den Widersprüchen, den polaren Spannungen. Es gehören dazu das Aktiv-Moment und das Passiv-Moment im Sinne des »Lassens«, des »Geschehenlassens«. Auch der vorherige Gedanke des »zur Mitte gegangen werden« enthält diesen Aspekt.

Im T'ai Chi (Anders, Kobayashi) wird von zwei Stufen ausgegangen, die sich nahtlos auf meditierendes Tanzen übertragen lassen:

1. Das Erwachen, das Erkennen, sich selbst erkennen, etwas tun, Arbeit leisten. Dies entspricht dem Aktiv-Moment, dem Ergreifen durch die Bewegungen.

2. Das Vergessen, sich selbst vergessen, etwas geschehen lassen, sich der Bewegung, dem Tanz hingeben, sich ergreifen lassen, gegangen werden. Wenn ich es zulasse, geschieht durch die Bewegung, den Tanz in mir etwas, was nicht machbar ist.

Durch das Ergreifen und Ergreifenlassen entsteht das Begreifen, im Tanz ganz wörtlich zu nehmen. Beide Stufen gehören zusammen, und beide sind gleich wichtig. Vielleicht fällt es uns in unserer Kultur des (fast) alles Machbaren schwerer, die zweite Stufe zuzulassen, sich zu lösen. Es gibt Erfahrungen in bestimmten Bewegungsübungen, die genau das Gegenteil bringen, wenn etwas erzwungen werden soll. Nehme ich mir unbedingt vor, ganz locker zu werden, besteht die Gefahr, daß ich mich mehr versteife und verkrampfe als zuvor. Beim meditierenden Tanzen geht es um das »Herstellen des Tanzes, das dann übergeht in ein Bestimmtwerden durch den Tanz an sich« (Salber, 39).

Unsere gesellschaftliche Struktur huldigt vorwiegend dem Aktiven und zwingt uns oft einen fremden Rhythmus auf, der nicht dem unseren entspricht. Deshalb scheint es notwendig, das Geschehenlassen, das Loslassen zu üben. Damit aus dem Geschehenlassen nicht ein Vor-sich-Hindösen, ein unbewußtes Dahintreiben wird, ist Wachheit wichtig.

Das Wort *meditari* bedeutet aber auch einüben, nachdenken, nachgehen. Den Schritten und Bewegungen nach*denken* und den Gedanken oder einem Gedanken nach*gehen*. »Zudem ist in meditari das Motiv der Wiederholung mit enthalten« (Rosenberg, 19). Meditierendes Üben meint ein »Verdauen« der Inhalte, der Erfahrungen, ein Wiederkäuen, ein Zerkauen und ein Draufbeißen (Rosenberg, 18). Beim meditierenden Tanzen wird das Einüben, die Wiederholung und das Verdauen recht sinnfällig sichtbar. Einüben ist schon aus technischen Gründen beim Tanzen notwendig. Es geht jedoch um mehr. Dieselben Schrittfolgen und Bewegungsmuster werden immer anders sein, anders erlebt, erfahren. Wiederholen bedeutet auch wieder herholen, damit umgehen, vielleicht mit inneren Bildern. Beim Verdauen hilft die Vorstellung unseres eigenen Verdauungsapparates, dieses Einverleiben, die Verwandlung durch die vielen Windungen der inneren Organe und schließlich das Loslassen. Viele Wege-Tänze gehen diesem Verdauen nach durch rhythmisch wiederholendes Gehen, Umwenden, Drehen, Überwinden. Dieses Verdauen braucht seine Zeit. »Das habe ich noch nicht verdaut« – unsere Sprache zeigt es.

Das Einüben ist nicht nur eine Sache des technischen Könnens, sondern auch das vorwegnehmende Einüben einer Situation, damit ich im Ernstfall damit umgehen kann. Eindrucksvoll zeigt sich dies in Labyrinthtänzen, Spiraltänzen, Pilgertänzen, Mondtänzen. Durch unablässiges Wiederholen ist Einüben möglich. Durch das Einüben kann verinnerlicht werden bis hin zur völligen Identifizierung. Im Tanz kennen wir seit alters solche

Phänomene. Ich tanze im Kreis oder einen Kreis oder die Bahn der Sonne. Jedoch tanze ich nicht nur die Gestalt des Kreises, sondern es ist möglich, daß ich selbst zum Kreis werde, daß ich nicht nur Fülle tanze, sondern selber Fülle werde, daß ich nicht nur die Sprungkraft des Pfeils spüre, sondern selbst zum Pfeil werde. Meditierendes Tanzen will durch den menschlichen Leib hindurchgehen und nicht nur durch den Körper illustriert werden. In den Derwisch-Tänzen wird durch die Übung des Drehens der Tanzende selbst zur Lebensachse und zum Baum des Lebens (Makowski, 41).

Jedesmal, wenn ich denselben Tanz tanze, werde ich ihn anders erleben, vielleicht vertiefter, vielleicht umfassender. Ergreifen, ergreifen lassen, um zu begreifen – die Spannung zeigt sich.

Durch Schrittmaß ermessen und Maß nehmen

Die Wortwurzel med weist jedoch ebenso hin auf das Ermessen, geistig abmessen, sie wandelt sich in modus zum Maß, zur Art und Weise, in modestus zum Maßvollen, dem Angemessenen, was bedeutet: das wahrhaft Entsprechende« (Rosenberg, 19).

Was kann es mit dem Maß auf sich haben? Wörter tauchen auf, wie maßvoll, maßlos, übermäßig, Maß nehmen, beimessen, gemaßregelt, mit zweierlei Maß messen, Maß halten, vermessen, Zeitmaß, Schrittmaß, Versmaß, Normalmaß, gotisches Maß, Maßstab, Maßeinheiten, Meßsystem, metrisches Maß, gemessenen Schrittes gehen, über die Maßen, (nicht) angemessen, Maßnahme, Konfektionsmaß.

Wir möchten ausgehen vom »Maß nehmen« im Sinne des Erkennens und des daraus resultierenden Handelns. Mit *erkennen* meinen wir: »Das Erkennen des Maßes, das hinter dem Kreislauf aller Dinge der Welt steht« (Lexikon der Symbole, 362). Das Maß wird auch Schöpfung genannt, Gott, Kosmos, Welt. Erkennen des Maßes meint die Ordnungssysteme und Wirkweisen des Kosmos in und außerhalb des Menschen, Spiegelung des Makrokosmos im Mikrokosmos. »Auch die im Alltagsleben üblichen profanen Maße erscheinen kosmisch begründet, und darauf beruht ihre Heiligkeit und Vorbildlichkeit für die Völker des Erdenrundes« (Schwabe, 209). Denken wir nur an das Zeitmaß der Uhr, des Kalenders, der Mondrhythmen, des Sonnenlaufs. In dieses Erkennen gehört sicherlich auch der Goldene Schnitt als das harmonische Maß aller Dinge und des Menschen (György Doczi). Das Maß bedeutet hier auch die Beziehung verschiedener Maße zueinander, das Ordnungssystem des Miteinanders. Ursprünglich benutzte der Mensch Maße, die ihm sein Körper, die Natur oder seine Tätigkeit boten: Fußbreit, Elle, Steinwurf, Tagwerk. *Symbole* sind Maßstäbe, mit denen wir zu erkennen versuchen, was davor und was dahinter ist, zum Beispiel Kreis, Kreuz, Spirale. In ihnen spiegeln sich Einstellungen zum Leben als ganzem, Lebensweisen und Lebensstile (Riedel, Formen, 7). Maß nehmen als Erkennen ist besonders durch Symbole möglich.

Mit *Handeln* meinen wir: entsprechend dem erkannten Maß sein Leben einordnen, ausrichten. So kann der Maßstab, das Maßnehmen Richtschnur sein für ausgerichtetes Handeln. So kann der Rhythmus der Natur Maßstab sein oder eine Religion, eine Ideologie. Das erkannte Maß in einer Schöpfung, einer Gottesvorstellung, einer Lebensphilosophie kann mein Handeln bestimmen.

Auf meditierendes Tanzen bezogen, kann dies konkret bedeuten: Durch das Schrittmaß der Bewegungen, wie lang – kurz, schnell – langsam, tief – hoch, leicht – hart, kann ich Symbole des Lebens erkennen, wie Weg, Kreis, Labyrinth. So sind Wegsymbole verdichtete Menschheitsformen, in denen sich der Mensch gemessenen Schrittes erinnert an das Maß, das innerhalb und außerhalb von ihm ist. Es gibt Tänze, die kosmische Gesetzmäßigkeiten widerspiegeln, zum Beispiel alte griechische Tänze. Maß nehmen durch wandeln, Situationen nachgehen, ein Fest begehen, einen Gottesdienst begehen. Das vielfache Umwandeln bedeutet Entdecken und könnte meine Einstellung, meine Handlung umwandeln. Durch um*wandeln* kann ich *um*gewandelt werden. Das sinnvolle menschliche Werk kann (nach Lurker, Kreis, 13) nur eine Imitation (imitatio Dei) sein. Das Maßnehmen und das Formgeben – auch in der Bewegung, dem Tanz – sind der Versuch, das Abbild dem Urbild (Schöpfung, Schöpfer) anzugleichen, es wahrnehmend zu durchschreiten.

Sich auf Symbole einlassen, sie in Bewegungsgestalt einbinden, sie drehen und wenden

Wir können Symbole nur dann verstehen, wenn wir uns auf sie einlassen, uns mit ihnen identifizieren und sie so durch uns selbst neu erfahren« (Mulack, 26). Symbole sind also nur bruchstückhaft über die Sprache zu erfassen. Letztlich werden sie auf anderen Ebenen begriffen und mit anderen Mitteln, wie zum Beispiel Tanz. Symbole sind Urbilder des Seins, die letztlich nicht nur mit dem Verstand erfaßt werden können. Symbole sind Teil des menschlichen Wesens, sie sind jedoch ebenso im

Kosmos zu finden. So kann über Symbole die Beziehung des Menschen als Mikrokosmos zum Makrokosmos entstehen. »Symbole sind Urbilder oder Archetypen, die zum seelischen Bestandteil der Menschheit gehören« (Mulack, 27). Das Symbol vermag, wenn wir uns auf es einlassen, tiefere Schichten in der Seele anzusprechen, die über die Ratio nicht erreicht werden können. In ihnen spiegeln sich Lebensweisen, Lebensstile, die Einstellungen des Lebens als ganzem.

Symbole sind vielschichtig und komplex, also nicht eindeutig. Sie sind offen und verhüllend, vordergründig und hintergründig, sie sind veränderlich, dynamisch, nicht statisch, sie sind auch widersprüchlich (nach Lander, 25 ff.). Jedes Symbol kann deshalb auch immer mißbraucht werden.

Wir können in Symbolen alte Weisheiten entdecken oder ihnen neue Inhalte geben, wo sie sinnentleert geworden sind. Letztlich geht es bei den Symbolen nicht um vordergründige Fakten oder um einmalige Ereignisse, »sondern um die tiefste Wahrheit menschlichen Seins« (Mulack, 25).

Symbole können wir nur verstehen, wenn wir uns auf sie einlassen. Dies kann auf Tanz direkt übertragen werden. Denken wir an Bewegungsformen zu Baum und Kreuz, zu Kreis und Spirale, zu Wasser und Feuer, zur Sonnenlaufbahn. Noch heute kennen wir in der Tanzsprache die Begriffe mit-sonnen und gegen-sonnen tanzen. Jede Tanzrichtung hat eine andere Bedeutung.

Wahrheiten in Symbolen können für die Lebensbewältigung von großer Bedeutung sein. »Das Symbol kann wohl als der älteste Wahrheitsvermittler angesehen werden. Entsprechend drücken sich die tiefsten Schichten der Seele auch nicht in Worten, sondern in Bildern und Symbolen aus, die in früheren Zeiten noch intuitiv erfaßt wurden« (Mulack, 25). Heute bedürfen die Symbole meist der Erklärung, es sei denn, sie eröffnen sich uns über Bilder, Bewegungen, Phantasien. Tiefer als nur über die Ratio lassen sich die bisher bekannten Elemente durch Bewegung erschließen: zur Mitte gegangen werden, ergreifen (lassen), Maß nehmen in kritischer Wachheit und geistiger Sammlung.

Durch ein Symbol kann ich mir Welt aneignen, ein wichtiger und zugleich heilender Faktor in jeder menschlichen Entwicklung. So können wir Bilder und Symbole der großen Weltkultur betrachten und vergleichen, um zu erkennen, wie die eigene Existenz mit den Strukturen der großen Menschheitssymbole zusammentrifft. Jeder kann seine persönlichen Symbole entdekken, die er wiederum mit den archetypischen Symbolen des kollektiven Unbewußten (nach C. G. Jung) verbinden kann. Darin liegen Heilungschancen in der Überwindung der Isolierung. Ich bin nicht allein mit meinem Symbol, ich bin in größere Zusammenhänge eingebunden, indem ich mich dort entdecke.

Symbole zu erfahren ist die eine Seite. Sich in Symbolen auszudrücken als Selbstdarstellung ist die andere Seite. Im Einlassen und Ausdrücken durch Gesten, Bewegungen, Tanzen verbinden sich Erinnerung und Zukunft im Moment der Gegenwart. Das Symbol kann rückbindend sein und gleichzeitig ausgerichtet auf Zukunft »und ihre spielerische Vorwegnahme« (Steffensky, 83). Die Kraft, Gegenwart zu gestalten, Zukunft zu wagen, »schöpft aus der Erinnerung an realisierte Hoffnung, aus der Erinnerung an schon erfahrenes Heil« (Steffensky, 84). Erfahrenes Heil meint nicht nur das persönliche, sondern auch das für ganze Völker, Gruppen. Wenn wir beispielsweise einen Pilgertanz tanzen, kann sich jeder an seine Weggestaltung erinnern. Die Erinnerung kann ich auch festmachen an Menschheits-Pilgerreisen, an einen Exodus. Die Grundformen der Symbole, wie Kreis, Kreuz, Dreieck, Labyrinth, Spirale, Quadrat, Baum, erscheinen seit Urzeiten in »rituellen Tanzformen, dem Kranichtanz der Kreter, dem Ostertanz der Christen und dem kosmischen Reigen der Sufis« (Riedel, 8).

Meditierendes Bewegen und Tanzen ist im Grunde immer mit Symbolen verbunden, bewußt oder unbewußt. Wir brauchen nur die in diesem Buch beschriebenen Tänze anzuschauen. Bewegung und Tanz sind die ältesten Ausdrucksformen des Menschen, die ältesten Gebetsformen. Sie eignen sich für das Erfassen von Urbildern und Wahrheiten. Durch tänzerische Bewegung können wir ihnen zudem Gestalt verleihen, tiefere Schichten unseres Seins bewegen lassen, durch Bewegung nach außen bringen, offen und doch verhüllend, sie buchstäblich drehen und wenden, mit ihnen umgehen und sie verwandelt wieder in uns einlassen.

Zu den inneren Symbolbildern gibt es eine Fülle äußerer Bilder aus der Kunst, der Natur, der Architektur, die das, was im Tanz erfahren wird, verdichten, intensivieren, ausbreiten. So können die inneren, subjektiven Bilder sich verbinden mit äußeren, geschaffenen. *Die Bilder-Welt wird zum Welt-Bild.* Mit dieser Bilder-Welt können wir meditierend umgehen, sie in den Tanz aufnehmen, durch den Tanz entstehen lassen zu unserem Welt-Bild.

Den Geist einsammeln zur Ruhe und Wachheit

Tue das, was du tust, ganz. Das ist eine alte buddhistische Weisheit. Sie läßt sich ergänzen: Tue das, was du tust, ganz mit Leib, Seele und Geist. »Beim Meditieren sucht man das bewußte Erleben auf ein einzelnes unverändertes Objekt zu beziehen, sich vom gewöhnlichen Denken abzuwenden und störende Wahrnehmung auszuschalten« (Kugler, 19). Meditation ist ein bewußter Vorgang. Bewußtsein heißt, sich des Seins bewußt werden, Selbstbewußtsein, seines Selbst bewußt sein, jetzt und hier, geprägt durch die Vergangenheit, hoffend auf Zukunft hin. Manche denken, meditierendes Tanzen sei nur ein genüßliches Dahinbewegen, dösend, wohlig, zufrieden, einfach so. Oder der Leib bewegt sich, und der Geist ist irgendwo anders, nur nicht im Leib, nicht in den Bewegungen, nicht in den bewegten Symbolen. Nach unserem Ansatz ist dies kein meditierendes Tanzen, auch wenn es lustvoll und entspannend wirkt. Daß es nicht immer gelingt, konzentriert zu tanzen, ist eine andere Sache. Ähnlich dem Yoga meinen wir, daß meditierendes Bewegen bedeutet, den Geist an den Leib binden, ihn anjochen (Yoga – anjochen). Auch beim T'ai Chi bedeutet Meditation »den Geist einsammeln« in und durch die Bewegungen.

Den Geist einsammeln ist Aufmerksamkeit im Sinne kritischer Wachheit (nach Graf v. Dürckheim), es ist Stille und Wachheit zugleich. Meditation ist ein Zustand der »Entspannung« mit erhöhter Wahrnehmungsfähigkeit (nach Lobo). Entspannte Wachheit kann zu einem intensiven Erleben führen. Wichtig ist, daß die Gedanken konzentriert werden auf eine Sache, auf eine Bewegung, auf einen Tanzinhalt, auf den Atem, so daß die Fülle von Wahrnehmungen, Gedanken weggeht oder gebunden wird. »Die Aufmerksamkeit bleibt auf ein einzelnes Objekt bezogen, alle anderen Informationsflüsse werden blokkiert« (Kugler, 29). Die Gedanken, die kommen, werden nicht festgehalten, sondern vorbeigelassen. Das ist gar nicht so einfach, unabhängig von der Meditationsform. Es erfordert Gelassenheit und Disziplin zugleich. Das Bewußtsein kann bei diesen Vorgängen schwanken zwischen überheller Wachheit (Supervigilanz), einer ruhenden Wachheit (Subvigilanz) bis zum Schlaf (nach Kugler, 26 f.).

Geistige und seelische Sammlung in der Bewegung ist kein Widerspruch. Ähnlich dem T'ai Chi können wir Stille in der Bewegung und Bewegung in der Stille finden. Stille, Ruhe ist auch Wachheit, konzentriertes Bewußtsein. »Der Geist gelangt in äußerste, ruhige Wachsamkeit. Die Ruhe der Gedanken fließt in die Bewegungen, die ruhigen Bewegungen unterhalten die

Ruhe der Gedanken« (Zöller, 129). Das Paradox wird noch weitergeführt: »In der Lockerheit (in der Entspannung) liegt Spannung, in der Weichheit ist Stahl. Weichheit und Kraft schließen sich nicht aus« (Zöller, 131). Meditierendes Bewegen ist ein Schreiten in die Stille (nach Wosien).

Den Geist einsammeln bedeutet ergreifen und sich ergreifen lassen. Die Konzentration auf eine Bewegung, auf eine Vorstellung, auf ein Symbol ergreifen, dann aber sich von den Bewegungen, dem Symbol ergreifen lassen. Den Geist einsammeln zur Wachheit und Ruhe kann beim meditierenden Tanzen bedeuten:

– in die Ruhe eintreten, Bewegungsformen, die sowohl aus einer trägen Müdigkeit als auch aus einer Überaktivität, einer inneren und äußeren Zerrissenheit zur inneren Konzentration führen;

– einzelne Bewegungen und Körperzentren bewußt wahrnehmen. Wie spüre ich sie, was nehme ich wahr: Schmerz, Wohltat, Verspannung?;

– geistige Hintergründe von Bewegungen und Tanzformen wahrnehmen und erleben, wie Vorwärts-Schritte, Rückwärts-Schritte, Bewegungen zur Mitte (Kontraktion) und Bewegungen nach außen (Extention). Sinnvoll ist, nur einzelnen Bewegungsformen nachzuspüren. Das bewußte Erleben kann reichen von Wahrnehmungen bis zur Identifikation;

– einzelne Körperstellen und Körperhaltungen wahrnehmen, Beziehung herstellen, zum Beispiel zur Leibmitte, zu den Bewegungen, die dazu entstehen, zu den Beinen und Füßen mit ihrem Gehen und Stehen, zur Wirbelsäule und ihren Bewegungsmustern, ihrer labilen oder stabilen Tragfähigkeit;

– gegensätzliche Bewegungsformen in ihren bipolaren Spannungen wahrnehmen, wie tief und hoch, klein und groß, rund und eckig, innen und außen;

– den Symbolen, die Bewegungsmustern und Tänzen zugrunde liegen, nachgehen, wiederholen, wie Kreis, Kreismitte und Kreisperipherie, oder Spirale, Umwege, Kreuzformen in Schritten und Körperhaltungen und Raumformen, Erde und Himmel, Bitte und Dank;

– die Tänze in ihren Formen, ihrer Eigenart, ihrer Bewegungsfolge wahrnehmen, einlassen und nach außen gestalten;

– sich als einzelner erfahren in Beziehung zur Gruppe. Die meisten meditierenden Tanzformen sind Gruppentänze oder werden innerhalb der Gruppe getanzt. Recht unterschiedlich kann die Spannung vom einzelnen und der Gruppe erfahren werden, von wohltuend einbindend, geborgen bis aggressiv bedrohend, einengend;

– sich konzentrieren und wieder vergessen, einfach geschehen lassen, sich hingeben, ohne die Wachheit zu verlieren. Wir können sowohl dem Bewegungs-Gedächtnis vertrauen als auch dem seelischen Erinnern, der geistigen Konzentration. Hier ist allerdings auch der Punkt, wo die Wachheit in Dämmern und Schlafen übergehen kann oder in eine überhelle Wachheit;
– abschließend noch einmal ruhend in sich zurückkehren.

Interessant ist, daß geschulte Tanzleute spüren, wenn Tanzende nicht mit ihrem Geist bei sich sind. Die Bewegungen sind meist nicht so gut im Lot, losgelöst von der gesamten Körpergestalt, fahrig, diffus. Ich verliere mein Gleichgewicht, auch das körperliche, wenn ich mit meiner Seele und meinem Geist nicht in der Balance, im Gleichgewicht bin. Der Leib ist ein guter Gradmesser innerer Vorgänge.

Gegenstandsbezogen – vielleicht mit einem Dreh ins Gegenstandslose

Ob gegenstandsbezogen oder nicht ist beim meditierenden Bewegen nicht so eindeutig zu klären wie bei anderen Meditationsformen. Zunächst *ist* meditierendes Tanzen gegenstandsbezogen. Gegenstand sind der Leib in seinen Bewegungen, der gesammelte Geist, der Atem, die Symbole, vielleicht die Gruppe, vielleicht das getanzte Gebet. Mit erhöhter Körperwahrnehmung zum Beispiel eintauchen in die Tiefen des Symbols. Weg und Ziel verwischen sich und damit auch die Grenzen zwischen gegenstandsbezogen und gegenstandslos. Gegenstandslos könnte beim meditierenden Tanzen der Übergang von bewußtem Bewegen zum Geschehenlassen werden. Der bewegende Leib, das Symbol, sie *dienen* nur dem Ziel; vielleicht dem Ziel der Leere, der Entrückung, der Ekstase, der tiefen Innerlichkeit. Diese Sicht entspricht jedoch nicht den klassischen Vorstellungen, bei denen Gegenstandslosigkeit nicht ein methodischer Vorgang oder Übergang ist, sondern von vornherein angestrebt wird. Der Schwerpunkt meditierenden Tanzens ist sicherlich gegenstandsbezogen.

Meditierendes Bewegen und Tanzen ist eine sinngebende Meditationsform, ob lebenssinnsuchend und/oder religiös motiviert. Ziel ist Lebenssinn zu suchen, zu finden. Mittel ist der Leib in der Bewegung, im Tanz. Der Meditationsgegenstand ist ein Hilfsmittel, auch der Leib und die Bewegungen. Aber auch das Hilfsmittel ist wertvoll und nicht wertlos, wie manche Meditierende meinen. Vielleicht wollen sie vermeiden, daß der Leib, die Bewegung an die Stelle des letzten Zieles der Lebenserfüllung oder Gott gesetzt wird. Auch wenn die Meditation Selbsterlösung als Ziel hat – und für manche gilt dies –, bleiben Leib und Tanz ein Mittel, ein Weg. Nicht jeder wird tieferliegende Ziele mit meditierendem Tanzen verbinden wollen. Es ist seine Entscheidung. Für uns jedoch gehört zum meditierenden Tanzen auch die Sinnfindung.

Verinnerlicht und ekstatisch

Gewöhnlich wird Meditieren in zwei Hauptformen eingeteilt mit »unterschiedlichen Endzuständen, nämlich Enstase und Ekstase« (Kugler, 19).

Enstase dürfte der Verinnerlichung, der sich konzentrierenden Ruhe, der ruhevollen Entspannung, des verinnerlichten Seins nahekommen. Um diesen Zustand zu erreichen, werden konzentrierende Meditationsformen benutzt, bei denen »man das Bewußtsein auf die Wahrnehmung einer unveränderlichen Reizquelle lenkt und darauf fixiert« (Kugler, 19). Weg und Ziel sind ein Einfalten der Aktivität, der Sinnesreize, der Gedanken. Diese Form findet sich in vielen Meditationsformen wie Zen-Buddhismus, Yoga, islamische Sufi-Übungen, körperliche Entspannungsformen. »Die Rückwirkungen der konzentrierten Meditation auf die willentlichen, ansonsten schwer beeinflußbaren, vom vegetativen Nervensystem gesteuerten Körperfunktionen sind mannigfaltig. Sie reichen vom Verlangsamen der Atmung über verlangsamte Pulsfrequenz, Abnahme des Blutdrucks ...« (Kugler, 22). Daher werden sie auch zur ärztlichen Behandlung psychosomatischer Störungen verwendet. Versenkung kann beim meditierenden Tanzen hauptsächlich durch immer fließender werdende Bewegungen erreicht werden. Die Sprache sagt es deutlich: in sich *gehen*.

Ekstase bedeutet ausdehnen, außer sich sein, Entrückung, die Grenzen zwischen Innen- und Außenwelt werden aufgelöst. »Den Sinnen strömen Bilder und Empfindungen zu, die ihnen sonst nicht zugänglich sind, oder das Ich fühlt sich mit dem Absoluten (Gott, dem All, dem Nichts) eins« (dtv-Lexikon, Band 5, 42). »In einigen Religionen gibt es ausgearbeitete Methoden, die Ekstase herbeizuführen, z. B. geistige Konzentration, Fasten, Nichtatmen (Indien) oder Tanz« (ebd.). Ob in der Ekstase grundsätzlich der Zustand der Erleuchtung oder Offenbarung eintritt, ist nicht eindeutig beantwortbar. Ziel jedenfalls ist es.

Bei meditativen Übungen, die zur Ekstase führen, muß man wach, »äußerst gespannt und von unermüdlicher Geistesgegenwart sein« (Kugler, 22). Um Ekstase zu erreichen, werden bestimmte Haltungen eingenommen, zum Beispiel im Yoga, oder bestimmte Bewegungsrituale oder Tanzformen gewählt, Tanz der Derwische. »Dabei herrscht das Prinzip der rhythmischen Wiederholung bestimmter Bewegungsformen und damit verbundener komplexer, auch rhythmisch wiederholter Sinnesreize, zumeist mit Musik« (Kugler, 23). Bei ekstatischen Bewegungsformen und Bewußtseinsstadien konnte eine Beschleunigung der Pulsfrequenz gemessen werden, der Blutdruck steigt, und viele Stoffwechselvorgänge werden beschleunigt. Deshalb werden sie nur gesunden Menschen angeraten.

In Ekstase zu geraten ist für manche erschreckend, obwohl wir Europäer leider viel zuwenig in Gefahr sind, in Ekstase zu geraten. Vielleicht sollten wir unsere Vorstellung von Ekstase überprüfen, nachsehen, warum wir Angst haben, außer uns zu geraten, unser Ich zu vergessen, einzutauchen in eine andere Gegenwart.

Meditierendes Bewegen und Tanzen hat Elemente von beiden Formen und ist nicht klar zuzuordnen. Es gibt verschiedene und unterschiedliche Tänze für meditierendes Tanzen. Entsprechend können Elemente des Verinnerlichten oder des Ekstatischen Vorrang haben. Bei manchen Tänzen wechseln sich beide Formen rhythmisch ab und halten sich so in der Balance zwischen innerer Ruhe und gestaltetem Heraustreten. *Das mag die Eigenart meditierenden Tanzens sein*. Ein wenig, aber auch nur ein wenig, sind sie vergleichbar mit den Derwisch-Tänzen der Mevlevi, die zwei Zustände kennen: die An-Sammlung (Qabd) und die Ausdehnung, Überschreitung (Bast), (nach Makowski, 43). Als Symbol dient das Kreuz mit seiner Zentrierung, Sammlung und Ausdehnung nach vier Richtungen. Für unsere Form meditierenden Tanzens gilt der Vorgang der Sammlung, nicht so sehr das Ansammeln, um sich dann in die Ekstase zu drehen. Bei jedem Schritt, bei jeder Bewegung ist unabdingbar: ausdehnen und zusammenziehen, zur Leib-Mitte zentrieren. Beide Formen gehören zusammen, sonst könnten wir nicht gehen. Gehen und Bewegen geschieht in bestimmten Rhythmen, die eben auch in sich den Keim zur Ekstase tragen. Die Vorstellung, daß Ekstase *nur* wild, hüpfend, drehend sein könnte, ist zu einseitig. Es gibt sehr wohl eine nüchterne, äußerlich fast ruhige »Trunkenheit« des Außersichseins. Dennoch, warum sollte nicht auch wilde Ekstase im meditierenden Tanzen angesiedelt werden?

Ziel der Derwisch-Tänze ist, mit dem Absoluten, mit Gott eins zu werden, einzutauchen in »die trunkenmachende Allgegenwart Gottes« (Makowski, 36). So klar und eindeutig ist meditierendes Tanzen nicht. Es kann zwar verstanden werden als Gebet, zu Gott, zum Kosmos treten. Das jedoch bleibt in der Entscheidung des einzelnen, verbunden mit der Auswahl bestimmter Tänze und Bewegungen.

Was nun vorrangig ist, konzentrierendes Innen- oder Außersichsein oder beides abwechselnd in rhythmischer Balance, hängt vom Meditationsziel ab und der Auswahl, der Reihenfolge der Bewegungsübungen und Tänze.

Beim meditierenden Tanzen ist sehr wohl möglich, daß sich ekstatische Elemente an Formen der Verinnerlichung anschließen. Sich in Ekstase (oder Vorformen) zu bewegen geschieht weitgehend im »Geschehenlassen«. Ekstase ist, wenn nicht Drogen mit im Spiel sind, nicht zu erzwingen, ist nicht machbar, sondern bedarf des Geschehenlassens. So gesehen sind auch in den verinnerlichten Formen immer auch ausdehnende Elemente, die zur Ekstase führen können. Rational ist dieser Vorgang nur bedingt zu verstehen. Wir können uns diesem Geheimnis nur annähern. Für beide Formen mag gleichermaßen gelten:

»Wind geht über mich hinweg,
Feuer verbrennt mich,
Sonne trinkt mich leer.
Zehntausend Sommer schon durchlebt, durchlitten.
Es schmerzt nicht mehr.
Ohne Zweige, ohne Blätter,
ohne Rinde und Saft
kehre ich schweigend das Sein nach innen,
öffne die Augen einer anderen Welt.
Stille der Neugeburt.
Schon gesäte Asche« (Poeplau, 26).

Kraft der Verwandlung, Gegensätze erfahren, Gegensätze verbinden

»Licht und Dunkel stehen einander gegenüber.
Doch das eine hängt ab vom anderen
wie der Schritt des rechten Beines von dem des linken.«
Sandokai, Zen-Texte

Tanzen verbindet Gegensätzliches. Meditierendes Tanzen lebt geradezu davon, Gegensätze zu vereinen, Harmonie herzustellen. Die Gegensätze werden nicht verwischt, sie bleiben bestehen. Dennoch verwandeln sie sich durch die Verbindung zueinander, durch die Wiederholung ihres Wechsels durch Bewegung.

Direkt erfahrbare Gegensätze liegen bereits in der Bewegung, im Gehen, im Schreiten, zum Beispiel:

- vorwärtsgehen – rückwärtsgehen
- nach unten – nach oben bewegen
- loslassen – festhalten
- Spannung – Entspannung
- ausatmen – einatmen
- innehalten – aktiv gestalten
- öffnen – schließen
- links – rechts gehen
- schnell – langsam
- hart – weich
- eng – weit

Zum Beispiel »gehen«: Nur im ständigen Wandel von rechts nach links und umgekehrt ist Gehen möglich. Das sind zwangsläufige Bewegungsformen. Andere Gegensätze bedürfen der Gestaltung, zum Beispiel Mitte und Peripherie. Gemeint sein kann die Mitte und Peripherie eines Raumes, eines Raumtanzes oder der eigenen Person.

Es gibt Gegensatzpaare, die nicht so einfach, nicht automatisch in der Bewegung verbunden werden können wie

- Berg und Tal
- Trauer und Freude
- Himmel und Erde
- Tag und Nacht
- hell und dunkel
- Spiel und Ernst
- Nähe und Verlassenheit
- Schmerz und Liebe

Diese Gegensatzpaare über meditierendes Bewegen zu erfahren bedarf der symbolischen Gestaltung.

Gerade in der Bewegung begegnen wir ständig diesem Gesetz des Wechsels und der Wandlung. Die Verwandlung in der Bewegung ist fließend, damit vielleicht auch im geistig-seelischen Bereich. Die Endpunkte der Gegensätze sind dynamisch: In der Mitte der Nacht beginnt bereits der Tag. Nacht und Tag sind nicht auf einen Punkt festzumachen. Sie beginnen, nehmen zu und wieder ab. Ähnlich ist es bei den Bewegungen: Ich kann nicht genau sagen, wann die Bewegung des rechten Beines beginnt und endet und wann die des linken. Das Schließen der Hand beginnt bereits, wenn ich die geöffnete Hand bewege, wenn ich die Öffnung verringere. »Wenn die Bewegung an ihre Grenze gelangt ist, folgt Ruhe. Wenn die Ruhe ihre Grenze erreicht hat, kehrt sie sich um in Bewegung. Bewegung und Ruhe wechseln ab, das eine ist die Wurzel des anderen« (Watts, in: Anders, 37 – Yin und Yang: das ursprüngliche Paar).

Die Verwandlung enthält die Spannung, daß Gegensätze je in sich erfahrbar werden, auch daß ich sie durchleide, körperlich begreife im Wohlsein und Schmerz. Verdränge ich das eine, etwa das Dunkle, kann ich das andere buchstäblich nur *ein*seitig wahrnehmen. Was ist der Tag, wenn ich nicht die Erfahrung der Nacht, der Dunkelheit habe? So kann Verwandlung nicht spannungslos sein. Nicht die Endform ist wichtig, vielmehr der Weg der Wandlung. Darin liegt auch der Schwerpunkt meditierenden Bewegens und Tanzens: die Kraft des Weges, der Bewegung durch diese Umwandlung zu erfahren, zu gestalten. Ziel ist die Ganzheit, wie ausschnitthaft wir sie auch nur wahrnehmen können.

Das Denken in polaren Gegensätzen ist hauptsächlich in der chinesischen Philosophie verankert und nicht zu verwechseln mit dem griechischen Dualismus. Polare Gegensätze besagen, »daß sie in Beziehung und Verbindung stehen – daß sie Glieder, Enden oder Extreme eines einzigen Ganzen darstellen. Polare Gegensätze sind deshalb untrennbare Gegensätze« (Watts). Das entsprechende Symbol: Yin und Yang im Kreis, jeder hat Elemente des anderen in sich. »Die den Yin-yang-Kreis teilende S-Kurve läßt an eine Art von Peitschenwelle oder peristaltische Bewegung denken, an eine kontinuierliche Wellenbewegung nicht nur von Leben und Tod, Tag und Nacht, sondern von einer Form des Lebens zur anderen« (Watts, 39).

Wir meinen jedoch, daß sich nicht alle Gegensatzpaare in eine harmonische Verbindung bringen lassen, zum Beispiel Elend und Wohlstand. Wenn die einen nur im Elend leben und andere nur im Wohlstand, sind dies Gegensätze, die wir nicht verbinden wollen. Nicht alle Erscheinungen lassen sich mit diesem Denkansatz erfassen.

Mit einigen Beispielen wollen wir den Vorgang der Verwandlung und Wahrnehmung von Gegensätzen in und durch Bewegung illustrieren. Sichtbar wird, wie unterschiedlich diese Vorgänge im Konkreten sind:

a) Das *Gleichgewicht* (die Übung ist ausführlich im praktischen Teil beschrieben). Wir unterscheiden das statische Gleichgewicht und das dynamische. Beim statischen Gleichgewicht versuchen wir das Körpergewicht gleichmäßig auf beide Füße zu verteilen. Dies ist eine Körperhaltung, die zur Ruhe und Verinnerlichung führen kann. Beim dynamischen Gleichgewicht verlagern wir das Gewicht auf ein Bein, auf eine Körperhälfte und versuchen ins Lot zu kommen. Es genügt jedoch nicht, den Rumpf und den ganzen Körper im Lot aufrecht zu halten, sondern »es muß eine innere Verbindung von Kopf, Zentrum und Fuß hergestellt werden« (Anders, 162). Die geistige Sammlung ist ebenso wichtig wie die körperliche Konzentration. Innerhalb des dynamischen Gleichgewichts können und sollen wir von einer Seite auf die andere wechseln. Rechts wird links und links wird rechts, es entsteht eine Balance.

Sinnfälliger wird es noch, wenn der ständige Wechsel im dynamischen Gleichgewicht in ein Gehen übergeht. Nichts anderes ist also gehen. Wir können es auch Symmetrie und Asymmetrie nennen. Das statische Gleichgewicht entspricht der Symmetrie. Das Körpergewicht ist gleichmäßig, symmetrisch verteilt. Das dynamische Gleichgewicht entspricht der Asymmetrie. Das gesamte Gewicht ist auf *eine* Seite des Körpers verlagert. Gelingt die Übung, kann das Gleichgewicht in der Asymmetrie genauso hergestellt werden. Das Paradoxe entsteht: Die Symmetrie ist in der Asymmetrie. *Nur* aus der Spannung der Asymmetrie können wir gehen! – Eine solche Gleichgewichtsübung ist grundlegend für meditierendes Bewegen und Tanzen.

Ebenso wichtig ist, aus dem dynamischen Gleichgewicht wieder in das statische Gleichgewicht zu kommen, um so zu wechseln zwischen Ruhen und Aktivsein. Shalom wird meist mit Frieden übersetzt, mit dem glücklichen Gedeihen aller Lebensbereiche. Eine alte, meist wenig bekannte Bedeutung aus den mindestens 25 unterschiedlichen Übersetzungsmöglichkeiten heißt: ins Gleichgewicht kommen, im Gleichgewicht sein, mit sich, mit den anderen, mit seiner Umgebung (Ökologie), mit seinem Gott. Hier enthält Gleichgewicht eine alte Weisheit, die wir täglich in unserem Leib nachvollziehen können.

b) Der Mensch zwischen Himmel und Erde. Es gibt eine Reihe von Übungen und Tänzen, um diesen Spannungszustand zu erfassen, zu gestalten. Einiges ist im praktischen Teil beschrieben, deshalb hier nur kurze Hinweise:

● Der Mensch ist eingespannt zwischen Himmel und Erde. Er ist gleichsam diesen beiden Gegensätzen ausgesetzt, zunächst unversöhnlich. Eine Form, dieser Spannung zu begegnen, ist, im menschlichen Leib Himmel und Erde zu verbinden. Zur Erde hin: Anpassung an die Schwerkraft, Verwurzelung der Füße, Wiederentdeckung der Erde, die uns trägt. Je besser ich verwurzelt bin, desto leichter kann ich meinen Stand-Punkt verlassen (und evtl. wieder zurückkehren). Die Wirbelsäule ist aufgerichtet mit ihrem Kreuzbein, das sie trägt. »Der Kopf als oberstes

Element dieser Säule strebt zum Himmel« (Anders, 142). Am obersten Punkt des Kopfes (Akupunkturpunkt paihui) »wächst« die Wirbelsäule weiter, gleichsam in den Himmel. Die Hände können geerdet nach unten hängen oder nach oben sich himmelwärts orientieren, gleichzeitig nach unten erden und nach oben (hinaus)wachsen.

In unserer Kultur fällt das Loslassen, Kontakten nach unten, das Erden meist schwerer; wir müssen üben, was uns verlorengegangen ist, nämlich den Kontakt zur Mutter Erde (weibliches Prinzip) wieder herstellen. Nur noch wenige Kulturen haben ein ungebrochenes Verhältnis zur Erde, beispielsweise die Indianer.

Die Erde, Mutter Erde, wird als weibliches Element (Yin), der Himmel als männliches Element (Yang) gesehen. Unsere männlich betonte Kultur, die sich auch im einzelnen Menschen wiederfinden kann, ist nicht im Gleichgewicht. Durch mehr Erd-Orientierung könnten wir wieder mehr das weibliche Element zulassen und auf unser Alltagshandeln übertragen. Dies gilt gleichermaßen für Frau *und* Mann.

Das Verhältnis Erde – Mensch – Himmel findet sich auch in der Ikebana-Meditation (alte Blumensteckkunst).

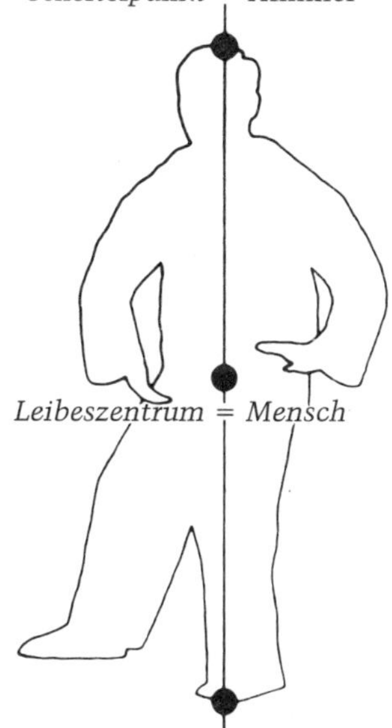

(nach Anders)

● Der Mensch trägt in sich die Elemente Erde und Himmel. Wenn er im äußeren und inneren Lot sein will, muß er die drei Punkte verbinden können.

Der Kopf des Menschen oder seine Schädeldecke wird zuweilen auch als Himmelsgewölbe gesehen, ähnlich den Kuppeln in Kirchen. Es ist nicht einfach, in sich diese Gegensätze harmonisch zu verbinden.

● Der *Baum* ist das gebräuchlichste Symbol für die Polarität Erde und Himmel: seine Wurzeln in der Erde, aus der er Energie holt und bekommt, sein Stamm als eigene Mitte und die Äste und Krone, mit denen er Energie aus der Luft, dem Kosmos, aufnimmt. Der Energiekreislauf von unten nach oben und oben nach unten kann beginnen. In vielen Kulturen hat der Baum überragende Bedeutung. Er ist sowohl ein weibliches (in Ägypten) als auch ein männliches Symbol. Es verwundert nicht, daß der Baum in verschiedenen Meditationsformen, geistig-seelisch und leiblich in Bewegungen Eingang gefunden hat.

● Das *Kreuz* als Symbol ist sowohl *im* Menschen als auch außerhalb. Im Kreuz verwirklicht sich das Eingespanntsein von unten–oben, aber auch das Ausgespanntsein von rechts und links, mit dem Schnittpunkt der Linien als Zentrum. Das Kreuz hat nicht selten einen negativen Aspekt, der Abwehr erzeugt, obwohl wir es selbst in uns tragen. Kreuz und Baum stehen in

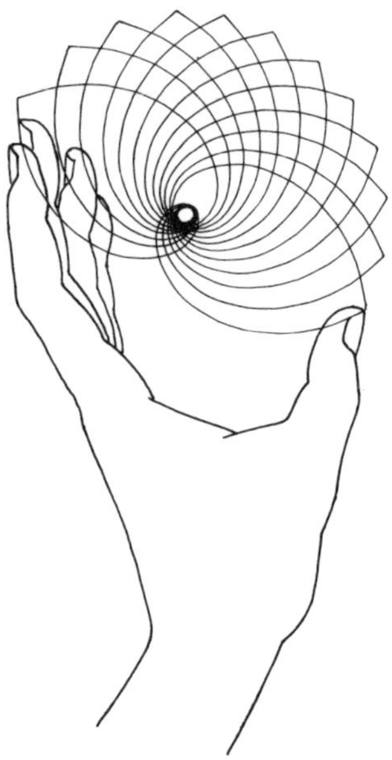

Die sich öffnende Hand
Entnommen: Kraft der Grenzen von György Doczi

enger Verwandschaft. In Tänzen gibt es viele Kreuzstellungen und Handhaltungen in wunderbarer Form.
c) Die sich öffnende Hand. »Die goldenen Proportionen der Natur leben auch in uns, in unserem Körper und in unserem Denken« (Doczi, 161). Mit den goldenen Proportionen ist der »Goldene Schnitt« gemeint. Ein wunderbares Beispiel ist die menschliche Hand, wie sie sich verwandelt von der geschlossenen Fingerstellung zur geöffneten Hand. Alltägliches kann Staunen auslösen. Dies handgreiflich zu meditieren durch langsame Bewegung kann Welten eröffnen: Gesetze der großen Welt in der kleinen Hand.

»Die Substanz aller Rhythmen ist die Verbindung von Gegensätzen, wie schwach – stark, ein – aus, auf – ab, vor – zurück, in regelmäßigen Zeitintervallen. Dies gilt für Gezeiten des Ozeans wie für unseren Herzschlag, das Licht, den Ton, die Wachstumsspiralen der Pflanzen« (Doczi, 69)

Harmonie im Sinne der Verbindung von Gegensätzen ist kein Verwischen, kein Zukleistern, kein Vernebeln, kein Verharmlosen, sondern ein konsequentes, kritisches Wahrnehmen und Aufdecken der Gegensätze als solcher, der Spannung, der Kraft und des Rhythmus des Verwandlungsprozesses, der Unvereinbarkeit bestimmter Gegensätze. Gelingt diese Art von Harmonie, wirkt sie wohltuend, spendet Kraft und läßt ein wenig »Paradies« erahnen.

Die Kunst des Teilens, Mitteilens, der Anteilnahme in der Gruppe

Die meisten Meditationsformen sind auf das Individuum zentriert, auch wenn sie sich in Gruppen vollziehen. Ob allein oder zu mehreren: Meditation hat unterschiedliche Wirkweisen. Die Schwingungen, die in der Gruppe vorhanden sind, haben Auswirkungen.

Meditierendes Bewegen ist weitgehend an der Gruppe orientiert, zumindest bei den Tänzen. Natürlich geht es auch ohne Gruppe. Die Kommunikation in der Gruppe, die gemeinsame Bewegungsgestalt bindet das Individuum in ein größeres Ganzes greifbar ein. Es geht hier nicht um besser oder schlechter, sondern um je andere Qualitäten.

Innerhalb des Meditationsgeschehens scheint uns günstig, wenn die Gruppenzentrierung mit der Einzelzentrierung wechselt. Das Individuum kann sich verinnerlichen, sich umwandeln zu einem Teil der Gruppe, also mitteilen, um dann wieder in sich zurückzukehren.

Mit drei unterschiedlichen Bildern möchten wir uns dem Phänomen Gruppe und seiner Wirkweise beim meditierenden Bewegen und Tanzen annähern:

a) *Korn wird zu Brot*. Ein einzelnes Korn kann umgewandelt werden, indem es zum Keimen gebracht wird oder indem es als einzelnes Korn aufgeht in der Umwandlung zu Mehl, zum Brot. Die Umwandlung des einzelnen Korns in einen keimenden, dann fruchtspendenden Halm zwingt, die bisherige Korngestalt aufzugeben. Ähnlich ist es, wenn Korn, gemahlen oder auch als Korn belassen, sich mit anderen Körnern verbindet und zum Brot wird. Zum Brotbacken gehören unabdingbar Wasser und Feuer. *Wasser* bedeutet meist Fruchtbarkeit, auch geistige. Es wird auch Wasser des Lebens (Quelle) genannt, ist ein Symbol seelischer und geistiger Reinigungs- und Erneuerungskraft. Wasser wird meist mit dem Weiblichen in Verbindung gebracht. *Feuer* gilt bei vielen Völkern als heilig, reinigend, erneuernd. Seine Zerstörungskraft wird oft als Mittel zur Neugeburt auf einer höheren Stufe gedeutet (Phönix, der aus der Asche steigt).

Erlöser des Menschen
Geist-Sendung, Altar des Westfäl. Meister, um 1370–80, Köln

Der einzelne wandelt sich allmählich an und in die Gruppe, vielleicht ein wenig vergleichbar mit: »Im Kochen und Backen wurde seit jeher von Frauen das Mysterium der Wandlung zelebriert« (Mulack, 57).

Die Bindung an eine Gruppe, die Verbindung mit anderen beim rhythmisch sich ordnenden meditierenden Tanzen kann bedeuten:

– die Vermischung mit anderen zu einem neuen Ganzen (Korn –Brot); durch meinen Anteil trage ich dazu bei und werde gleichzeitig in die Veränderung einbezogen (geben – nehmen);

– die Reinigungskraft des Feuers und die Erneuerungskraft des Wassers sind Elemente der Gestaltung und Veränderungsmöglichkeit.

Geht der einzelne nach dieser Gruppenerfahrung wieder in sich zurück, ist er nicht mehr derselbe wie vorher.

b) *Teilen und mitteilen in einem gemeinsamen Rhythmus*

Stellen wir uns einen Kreistanz vor mit schlichten Schritten des Vorwärts- und Rückwärtsgehens. Die Hände der Tanzenden sind gefaßt. Allein einen Kreis im Raum zu tanzen bedeutet, daß ich ihn mir imaginär vorstellen muß. Ein Kreis mit der Gruppe ist real gebildet durch die Leiber der Tanzenden. In viele Segmente wird dadurch der Kreis aufgeteilt. Und nur durch diese Teilung wird der Kreis zum Kreis. Der einzelne ist nicht der gesamte Kreis, hat jedoch an ihm Anteil. Weil er Teil des Ganzen ist, hat er in sich auch das Ganze. Im Detail, hier im Teil, ist das Ganze verborgen. Die Anteilnahme des einzelnen an den Bewegungen der anderen bedeutet auch, daß ich mich mitteile und daß sich die anderen mir mitteilen. Teilen ist so Anteilnahme und Mitteilen. »Ohne Teilung gebe es kein Leben ... Entspricht dieses Geben und Nehmen nicht genau dem reziproken (wechselseitigen) Teilungssystem des Goldenen Schnittes?« (Doczi, 47).

Die einzelne hat Anteil an der gesamten Gruppen-Energie, die sich zum Enthusiasmus steigern kann. »Enthusiasmus leitet sich vom griechischen ›en‹ = in und ›theos‹ = Gott ab. Enthusiasmus heißt an einer Energie teilhaben, die als göttlich angesehen wird« (Doczi, 49). Diese Form der Bewegungssprache erschließt sich uns zum Beispiel in Kulttänzen. Enthusiasmus ist allerdings nicht nur eine Erscheinung in der Gruppe. Dort kann sie aber stark dynamisiert werden. »Enthusiasmus erfaßt uns alle, wenn wir tanzen. Ob wir nun an göttliche Wesen glauben oder nicht, das Erlebnis, sich in einem gemeinsamen Rhythmus zu bewegen hat etwas Befreiendes« (Doczi, 49). Die

Verbindung zur Ekstase liegt nahe, aber auch die Verdichtung zum Verinnerlichen.

c) *Gruppentanz und Vogelschwarm – wenn die Wellenlänge stimmt*

Vögel finden sich zu bestimmten Zeiten in einem Schwarm zusammen, teilweise in Formationen, wie eine Keilform, teilweise fliegen sie in geordneter Unordnung. Die Vögel sind, auch wenn sie sich nicht berühren, miteinander gekoppelt, miteinander wie an einem elastischen Faden verbunden. »Der Schwarm bewegt sich in einer Luftform, die er zwar selber schafft, die aber auf jedes einzelne Tier zurückwirkt« (Schwenk, 113). Jeder der Vögel liegt auf einer Welle, die vom vorderen Tier (und anderen) in die Luft eingeschrieben wird. Forscher haben nachgewiesen, daß der einzelne Vogel relativ wenig Kraft braucht, da er in eine Art Luftfeld eingebettet ist, »da ihm die Bewegung der Luftwelle gleichsam die Flügel hebt und senkt« (Schwenk, 114). Hat ein Tier überschüssige Kraft, gibt es diese an die anderen weiter. Ein Vogel mit geringerer Kraft kann diesen Ausgleich gebrauchen. Auch das Leittier fliegt nicht nur mit eigenem Antrieb. Es benötigt nicht unbedingt mehr Kraft als die anderen, da es von der gemeinsamen Luftwelle Energien entnehmen kann. Selbst Tiere eines scheinbar ungeordneten Schwarmes sind in Verbindung mit dem Ganzen und führen während eines langen Fluges die gleiche Zahl (!) von Flügelschlägen aus (nach Schwenk, 115).

Übertragen wir dies nun auf meditierendes Tanzen bei einer Gruppe, die in einer Spirale, einem Kreis, einer Schlangenlinie tanzt. Zwar schweben die Tanzenden nicht, dennoch verdrängen sie Luft, verbreiten Schwingungen, strahlen aus. Fassen sich die Tanzenden bei den Händen, überträgt sich Energie direkt von einem zum anderen, sie beginnt zu fließen. Im geschlossenen Kreis fließt diese Energie kreisrund, bei einer Spirale o. ä. fließt sie von vorn nach hinten und von hinten nach vorn. Jeder bewegt sich auf und in einer Wellenlänge, die nicht nur seine eigene ist, sondern von der Gruppe gemeinsam erzeugt wird. Die Energie, die Ausstrahlung des einzelnen verbindet sich mit denen der anderen, vielleicht zu einer gemeinsamen Wellenlänge: »auf einer Wellenlänge sein«. Vielleicht geschieht etwas Ähnliches wie beim Vogelschwarm. Wer mehr Energien mitbringt, versorgt andere damit. Vielfach erlebbar in einer Gruppe ist, daß zwar jeder für sich selbst geht, jedoch sich auch gehen lassen kann, gehalten durch die anderen. Selbst ergreifen und sich von den anderen ergreifen lassen, ganz konkret.

Auch bei Gruppentänzen ist es irrig, anzunehmen, die erste Tänzerin oder die letzte müsse allein die Gruppe führen, halten, tragen oder könne die Gruppe manipulieren, wie sie möchte. Trotz der Sondersituation der ersten Tänzerin besteht immer eine Rückverbindung zu den anderen, auch vom letzten zu den Vordertanzenden. Es gibt eine schöne Handhaltung, die dies ausdrückt: Jeder der Tanzenden legt seine rechte Hand auf die linke Schulter des Vordertanzenden. Die erste Tänzerin, falls es kein geschlossener Kreis ist, legt ihre rechte Hand auf die eigene linke Schulter und nimmt so Hautkontakt auf mit der Hand der hinter ihr Tanzenden. Die Leitfigur am Anfang einer tanzenden Gruppe bestimmt zwar die Richtung der Raumwege, sie kann jedoch nicht schneller sein als die gesamte Gruppe. Verliert sie den äußeren und inneren Kontakt zur Gruppe, zerfällt das Gruppengefüge, ein nicht selten beobachteter Vorgang. Ist die Gruppe jedoch stark, dann kann sie auch eine unsichere Leitfigur am Anfang stützen, wenn auch mit Mühe.

Die Unterschiedlichkeit der Bilder läßt die komplexe Wirkung einer tanzenden Gruppe erahnen.

Die Gruppe ist auch störanfällig. Wenn einer gegen die Schwingungen der anderen sich bewegt, kann die innere Ruhe oder der Enthusiasmus der gesamten Gruppe schwanken, gestört werden. Dabei ist nicht gemeint, daß jemand falsche Schritte macht oder nicht im Rhythmus ist. Das stört nicht so sehr wie innere Gegenrhythmen.

Ohnehin ist das ganze Feld der Schwingungen, der Vibrationen, wie sie sich zum Beispiel bei tanzenden Gehörlosen zeigt, wenig bis gar nicht erforscht. Wir wissen, daß sich eine gemeinsame seelisch-geistige Wellenlänge entwickeln kann. Wie dies jedoch geschieht, damit tappen wir im dunkeln!

Die Gruppenmeditation ist nicht besser als Einzelmeditation. Sie bringt jedoch ganz andere Ansätze. Die Gruppe ist störanfällig wie eine Einzelmeditation auch, jedoch auf einer anderen Ebene.

Die Gruppe, die meditierend tanzt, wird wohl weniger von den äußeren Luftwellen getragen wie die Vogelschwärme. Jedoch sprechen wir davon, von einer Welle der Sympathie getragen zu werden, oder ich fühle mich getragen durch dich, deine Hilfe, deine Zuneigung, dein Wohlwollen, dein ähnliches Bemühen, die gemeinsame Sache. Das ist die Chance in der Gruppe, und ihr Gelingen dürfte höher eingeschätzt werden als ihr Mißlingen.

Der Welt entgehen, auf die Welt zugehen

Je besser Meditation gelingt, desto mehr kann ich in mir ruhen, desto mehr Energien habe ich, desto wohler fühle ich mich, desto weniger fallen mich die Alltagsärgernisse an. Ich brauche nicht oder weniger unnötige Kraft für oft unnütze Dinge, für sinnlose Situationen, für unfreundliches Verhalten. Interessant ist auch, daß die Motivation, mit dem Meditieren zu beginnen, nicht selten in einer Krankheit liegt, in einer ausweglosen Situation, in einem Tief, in einem Bedürfnis, Sinn in das Leben zu bekommen, aus einem Zustand des Unbefriedigtsein, aus einer Not heraus. Meditation ist notwendig, weil Not wendend – so die Hoffnung.

Etwas, was mir guttut, was sinnvoll ist, möchte ich immer wieder haben, mich zumindest oft in diesen Zustand bringen. Schon das Kind, das Lust im Drehen und Tanzen findet, wird sich selbstvergessen immer wieder drehen und tanzen.

Wie der einzelne mit dem Meditieren und seinen Auswirkungen umgeht, ist seine Entscheidung. Nicht selten wird beobachtet, daß Meditation zur reinen Nabelschau, zum ausschließlichen Verinnerlichen führen kann. Die Grenze zur Weltflucht ist nah. Um unangenehmen Alltagssituationen zu entrinnen, flüchte ich mich in mein Inneres.

Menschen, die sich sehr bewußt für ein Leben entscheiden, das ausgefüllt ist mit Meditation, Kontemplation, eventuell in einer klösterlichen Abgeschiedenheit, sind mit diesen Überlegungen nicht gemeint. Wir meinen Menschen, die im normalen Alltag stehen, sich aus der Verantwortung herausnehmen und sich meditierend ihren Aufgaben entziehen. Dieser Vorwurf des Rückzugs, des Ohne-mich, der Nicht-Verantwortung durch Meditation wird nicht selten erhoben und wohl auch nicht immer zu Unrecht. Meditation muß allerdings nicht zu Weltflucht, kann wohl aber zu bewußterem Leben als bisher führen. Meditieren und auf die Welt zugehen, sie aktiv mitgestalten schließen sich nicht aus.

Wenn es gelingt, durch Meditation besser wahrzunehmen, eine größere geistige Wachheit zu erlangen, körperlich und seelisch-geistig handlungsfähiger zu werden und zu bleiben, dann ist dies durchaus auf die Alltagshandlungen zu übertragen. Idealerweise sollte der Alltag von Meditation, bewußtem Erkennen und Handeln geprägt sein. Zuweilen gelassener in Ärgernissen bleiben, ruhiger, wenn mich andere Menschen mit ihrer Stimme aufregen, zuwendend bleiben, wenn andere es brauchen, sensibler für Freude, auch Mitfreude – das könnte Meditieren sein.

Die geistige Wachheit muß dabei nicht auf den Meditationsvorgang beschränkt bleiben. Ich kann mit diesen intensiveren Wirkweisen der Meditation sehr wohl auch Elend, Gewalt, Unterdrückung wahrnehmen und mich für deren Veränderung einsetzen, bei mir, in meiner Nähe. Meditation und politische Tätigkeit im Kleinen oder Großen schließen sich nicht aus. Wenn mir Gutes in und durch Meditation widerfährt, habe ich auch die Verantwortung, nach »außen« zu wirken. Gegensätze, die sich nicht versöhnen, die nicht vereinbar sind, können auch im meditierenden Bewegen und Tanzen wahrgenommen werden. Es gibt die Chance, Lebensweisheiten, Lebenssinn durch Bewegung, durch Symbole, durch die Inhalte der Tänze zu erfahren. Eine entspannte oder begeisterte Stimmungslage ist nötig für Selbstreflexion und Verhaltensänderung. Wenn auch nur ein Teil dieser Aussage stimmt, dann könnte Meditation mit ihrer Ruhe, ihrer gehobenen Stimmung zu vielfältigen Veränderungsformen beitragen.

Der zeitlich begrenzte Rückzug in die Innerlichkeit ist wichtig. Er ist jedoch nur ein Mittel, eine Durchgangsstation für anderes und nicht Selbstzweck. Nachdem sich der Prophet Elias in die Wüste zurückgezogen hatte, nichts mehr mit der Welt zu tun haben wollte, kam der Auftrag an ihn: »Steh auf und iß, du hast noch einen weiten Weg vor dir« (1 Kön 19,7 ff.). Er mußte sich wieder der Welt stellen, in sie *hinab*gehen, vom Berg der Stille und Gott-Nähe hinabsteigen.

Täglich, kontinuierlich, langfristig: die Zeit

Damit Meditation wirksam wird, bedarf es der Zeit, der objektiv meßbaren und der subjektiv erlebbaren Zeit. Es gibt beim meditierenden Tanzen keine Richtwerte, auch keine meßbaren Zeiterfordernisse. Wir müssen uns an die Zeiterfahrungen anderer Meditationsformen anlehnen.

Die tägliche Zeit wird bei den meisten Meditationsformen mit zwanzig Minuten für eine Meditation angegeben. Schlüssige Erklärungen für diese Zeitmenge konnten wir nicht finden. Es liegen wohl Erfahrungswerte zugrunde, wie lange der menschliche Organismus braucht, um in die Ruhe eintreten, darin verweilen zu können. Weniger als zwanzig Minuten täglich zu meditieren wird meist nicht als sehr wirksam angesehen. Dennoch meinen zum Beispiel Vertreter aus dem T'ai Chi (Kobayashi): lieber zehn Minuten pro Tag, jedoch regelmäßig und langfristig, als gar nicht. Besser wird jedoch eine längere Zeit angesehen. Es gibt auch Vertreter, die fordern: mindestens zweimal pro Tag 30 bis 45 Minuten, wenn spürbare Erfolge eintreten sollen (Zöller). Dies bezieht sich teilweise auf heilende Auswirkungen bei kranken Menschen, die durch Bewegungsmeditation geheilt werden sollen.

Sicher ist: Je länger die tägliche Meditation, desto nachhaltiger und tiefer können die Erfahrungen und Auswirkungen sein. Täglich und kontinuierlich, ein Leben lang, das ist optimal. Tatsächlich wurde bei Yoga-Praktikern nachgewiesen, daß kurzfristige Meditationen auch nur kurzfristige Auswirkungen haben und langfristige Meditationen nachhaltige, intensive und langandauernde Veränderungen bringen. Die Veränderungen beziehen sich auf Leib-Geist-Seele als Ganzheit. Meditierendes Bewegen und Tanzen wird vorwiegend in und mit der Gruppe geschehen. Es wird kaum oder nur selten der Fall sein, daß sich eine Gruppe jeden Tag trifft, um 20 bis 30 Minuten oder mehr sich zu bewegen, zu tanzen. Kommt eine Gruppe zum meditierenden Tanzen zusammen, so ist sie meist längere Zeit beieinander. Vielleicht einige Stunden, einen Tag, ein Wochenende, eine ganze Woche. In der Praxis finden wir meist die Wochenendveranstaltungen oder einen Abend pro Woche, also eine zeitliche Verdichtung. Nach unserer Erfahrung erscheint es sinnvoll, sich in der Zwischenzeit möglichst regelmäßig meditierend zu bewegen, notfalls allein. Gut eignen sich dazu Bewegungen aus T'ai Chi, Qi Qong, Bewegungsthemen, wie wir sie im praktischen Teil beschrieben haben, oder Yoga-Übungen, Eutonie, Bioenergetik, Feldenkrais-Methode. Günstig wirken sich zur Vertiefung auch andere Meditationsformen aus, wie Malen, Musik-Meditation, Stille-Meditation.

Die Eigenart meditierenden Tanzens ist, daß sie kein festes Schema für tägliche Übungen enthält. Jeder muß selbst Übungen für sich aussuchen und ausprobieren. Das ist auch eine Chance, seine eigene Form zu finden. Eigene Meditationsmeister für meditierendes Tanzen gibt es nicht. Sicherlich kann bei den Bewegungsexperten auf diesem Gebiet Rat eingeholt werden.

Natürlich kann meditierendes Tanzen auch nur sporadisch geschehen. Wohltuende, faszinierende Erfahrungen sind auch dann möglich. Intensivere und nachhaltigere Veränderungen können aber nur erwartet werden, wenn täglich und über längere Zeit meditierend getanzt wird, mit den Zwischenübungen. Das bedarf jedoch, wie bei anderen Meditationsformen auch, hoher Disziplin. Wer die nicht aufbringen kann oder will, der wird auch bei gelegentlich meditierendem Tanzen Körpererfahrungen, Lebenssinn, Lebenssuche, Lebensfreude erfahren können.

Wenn wir in den Rhythmen der Natur denken und zu leben versuchen, dann ist es verständlich: jeden Tag aufs neue meditieren, möglichst morgens vor dem Frühstück, um sich in den Tag einzupendeln. Wenn möglich auch abends noch vor dem Schlafengehen. An sich kann zu jeder Zeit meditiert werden. Von den Rhythmen der Natur aus gesehen sind der Morgen und Abend besonders günstig. Wiederholen, immer wieder. Dies gilt für die Gezeiten des Ozeans wie für die Gezeiten des Übens. Schließlich haben wir die Gesetze der Natur, des Kosmos auch in uns, in unserem Leib: einatmen – ausatmen, einverleiben – abgeben, strecken – zusammenziehen, öffnen – schließen. Kontinuierliches Üben und Wiederholen ist im Grunde keine Erfindung des Menschen, sondern ist der Natur abgelauscht.

Letztlich ist die Zeiterscheinung schwer zu fassen. Die äußere, meßbare Zeit allein bringt nicht schon die Wirkung, es gehört auch die innere Einstellung dazu, sonst bleibt es reine Technik. Will ich nur ergreifen, nicht aber auch loslassen, nicht mich »aufgeben«, dann bleibe ich in der technischen Aneignung stecken. Die meßbare Zeit ist also relativ. »Der entscheidende Fortschritt ist aber keine Frage der Zeit, sondern hängt allein davon ab, ›wo das Herz liegt‹« (Zen-Texte).

Auswirkungen – meßbare Annäherungsversuche an ein Geheimnis

In Auswirkungen steckt eine Zwiespältigkeit, wenn Dinge, Situationen nur Sinn bekommen, wenn sie meßbar sind, wenn ich weiß, was herausspringt. Ein Nützlichkeitsdenken: Ich investiere und will etwas davon haben. Sind die Auswirkungen, die Vorgänge von Meditation überhaupt meßbar? Ist das, was meßbar ist, auch das Ganze des Geschehens?

Wir haben Scheu, diese Frage nach Vermarktung, nach Kosten und Nutzen zu stellen. Dennoch ist es auch wieder faszinierend, zu erfahren, was beim Meditieren eventuell vor sich geht, was bewirkt wird. Unsere Sorge ist, daß etwas, was auf Einheit, auf Ganzheit, auf Weisheit angelegt ist, mit analytischem Einzelwissen befragt, durchdrungen werden soll und entsprechend Ganzes *nicht* erfassen kann. Vielleicht jedoch ist es möglich, mit beiden Wegen, dem des Wissens und dem der Weisheit, uns der Meditation anzunähern, sie ein wenig für unseren Verstand zu öffnen. Zuvor jedoch zur Klärung, was wir mit Wissen und was mit Weisheit meinen.

Wissen als westlicher Denkansatz lebt von der Analyse. Dem Wissen gilt nur dann etwas, wenn es durch die Sinne und den

Verstand bestätigt wird, wenn es sichtbar ist. Es begreift das Spezifische und Unterschiedliche und äußert sich in Gedanken und Begriffen.

Weisheit als östlicher Denkansatz lebt von der Synthese. Sie erfaßt die inneren Zusammenhänge mit dem inneren Auge. Der Weisheit geht es um Ganzheitlichkeit und Einheit. Sie äußert sich in Bildern, Rätseln, Widersprüchen (nach Doczi, 147).

Gegenüberstellend zeigt sich:

Wissen	*Weisheit*
Analyse	Synthese, Zusammenhänge
Spezifisches	Ganzheitliches
Unterschiedliches	Einheitliches
Begriffe, Gedanken	Bilder, Symbole
vom Verstand bestätigt	Rätsel, Widersprüche

Diese – sicherlich grobe – Unterscheidung läßt vermuten, daß nicht alles, was in der Meditation vor sich geht, was sich auswirkt, auch meßbar ist. Es bleiben Vermutungen, Ahnungen, Teilwissen trotz aller wissenschaftlichen Erkenntnis. Wenn wir also Vorgänge und Auswirkungen skizzieren, dann mit dem Bewußtsein des Bruchstückhaften, der aufklärenden Annäherung an etwas, was im Kern Geheimnis ist, letztlich also nicht ganz ergründbar.

Über meditierendes Bewegen und Tanzen gibt es keine Untersuchungen, wie sie bei einigen anderen Meditationsformen zu finden sind, zum Beispiel Zen, Yoga, Transzendentale Meditation. Wir müssen diese Ergebnisse entlehnen. Meßbare Ergebnisse hängen jedoch von verschiedenen Faktoren ab wie Intensität der Übungen, Inhalte, Zeitdauer, Alltagsbelastungen, physisch-psychische Konstellation, Lebensgewohnheiten, Ziele, ob etwa nur Entspannung angestrebt wird. Neben dem Wissen, das wir haben, ist wichtig, sich selbst mit aller Sorgfalt und verschärfter Wachheit zu beobachten.

Wirkungen, die immer wieder festgestellt werden und die meditationstypisch sein dürften, unabhängig von der Meditationsform:

– »Nach regelmäßiger meditativer Übung stellt sich ein grundsätzliches Gefühl der Entspannung, Ruhe und Gelassenheit ein. ... Trotz größerer Ruhe steigert sich die Reaktions- und Konzentrationsfähigkeit.

– Meditation führt zu größerer Selbstakzeptanz, zu mehr Selbstvertrauen ... Daraus entstehen größere Unabhängigkeit, Selbständigkeit, Risikobereitschaft und Toleranz gegenüber anderen.

– Die allgemeine Stimmung wird durch Meditation offenkundig positiv beeinflußt und stabilisiert ...
– Die körperliche und geistige Leistungsfähigkeit steigt« (Seitz, 29).

Untersuchungen, die sich besonders dem Verhältnis von Streß und Meditation widmen, sehen unter anderem folgende Wirkungen: »Wir sind alle angefüllt mit alten Stressen, alten, unangenehmen und angstbesetzten Informationen. Diese sind häufig unbewußt ... Durch Meditation gelangen wir in einen Zustand der Tiefenentspannung, in dem der Körper sich erholen kann und wir dennoch nicht schlafen ... Während der Meditation werden alte Stresse gelöst« (Schwäbisch/Siems, 51). Ähnlich wie bei Seitz werden als Auswirkungen auch im Zusammenhang mit Streß geäußert: Gefühle der Geborgenheit, Selbstakzeptierung, Gelöstheit, Stärkung des Grundvertrauens. »Alles, was sich an seelischen bewußten oder unbewußten Prozessen abspielt, hat seine Entsprechung auf der Körperebene« (Schwäbisch/Siems, 105). Die geistige Versenkung, den Geist einsammeln geht auch einher mit einer körperlichen Entspannung.

»Es gibt ... anscheinend einen physiologisch meßbaren Zustand, in dem der Geist bei vollem Bewußtsein bleibt, während das Gehirn alle Anzeichen des Schlafens erkennen läßt. Befunde zeigen, daß beim Meditieren
– der Sauerstoffverbrauch des Körpers abnimmt ...
– der elektrische Hautwiderstand abnimmt (woran sich der Grad der Entspannung und Angstfreiheit ablesen läßt);
– die Atemfrequenz abnimmt;
– das Herz langsamer schlägt;
– der Blutdruck sinkt;
– Alpha-Wellen ... vermehrt auftreten;
– und außerdem der Milchsäurespiegel im Blut abnimmt. Da der Milchsäurespiegel ein diagnostisches Maß für die Angstbereitschaft eines Individuums ist, bedeutet die Verringerung des Milchsäureanteils im Blut eine Herabsetzung des physiologischen Angstpotentials« (Schwäbisch/Siems, 45)

»Nachdem bekannt ist, daß häufiger Streß mit einer Schwächung des Immunsystems einhergeht, ist kein Wunder, daß Meditation durch seine Entstressungsfunktion auch dazu beiträgt, die Anfälligkeit für Infektionskrankheiten ... zu mindern« (Seitz, 30). »Je länger man geübt hat, je mehr Fertigkeit man in der relativen Ruhigstellung der Hirnrinde erreicht, desto geringer sind auch die Wirkungen der Emotionen auf das Großhirn, desto sicherer kann die Großhirnrinde ihre Schutzfunktion gegen Krankheitsbefall wahrnehmen, u.a. bei Hochdruck ... sowie bei nervöser Labilität« (Zöller, 77).

Nicht alle Wirkungen werden positiv erlebt, zumindest nicht

zu Beginn. Das soll den Meditierenden nicht erschrecken. Meist verschwinden diese Symptome wieder. »Gelegentlich können jedoch bei der Lösung alter Stresse beunruhigende Erscheinungen auftreten. Dann kommt es zu Schwitzen, Fieber, Muskelzucken oder Zittern ... Auch Kopfschmerzen, Müdigkeit und ein Gefühl, als sei man in Watte gepackt, sind positive Zeichen einer Lösung von alten psychischen und physischen Schlacken ... Nervosität, Gereiztheit und Hautjucken offenbaren, daß sich vorher unterdrückte Aggressivität frei macht ... Weil bei der Meditation auch Angst, Traurigkeit, Einsamkeit, Wut, Ärger und Depressionen gelöst werden, geraten diese vorübergehend wieder ins Bewußtsein. Das ist jedoch kein Grund zu erschrekken« (Seitz, 30 f.) Ob solche Erscheinungen so ganz unproblematisch sind, bezweifeln wir. Dauern sie länger an, ist es sinnvoll, sich bei einem Meditationsmeister Rat zu holen, bei einem Arzt, Psychotherapeuten oder Berater, die selbst meditieren und entsprechende Fachkompetenz haben.

Für viele, alle, wenige: von der Sache her eingrenzen bedeutet Menschen ausgrenzen

Die Meinungen gehen auseinander. Manche sagen, Meditation sei für jeden und grundsätzlich positiv, andere warnen, daß intensive Meditation nur für Leute mit bestimmten Fähigkeiten sei, für Gesunde, vor allem psychisch Gesunde. Dahinter liegen Erfahrungen. Nur ein bißchen Meditation sei keine Meditation, sagen wieder andere.

Meditierendes Bewegen und Tanzen liegt zwischen strenger Meditation (z. B. Zen-Meditation) und Entspannungstechniken. Es werden beim meditierenden Bewegen seelische Bereiche angesprochen, die eigene Lebenssituation befragt, symbolische Weisheitserfahrungen durch Bewegungen und Tänze eingekreist. Wem können wir dies zumuten, mit welchen Maßstäben wollen wir messen? Wir möchten differenzieren und verschiedene Stufen zeigen, ohne sie zu bewerten:

a) Wenige Elemente meditierend bewegen und tanzen, wie einige Übungen, leichte Tänze können, entsprechend dosiert, mit fast allen Zielgruppen gemacht werden. Es kann dann sein, daß dies nicht im strengen Sinne die gesamte Meditationsform umfaßt. Wir denken jedoch, daß auch dies sinnvoll ist. Ob vertiefte Auswirkungen entstehen, wissen wir nicht. Inhaltlich einfache und zeitlich kurze Situationen können sehr erlebnistief sein.

b) Alle meditativen, jedoch zeitlich nur begrenzten Bewegungselemente kommen weitgehend für alle Zielgruppen in Frage, vom älteren Kindesalter bis zu alten Menschen; Schwerstbehinderte nur bedingt. Treten dichte Situationen auf, kann darüber gesprochen werden. Grundsätzlich arbeiten wir gerne mit Bildern aus der Natur, der Kunst, aus Alltagssituationen zu der jeweiligen Tanzthematik, die das Erlebte auf eine weitere Sinnesstufe holen, vertiefen, größere Zusammenhänge darstellen und Distanzierungsmöglichkeiten schaffen können. Die inneren Bilder können in Menschheitsbilder eingebunden werden.

c) Ganzheitlich meditierend bewegen und tanzen bedeutet, daß intensivere Erfahrungen gemacht werden *können* (nicht müssen). Disziplin und Zeit sind notwendig. Dies ist sinnvoll für Menschen, die bereits Erfahrungen mit meditierendem Bewegen haben. Wichtig ist dabei eine gewisse Begleitung, sei es durch die Mittanzenden, durch Freunde, durch den/die »Tanzmeister/in«. Es muß nicht unbedingt über die Erfahrungen gesprochen werden, es gibt auch ein Zerreden. Jedoch ist es gut, zu erfahren, daß sich mir jemand zuwendet, mich begleitet, daß ich mich mitteilen kann und Anteilnahme erfahre.

Mit dieser ganzheitlichen Meditationsform haben wir bei älteren Jugendlichen, Erwachsenen und älteren Menschen gute Erfahrungen gemacht. Möglicherweise können auch Jüngere angesprochen werden, wenn sie Interesse haben. Jüngere Kinder können gut bei Punkt a, teilweise auch Punkt b einbezogen werden. Es ist erstaunlich, mit welch intuitiver Ganzheit sie Tanzinhalte, Bilderinhalte, Bewegungsthemen auf der Symbolebene erfassen und in ihre Welt integrieren können. Wir Erwachsenen müssen uns dem oft mühselig annähern.

Unser Interesse gilt in besonderer Weise auch behinderten Menschen. Wir haben den Eindruck, daß sie noch weitgehend vom meditativen Geschehen ausgeklammert werden. Die Hemmschwelle für sie ist groß. Besonders eingeladen werden sie meist nicht. Die Inhalte und Methoden sind nicht auf sie abgestimmt. Es gilt zu differenzieren. Schwerbehinderten Menschen müssen wir die Inhalte anders anbieten. Sicher ist nicht alles vermittelbar, dennoch: Auch hier haben wir erstaunt erfahren, daß mehrfachbehinderte Menschen sehr intuitiv und ganzheitlich aufnehmen, reagieren. Ihre Signale sind für uns nicht immer verständlich, wir müssen sie auf ihrer Ebene versuchen zu entschlüsseln. Vor allem ist die Kreativität des Tanzbegleiters gefordert. Ganzheitlich ansprechen bedeutet auch mit verschiedenen Medien zu arbeiten. Beispiel: beim Karawanentanz mit Rollstuhlfahrern Handbewegungen in Schüsseln mit gefülltem Sand nach dem Tanzrhythmus machen, um die Erfahrung im

Sand, im Wüstensand zu gehen, ein klein wenig einzufangen. Bei hörbehinderten Menschen ist gut, Bewegung und Tanz mit Bildern zu verbinden, um in den Symbolgehalt eintauchen zu können.

Es gibt Begrenzungen, nicht alle Bewegungen, Tänze, Inhalte sind für alle Zielgruppen gleich geeignet. Wir möchten jedoch ermutigen, Elemente meditierenden Bewegens und Tanzens gerade auch behinderten Menschen anzubieten. Mit psychisch Kranken haben wir keine Erfahrung. Ausschnitte meditativen Tanzens können mit ihnen sicherlich auch in Bewegung umgesetzt werden. Es sollte im Bereich der Tanztherapie mit entsprechend kompetenten Tanzleitern geschehen.

Ein kleines Beispiel mag verdeutlichen, daß zuweilen Undenkbares, weil Ungewohntes möglich ist. Wir haben die Übung »Erden« gemacht. Es waren einige erwachsene Rollstuhlfahrer/innen dabei. Wir baten sie, mitzumachen und uns anschließend ihre Eindrücke zu sagen, wenn sie es wollten. Erstmals konnten sie erfahren, daß sie durch den Rollstuhl hindurch Kontakt zur Erde nehmen konnten. Einige versuchten durch ihre Sitzfläche hindurch zu erden, bewußt ihr Sitzen wahrzunehmen im Zusammenhang mit der Erde und nicht nur im Rollstuhl hängenzubleiben. Andere versuchten durch ihre Füße, die sie direkt auf die Erde stellen ließen, von den Trittbrettern des Rollstuhles weg, mit dem Boden zu kontakten. Ihre Körperhaltung im Rollstuhl veränderte sich, dehnte sich nach unten und oben aus. Glück stand in ihren Gesichtern. Erde hatten sie oft leidbringend erlebt, zum Beispiel wenn sie hinfallen und ohne fremde Hilfe nicht aufstehen können. Sie mußten ihren Leib auf etwas anderes orientieren, ausrichten als auf ihren Rollstuhl. Unsere Überlegung danach: Vielleicht sind manche behinderte Menschen den nichtbehinderten überlegen, weil sie sich ergreifen lassen, den Schwingungen hingeben können, wo nichtbehinderte Menschen sich festhalten an Formen, Gedanken, Zielen.

Wir wollen möglichst vielen Menschen den Zugang zum meditierenden Bewegen und Tanzen eröffnen, ihr Interesse wekken. Wir werden dabei »die reine Lehre« verlassen müssen und bis zur Grenze gehen, an der zu fragen ist, ob dies noch Meditation ist. Wir sind allerdings auch dafür, daß meditierendes Bewegen und Tanzen in seiner Ganzheit praktiziert wird, mit aller Mühseligkeit, Ausdauer, Freude und Wachheit. Das eine muß nicht auf Kosten des anderen sein. Der Prozeß des Werdens ist uns wichtiger als das sichtbare Endprodukt, das wir letztlich nicht in der Hand haben.

Vermittlung zur Selbstaneignung: Tanzbegleiter als Instrument

Meister im meditierenden Bewegen und Tanzen gibt es im strengen Sinne bis jetzt noch nicht, wie etwa im Yoga, im T'ai Chi, im Zen. Einzelpersönlichkeiten, die wir Tanzmeister nennen könnten und die auch meditatives Tanzen lehren, gibt es vereinzelt. Sie arbeiten meist aus ihrer Intuition heraus. Unabhängig von einzelnen Meisterpersönlichkeiten möchten wir von »Tanzbegleitern« sprechen, ähnlich einem Wegbegleiter. Vielleicht werden eines Tages daraus die Meister/innen erwachsen.

Wir sehen derzeitig zwei Aufgaben der Tanzbegleitenden: *Vermittlung und dialogische Zuwendung.*

Unter dialogischer Zuwendung meinen wir eine Beziehungsform, die auf Fragen, Probleme, Aussagen eingeht, mit dem Suchenden seinen Weg sucht. Es könnte eine Wegbegleitung im geistig-seelischen Bereich sein, zeitlich kurz oder auch längerfristig. Inhalte und Erkenntnisse des meditierenden Bewegens können sie vermitteln, aber auch weiterführende Fragen. Bislang dürfte diese Aufgabe nur vereinzelt in der Praxis wahrgenommen werden. Die Angst, diesen Part zu übernehmen, ist verständlich. Vielleicht müßte dazu den Begleitenden selbst erst inhaltliche Hilfe gegeben werden. Diese Aufgabe soll jedoch keine andere Beratungsform ersetzen oder gar Therapie sein. Wir gehen davon aus: Wer meditierendes Bewegen und Tanzen anbietet, muß sich auch mit den Inhalten und Hintergründen seines Tuns auseinandersetzen.

Die Vermittlung ist derzeit die Hauptaufgabe der Tanzbegleitenden. Darin steckt jedoch nicht nur die Technik des Sich-Bewegens, sondern auch die geistig-seelische Vermittlung. Wir möchten uns dabei von den nachstehenden Zen-Texten führen lassen:

> »Ein Meister kann dem Schüler immer nur die Sache mitteilen und sie zu begründen versuchen. Die Wahrheit zu erkennen und sie sich anzueignen, das vermag immer nur ›Ich-Selbst‹. Dies nennt man Selbstaneignung. Das Übermitteln erfolgt von Herz zu Herz. Es bedeutet nur, daß auch ein Meister die Wahrheit selbst nicht weiterzugeben vermag ... Immer ist die Selbstaneignung das Kernstück ... Der Sinn jeder ›Lehre‹ ist nur: auf das, was jeder in sich selbst hat, ohne es selbst schon zu wissen, hinzudeuten und es bewußt zu machen.«

Die Tanzbegleitung, der »Lehrende« ist Instrument, ein wichtiges und für manche entscheidendes. Jedoch aneignen kann nur der »Lernende« selbst, es ereignet sich gleichermaßen in ihm. Der Prozeß ist wesentlich, nicht, was am Ende steht.

Auch in der Vermittlung der Bewegungstechnik ist die Person wichtig, wie sie sich an die Sache und an die Tanzlernenden hingeben kann, wie sie Inneres transparent werden lassen kann.

Auch der Tanzbegleiter ist ein Suchender, ein ständig Übender, kein Perfekter, kein Fertiger.

Die Art der technischen Weitervermittlung wird individuell verschieden sein. Meditierendes Bewegen und Tanzen bedarf einer meditierenden Form der Einführung: allmählich, Schritt für Schritt (wörtlich zu nehmen), fortschreitend, »über die Gewinnung der äußeren Form zum Aufgehen der inneren Form« (Zen-Texte) kommen. Wie wichtig kann zum Beispiel sein, nur vorwärtszugehen, nur das Rückwärtsgehen einzuüben, um zu eigenen Erfahrungen zu kommen. Sicherlich geht es nicht um die Menge der Bewegungen, die Anzahl der Tänze, die äußere Perfektheit. Harmonische Bewegungen kommen nur von innen. Bewegungstechnik ist wichtig, sie ist jedoch nicht das Ziel, lediglich Mittel oder Weg. Wenn jemand fragt: Wieviel meditative Tänze schafft ihre Gruppe an einem Abend?, dann kann sich mit dieser Zielsetzung kaum Meditation ereignen.

Ein kleiner Impuls, wie technische Bewegungsvermittlung aussehen könnte:
- in die Ruhe eintreten, Atem, Bewegung, Geist und Seele sammeln;
- Vorübungen mit Elementen des Tanzes anbieten, um auf Wesentliches dieses Tanzes einzugehen;
- den Tanz in seiner Ganzheit oder in Teilen davon einführen; das ruhende Wiederholen nicht vergessen, um sich ergreifen lassen zu können;
- Vertiefungsübungen zur Thematik des Tanzes oder was die Gruppe vermutlich braucht, um sich von weiteren Dimensionen erfassen lassen zu können;
- wieder den Tanz als solchen wiederholend einüben, ganzheitlich einlassen, den Geist darauf sammeln;
- und schließlich einen ruhenden Abschluß anbieten, zum Beispiel kleine Steh-Meditation, einige bewußte Atemzüge;
- eventuell mit Bildern die Erfahrungen erweitern.

Wichtig scheint uns, einen Rahmen mit Beginn und Abschluß zu setzen. Zu Beginn in die Ruhe eintreten und am Ende die Energien zur eigenen Mitte hin sammeln.

Voraussetzung für die Tanzbegleitung ist: sich selbst ständig in meditierendem Bewegen zu üben, sowohl in der Technik als auch in dem, was dahinter steht: sich zur Mitte gehen lassen. Einfühlsamsein für die Gruppe ist wesentlich. Das Ver*mitte*ln kann nur aus der eigenen *Mitte* geschehen und ist gleichzeitig ein Geben und Nehmen. Und vielleicht gelingt hin und wieder: »Unerwartet und ganz unvermutet kann das, was vom Meister ausgeht und auch im Schüler ans Licht will, zusammenschlagen und das, was in beiden ist, ›aufgehen‹, und dann sind das Herz des Meisters und das des Schülers mit einem Schlage ›eins‹. Das nennt man den Weg von ›Herz zu Herz‹« (Zen-Texte).

3. Symbole – Urbilder – Bilder der Seele – getanzte Weltbilder

Symbole: Was sind sie? Was bewirken sie? Wie können wir mit ihnen umgehen? Fragen in Fülle. Den Antworten werden wir uns nur annähern können; mit dem Verstand werden wir sie begrenzt begreifen. Wir möchten Teile zum Ganzen zusammenbringen. Symbolon (griech.) ist das »Erkennungszeichen«, das spezifisch erst sichtbar wird durch das Zusammenfügen der Teile zum Ganzen. Gleichzeitig steckt in jedem Teil auch schon das Ganze und ist dennoch ergänzungsbedürftig. Eine Geschichte mag es verdeutlichen: »Wenn zwei Freunde für längere Zeit oder für immer voneinander schieden, so zerbrachen sie eine Münze, ein Tontäfelchen oder einen Ring. Kam nach Jahren jemand von der befreundeten Familie zurück, so konnten die zusammengefügten Teile (symballein = zusammenwerfen, zusammenfügen) bestätigen, daß der Träger des einen Bruchstückes wirklich Anspruch auf die Gastfreundschaft besaß« (Lurker, 551).

Diabolon ist das Gegenstück zu *Symbolon* und bedeutet entzweien, auseinanderstreben, auseinanderreißen.

Verschiedene Schichten des Symbols zusammenwerfen, um dann wieder Schicht für Schicht entdecken zu können, das soll der nächste Vorgang sein. Die Symbole können folgende Eigenschaften haben:

- mehrdeutig,
- veränderlich und doch »ewig«,
- vordergründig und hintergründig,
- sichtbare Zeichen einer unsichtbaren Wirklichkeit,
- vielschichtig, Seite um Seite gilt es zu entdecken,
- Wahrheitsvermittler,
- Urbilder oder Archetypen,
- rückbindend und gleichzeitig ausgerichtet auf Zukunft,
- Verhüllung und Offenbarung zugleich,
- das Besondere und das Allgemeine,
- »Bewußtseinsbildner«, die die Psyche zur Verarbeitung unbewußter Inhalte drängt, die im Symbol enthalten sind (Mulack, 26),
- Ausdruck der tiefsten Schichten der Seele,

– neu zu entdeckende Wahrheit,
– innere Bilder, die entstehen, subjektiv und doch an Allgemeines gebunden,
– äußere Bilder, die durch die Menschheit geschaffen wurden,
– ein Instrument, das Zukunft in die Gegenwart bringt (Steffensky, 83), das an Vergangenheit erinnert und das Gegenwart gestaltet.

In den Symbolen »wird Geistiges sinnlich wahrnehmbar, ihr Wesen beruht auf dem Zusammenfall von Bild und dem im Bilde Vergegenwärtigten, zwischen beiden steht ein innerer Zusammenhang« (Lurker, Kreis, 23). Es ist also nicht das wahllose Zusammenwerfen, sondern es sind die Zusammenhänge unterschiedlicher Teile zueinander.

Symbole wenden sich an den *ganzen* Menschen, nicht nur an seinen Verstand. Sie wirken auf verschiedenen Ebenen. Wir können uns mit den Symbolen die Welt aneignen, sie mit unserem eigenen Sein verbinden und wieder Neues entstehen lassen. Die Parallele zum Tanz ist unverkennbar. Symbole können wir nur verstehen, wenn wir uns auf sie einlassen, uns mit ihnen identifizieren oder auseinandersetzen und sie so neu erfahren und ausdrücken.

Innere Bilder können durch Symbole entstehen und äußere Bilder durch Symboldeutungen an uns herantreten. Beide Vorgänge bewegen sich aufeinander zu wie Spiralnebel:
– Entstandene Innenbilder drängen nach draußen;
– äußere Weltbilder durchdringen unser persönliches Symbol und unsere Bilderwelt (Weltbilder);
– persönliche Symbole entstehen auf dem Hintergrund gesellschaftlichen Eingebundenseins;
– in jedem einzelnen Menschen entstehen ganze Menschheitsbilder.

Durch verschiedene Medien können wir Symbole begreifen: Bilder, Architektur, Natur, Werkgestaltung, Bewegung und Tanz. Ein behindertes Mädchen im Rollstuhl sagte uns: »Durch diese getanzten Symbole sind in mir Bilder mit Geschichten entstanden – es war schön und klingt nach. Ich kann mich mit den anderen hier verbinden, bin nicht allein.«

Daß Symbole wirken, erfahren wir oft genug; wie sie wirken (der Vorgang), ist nur bruchstückhaft erforscht. Die Wellen der Wirkung können von innen nach außen oder von außen nach innen gehen. Beim meditativen Bewegen und Tanzen ist der Vorgang eher von außen (äußere Symbolbilder) nach innen, nämlich von der

– *e-motion* (Gefühl, Bilder, tiefere Seinsschichten) zu
– *motion* (Bewegung).

In die Bewegung werden äußere Bilder eingeflochten, die zu *e-motion* führen. Aus den Weltbildern entstehen Bilderwelten, entsteht unser eigenes Bild, ganz persönlich, veränderlich, das sich wiederum zu meinem Weltbild, zu anderen Weltbildern zusammenfügt. C. G. Jung meint, daß heilende Wirkungen in diesem Vorgang sind:

– Entdecken des persönlichen Symbols in den Ursymbolen, in den Weltbildern, und
– Wiederverbinden des persönlichen Symbols mit den archetypischen Symbolen der Menschheit mit seiner übergreifenden Erfahrungsweise.

Symbole werden Wirklichkeit durch Bewegung, durch Schauen, durch Gestalten, durch geistiges Drehen und Wenden.

So wollen wir auch die einzelnen Symbole und deren Wirkweisen sehen. Beschreiben können wir allerdings nur die durch eine lange Geschichte und viele Kulturen entstandenen Bedeutungen. Die subjektive Ausgestaltung ist tausendfältig.

Symbol Kreis: tanzend seine Kreise ziehen

Das Wort ›Kreis‹ kommt vom mittelhochdeutschen Kreiz = Kreislinie, Umkreis, Bezirk; krizen = einen Kreis ziehen, wahrscheinlich mit der Grundbedeutung ›einritzen‹« (Lurker, Kreis, 17). Tanz wird auch als ein Ziehen gedeutet. So ist *krizen* auch zugleich tanzen, einen Kreis ziehen mit Bewegung, mit dem menschlichen Leib, mit Füßen und Händen, Längs- und Querachse. Der Tanz im Kreis dürfte nicht nur die älteste, ähnlich den Rundbauweisen (Rundhütten), sondern auch weitverbreitetste Tanzform sein, auch heute noch. In Kulturepochen nur mit Rundbauten gab es auch nur Rundtänze. Zu Zeiten anderer Architektur gab es auch andere Wegetänze wie zum Beispiel die *longway-dances* (Reihentänze, Gassentänze).

Im Tanz einen Kreis zu bilden ist nur mit mehreren Tanzenden möglich, es sei denn, der Kreis wird imaginär gedacht. Jeder ist Teil des Ganzen und, um zum Kreis zu werden, ergänzungsbedürftig. Es ist gleichsam der geteilte Kreis. Durch das Teilen entsteht das Ganze: Teilen – Anteilnahme – Mitteilen, die Mitte teilen, aus der eigenen Mitte heraus mitteilen.

Aus drei Erfahrensweisen hat sich der Mensch früherer Zeiten den Kreis erschlossen (nach Lurker, Kreis, 16):

– aus der sichtbaren Gestalt wie Sonne, Vollmond, Wellenringe, die Iris des Auges, Pflanzenblüten, Früchte;
– aus der zyklischen Bahn von Sonne und Mond. »In dem auch von Menschen nachvollziehbaren Umgang des Umschreitens, Umwandelns liegt bereits die Vorstellung des Kreises« (ebd.);
– »Aus der Erfahrung, daß das eigene Ich Mittelpunkt des mit dem Weltall in Korrespondenz stehenden Lebenskreises ist« (ebd.).

Alle in der Natur sichtbare Entwicklung verläuft zyklisch, wie etwa der Kreislauf der Jahreszeiten.

Die ältesten Tänze dürften Reigentänze gewesen sein, ein Abbild des »kosmischen Reigens«. Auch heute noch gibt es Sonnentänze, Mondtänze, gibt es Raumformen, die zum Beispiel den Weg des Merkur oder der Venus nachziehen, die ihrerseits eine Korrespondenz zu Pflanzen zeigen.

Durchschnittener Apfel

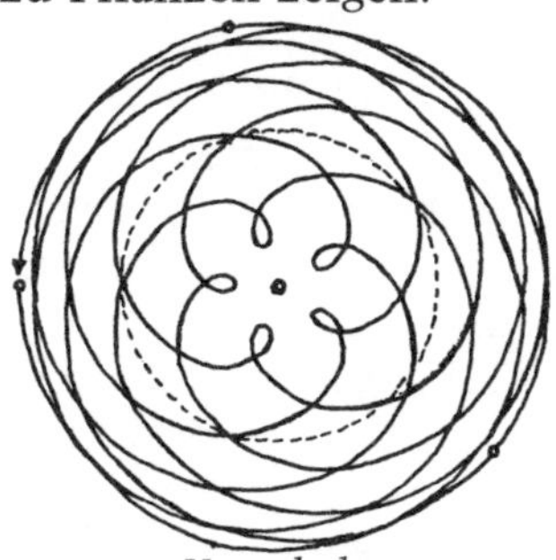

Venusbahn

Tulpe

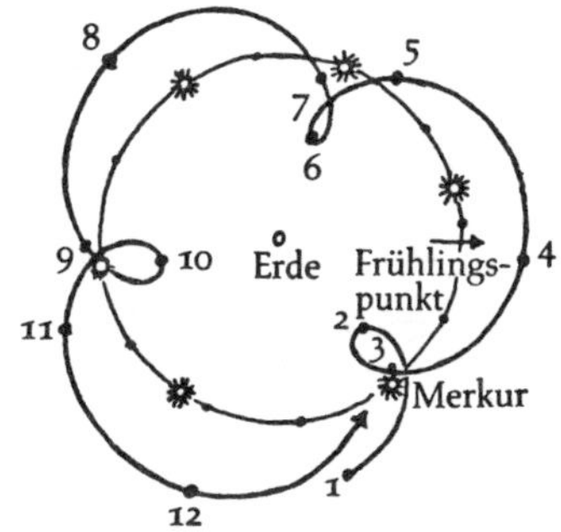

Merkurbahn

Korrespondenz der Blütenformen und Planetenbahnen (aus: Der Garten als Mikrokosmos, von W. D. Storl, 1982, Freiburg/Br.)

Entsprechungen in Tänzen und Gebärden, zum Beispiel Ornamentik des Raumweges von Adoramus Te (siehe Beschreibung).

Fruchtbarkeitstänze zum Beispiel waren/sind immer Kreistänze.

Im Umschreiten, Umwandeln liegt das Verwandeln, auch des eigenen Ich, eine Grundwirkung in allen Kreistänzen, die längst aus der magischen Vorstellung herausgewachsen ist: *um*wandeln durch um*wandeln*.

Der Kreis lebt aus dem Spannungsverhältnis von Zentrum (Mittelpunkt) und Peripherie. Im Tanz sprechen wir auch von der Kreisbahn (Peripherie) und Kreismitte, von der alle Tanzenden gleich weit oder nah entfernt sind. Der Kreis mit Mittelpunkt gilt auch als »Bild der schöpferischen Kraft in der Mitte, die allem in ihrer Umgebung erst den Sinn gibt« (Bauer, 46).

Der Kreis als *zentralbeharrend*, in sich ruhend, nach außen abgeschlossen und der Kreis in seiner *peripherbewegenden Zen-*

Gebärdensymbol Rose, siehe Tanz Hymnus Akathistos

Zwei Rosetten beim Klostereingang zu Maulbronn. Die eine erweckt den Eindruck eines dauernden Wirbels, die andere strahlt in Gestalt einer Kreuzrose eine Ruhe aus, aber keine Ruhe der Leere, sondern der Spannung (aus: Lurker, Kreis).

trifugalkraft haben je unterschiedliche Wirkweisen (siehe die beiden Tänze »Adoramus Te« in diesem Buch). Entsprechungen finden sich auch in der Kunst.

Viele Tänze entsprechen der bewegenden Zentrifugalkraft, verständlich aus dem dynamischen Element des Tanzens. Beide Kreisformen vermischt finden sich ebenfalls in vielen Tänzen wieder.

»Die auf kultischen Ursprung zurückzuführenden Reigenspiele sind kreisende Bewegungen um eine Mitte, die der Peripherie der Umstehenden oder der Umtanzenden erst ihren Sinn gibt« (ebd. 28). Im Bändertanz, Medizintanz, in Tänzen um das Lagerfeuer oder um einen Baum, einen Pfosten ist diese Mitte sichtbar gemacht worden. Bei den Medizintänzen wird der Kranke meist in die Mitte gelegt und umkreist (Sachs, 43), bis die Tänzer Macht über den Krankheitsgeist erlangen. »Die Reihung um eine Mitte erweckt den Eindruck einer vielgliedrigen Ganzheit; der Gedanke der Gemeinschaft wird in der Figur des Kreises am besten verbildlicht« (Lurker, Kreis 29). Kreistänze werden auch mit Halsketten verglichen. Die Tanzenden sind die kostbaren Perlen, ihre gefaßten Hände und Arme bilden die Schnur, an der sie sich selbst aufreihen. Die Perle, in der dunklen Muschel gewachsen wie das Kind im Mutterleib, ist ein Schatz, auch ein Bild vom Innersten der Seele. Zuweilen wird Christus mit der Perle, einem kostbaren Schatz, verglichen (Schliephacke, 48). Das Runde der Perle zeigt die Allseitigkeit, das Allumfassende. Gebetsschnüre, Rosenkranz sind entsprechende Perlenketten des Gebets, gar nicht so weit entfernt von den tanzenden Perlenketten mit ihren rhythmisierten Wiederholungen. Die Figur »Kette« gibt es in später entwickelten Tänzen.

Es gibt Tänze, in denen ein Mensch Mittelpunkt ist oder, besonders bei Kulttänzen, eine Gottheit, symbolisiert durch Altar oder Statue. Hier kommen wir in die Nähe des göttlichen Kreises. »Der Kreis ist ein treffendes Bild für das göttliche Insichsein« (Meister Eckehart). »Durch viele Jahrhunderte hindurch ist der Zirkel und sein Kreisschlag ein Symbol für den Kosmos und dem Menschen gesetzte Grenzen« (Lurker, Kreis).

Krizen, in Kreistänzen ziehen, ist vielleicht ein getanztes Abbild schöpferischen Tuns und Anerkennung dem Schöpfer gegenüber. Der Zirkel wird auch als die verlängerte Hand Gottes, des Schöpfers, angesehen: Wir sind bei der meditativen Form des »Maßnehmens«. Den Erdkreis tanzend gestalten ist ähnlich der Umfurchung durch den Pflug, wenn römische Siedlungen nach dem sakralen Ritus gegründet wurden (ebd. 61).

Zum Kreis, zum Kreisen gehört das Runde, wie es in vielen Lebewesen und Pflanzen vorzufinden ist, zum Beispiel Seeigel, Beeren, Früchte, rund ist aber auch die Erde und sind die Planeten im All (Riedel, Symbole, 92). Zum Runden gehört auch das Umarmen (Karawanentanz). Vom Gestalterischen her mögen auch die Mandalas (Kreisbilder) dazu zählen.

Es gibt unterschiedliche Kreisgestaltung im Tanz, die je verschiedene Auswirkungen haben, zum Beispiel:

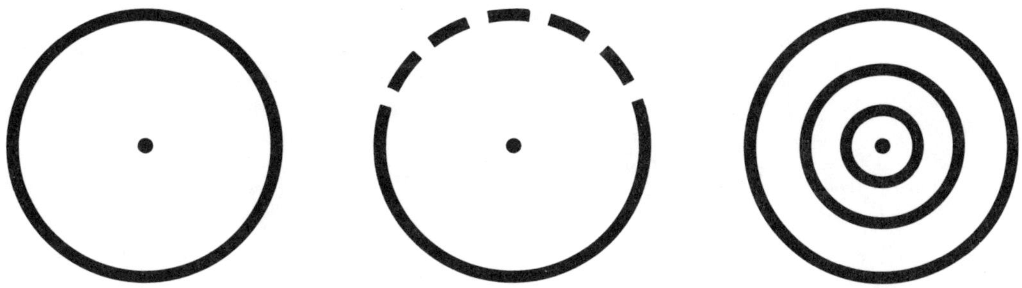

geschlossener Kreis *geöffneter Kreis* *konzentrische Kreise*

Wellenlinien, die sich immer mehr ausbuchten und sich schließlich zu kleinen Kreisen umwandeln

Atmen des Kreises

Eng mit dem Kreis verbunden ist seine ornamentale Gestaltung, auch im Tanz. Die getanzte Ornamentik in Kreistänzen und anderen Tanzwegen ist jedoch nicht zuerst Ausschmücken, was »Ornament« vom Wort her bedeutet, sondern sie lebt von ihren Wirkweisen. Die Schmuckelemente stehen in einem inneren Zusammenhang mit dem Denken, Fühlen und den Erfahrungen der Menschen in ihrer Kultur. Ähnliches wird in der Architektur aufgezeigt, zum Beispiel bei der Kathedrale von Chartres (Charpentier) oder in der romanischen Basilika Bursfelde (Sumpf). Einen kleinen Einblick in die Vielfalt, Schönheit und Wirkweisen mögen die ornamentalen Raumwege der nachstehenden Tänze geben. Jeder Kreistanz hat seine ihm eigene Ornamentik. Wir können hier nur exemplarisch aufleuchten lassen:

Tanz »Biserka« Ornamentik des Raumweges (s. Beschreibung) 1

Ornamentik des Raumweges von »Menoussis« 2

1

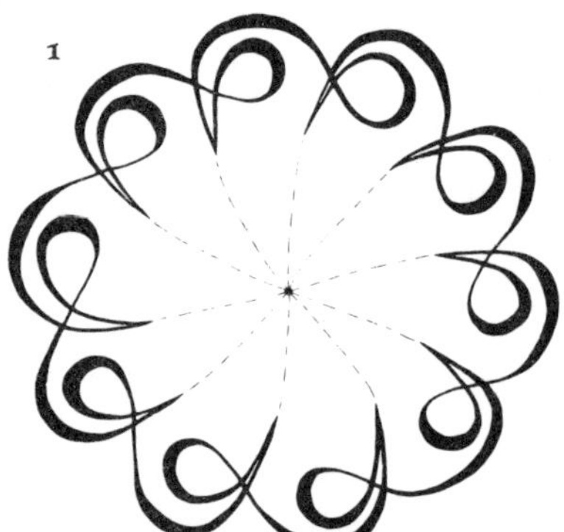

2

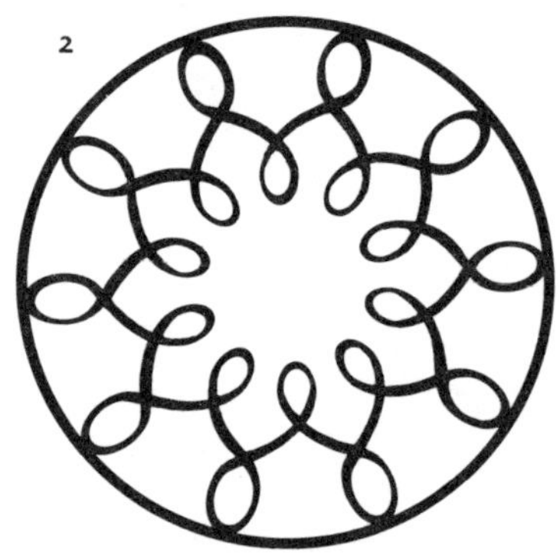

Sinnzusammenhänge und Wirkweisen:
- Kreis verdichten, zentrieren;
- Kreis ausdehnen;
- vorwärts im Kreis: Fortschritt, Vorsicht;
- rückwärts im Kreis: Rückschritt, Rücksicht;
- drehen und wenden;
- Zentrum und Peripherie;
- Zukunft – Vergangenheit – Gegenwart;
- weiterführende Wege durch das Zentrum, das Zentrale

Aus der Vielfalt des Spiels mit dem Kreis sollen einige Bedeutungen kurz gestreift werden, die in irgendeiner Form auch immer in Tänzen sichtbar werden.

Der Kreis ist ein Symbol der Zeit, der Unendlichkeit, »weil ohne Anfang und Ende ein Bild der Ewigkeit« (Forstner, 62). Er ist Symbol der Einheit und Vollkommenheit.

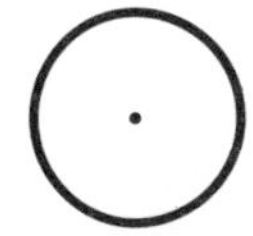

»Der Kreis als eine in sich selbst zurückkehrende Linie, deren sämtliche Punkte gleich weit vom Zentrum entfernt sind, ist nicht nur die einfachste, sondern auch die vollkommenste Figur« (ebd. 61 f.). Es ist ein Spannungsverhältnis zwischen Peripherie und Zentrum.

»Alle Radien eines Kreises sind im Mittelpunkt zur Einheit verbunden: eins untereinander, eins mit dem Zentrum ... Je weiter sie sich vom Mittelpunkt fortbewegen, desto größer wird auch ihre gegenseitige Trennung« (ebd. 62 f.). Ähnliches gilt für die konzentrischen Kreise. Ein Baumstamm im Querschnitt entspricht genau den konzentrischen Kreisen, die oft in Tänzen vorkommen.

»Das einem Kreis eingeschriebene Kreuz gilt als Vermittlung von Quadrat und Kreis und betont die Verbindung von Himmel und Erde« (Herder-Lexikon, 93). Durch den Kreis mit Kreuz entsteht das Rad, das in zahlreichen Tänzen vorkommt: in der Figur »Mühle« oder im getanzten Rad zu vieren, bei denen sich die Tanzenden mit den Händen im Kreuz halten (Danktanz, Festtanz).

Sieht man beim Rad die Geraden als Weg (via) und den Kreis (rota) als rollende Form, könnte es als »in sich geschlossene Vollkommenheit und einer aus sich rollenden Entwicklung« erklärt werden, so bei Hildegard von Bingen. In Zusammenhang damit stehen das Glücksrad, das Sonnenrad, die Feuerräder, obwohl diese mehr der Wirbelrosette zugeordnet werden.

Der Wunsch und die Menschheitssehnsucht, die Statik in der Kreislinie und den Strahlen aus der Mitte aufzulösen oder in Dynamik umzusetzen, ließ die »Wirbeltypen« entstehen. In ihnen ist die saugende Kraft des Mittelpunktes zu spüren, wie es zum Beispiel bei Wasserwirbeln oder Windrosen (Luftwirbel) sichtbar und spürbar wird, auch das tödliche Element. Eine uralte Teilung ist eine wellenartige Halbierung des Kreises, wie von einer Schlangenlinie durchzogen. Die chinesische Philosophie von Yin und Yang hat sich dieses Zeichen gewählt. »Yin und Yang sind zwei polare Kräfte, die durch ihr Wechselspiel das gesamte Universum entstehen lassen. Ihre konkreten Erscheinungen sind Erde und Himmel, weiblich und männlich« (Lexikon der östlichen Weisheitslehren).

Die wohl komplizierteste und auch widersprüchlichste Ausdeutung und Ausfüllung des Kreises ist die mit dem Hexagramm, dem sechsteiligen Stern. Diese Form findet sich auch im Gebärdentanz Hymnos Akathistos.

»Die Fensterrosetten der mittelalterlichen Kirchen stehen in engem Zusammenhang mit dem Kreis und dem Rad, daher wohl auch mit der Sonne als Christussymbol« (Herder-Lexikon, 134).

Den Übergang vom Kreis zur Spirale bildet die Schlange.

Die Schlange, die sich in den Schwanz beißt, gilt als Zeichen der Unendlichkeit. »Die Schlange wird in mehreren Kulturen als Zeichen des Kreises, des Gottes gezählt oder als Kreislauf des Universums bestimmt« (Bauer, 46).

Als Übergang zur Spirale soll eine Tanzform gezeigt werden, die Beziehung zur Schlange hat und die wir auch heute noch in Tänzen, Polonaisen, Kinderspielen finden. Die Tanzgruppe zieht in Schlangenform durch den Raum; der Anfang des Tanzzuges geht durch das Tor, das von den beiden letzten Tanzenden der Gruppe gebildet wird. Dieser Vorgang wird als Häutung der Schlange gedeutet, das heißt als eine Form der »Wiedergeburt«, des Übergangs von einer Situation in eine andere, von einer Entwicklungsstufe in die andere, zum Beispiel vom Jugendlichen zum Erwachsenen. Der Kopf der Schlange wird in manchen Kulturen (im hebräischen Lebensbereich) auch als der Jahresbeginn gesehen, die Häutung der Schlange als Übergang vom alten in das neue Jahr. Der Kopf stellt das Neujahr dar. Vielleicht wurden solche Tänze besonders zu Neujahr getanzt.

Symbol Schlange: Heilszeichen

Das Symbol Schlange als Übergang in der Darstellung vom Kreis zur Spirale ist vieldeutig und widersprüchlich. »In Schlangenform tanzen« ist offizielle Tanzsprache und meint die getanzten Raumwege und Tänze, die den Kreis auflösen und sich in Kehren, Windungen, Höhen, Tiefen umwenden. Inhalt dieser Tänze ist nicht ein bestimmtes Ziel, zumindest nicht vorrangig, sondern sind die zufallgesetzten Windungen (Sachs, 107). Fast jeder Kreistanz kann, wenn er nicht eine beharrende Form hat, nahtlos in dieser Weise aufgelöst werden, um zu anderen Formen zu kommen: Wandlung. Es steckt darin bereits das Gesetz von »Stirb und werde«, von Selbsterneuerung des Lebens, vom ewigen Leben. Die Schlange als Symbol von Ewigkeit und Heilkraft wird unter anderem auf die Fähigkeit der Häutung zurückgeführt. So finden sich in den Tänzen, wie vorhin beschrieben,

»getanzte Häutungen«. In solchen Tanzformen ist allerdings auch das Element des Verschlingens enthalten, die Erde, die Nacht, die Unterwelt verschlingen, die Schlange kann große Tiere verschlingen. Todessituationen sind gemeint, jedoch auch die Hoffnung, daß sich die Nacht in den blühenden Tag umwandelt. Vielleicht ist damit etwas Ähnliches verbunden wie in der ägyptischen Symbolwelt, wenn der Kontrahent der Schlange, der Sonnengott, in der Schlange einen hilfreichen Begleiter auf seiner Fahrt durch das Nachtreich hat (Lurker, Götter, 148). Die Schlange ist Wegbegleiter, auch in den Tänzen, und gleichzeitig sind die Tanzenden Teile der Schlange.

Sonnenschiff mit der Schlange Mehen, vereinfachte Nachzeichnung (aus: Lurker, Götter und Symbole der alten Ägypter)

Eine Tanzgruppe kann sich durch den Raum schlängeln, so wie Bäche und Flüsse dies tun. Die Mäanderform, in vielen Ornamenten, Stickereien und Tanzformen noch erhalten, ist benannt nach dem griechischen Mäanderfluß. Interessant ist, daß manche begradigten Bäche und Flüsse wieder in ihre vorherige Schlängelform gebracht werden, damit die Strömung, Geschwindigkeit des Wassers, das ökologische Umfeld wieder heilbringend sind (Schwenk). Möglicherweise können ähnliche heilende Auswirkungen in den sich schlängelnden Tanzwegen und Tänzen gesehen werden. Entsprechend dazu: Auf geraden Straßen ermüdet der Wanderer schneller als auf »krummen Wegen«. Es gibt eine Reihe interessanter psychologischer Erklärungsweisen dafür.

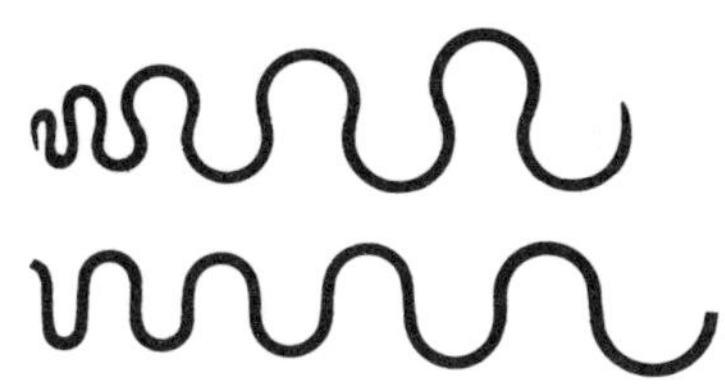

»Daß die Schlange sich häutet, bedeutet Leben. Das Gilgamesch-Epos (sein Kern um 2400 v. Chr.) erzählt, wie Gilgamesch unter vielen Mühsalen das Lebenskraut erlangt. Eine Schlange entwendet es heimlich, frißt davon, wirft ihre Haut ab und verjüngt sich. Seitdem ist sie im Besitz unvergänglichen Lebens

vereinfachte und verkleinerte Nachzeichnung (aus: The mystic spiral, von J. Purce, London 1982. Bischofsstab, 12. Jahrhundert)

und heilender Kräfte. Bei den Griechen wird sie zur Erscheinungsform und zum Attribut des Heilgottes Asklepios ... Die sich um den Stab windende Schlange des Heilgottes ist bis zum heutigen Tag Sinnbild der Heilkunst geblieben ... Auch in unseren Märchen und Sagen erweist sich die Schlange als Seelentier« (Schmidt, 101).

Die aufgerichtete Schlange findet sich nicht nur am Äskulapstab, der noch heute das Erkennungszeichen der Ärzte ist, sondern auch in der »ehernen Schlange«, die Mose zur Heilung aufrichten ließ und die auf Christus, den Heilbringer, hindeutet. Christus wird auch gesehen als Schlange des Heils (Neumann, 242). Die Schlange, die Spirale auf dem Bischofsstab weist auf die eherne Schlange als Heilbringerin hin, auch auf das Symbol der Klugheit, das der Schlange zugeschrieben wird. Christus empfiehlt, »klug zu sein wie die Schlangen« (Mt 10,16).

Die Uräusschlange (ägyptisch = die sich Aufbäumende) wurde in der altägyptischen Kultur von den Königen als Stirnschlange in Form eines Diadems getragen. Sie ist so Symbol des Königtums, die alles Böse abwehrende Schlange (meist eine Kobra mit aufgeblähtem Hals). Der aufgerichteten Schlange wird eine aufsteigende Energie zugeschrieben, sie wird als Symbol der Weisheit angesehen.

Detail-Nachzeichnung (aus: The mystic spiral, v. J. Purce, London, das 3. Auge)

Auf den Tanz bezogen: Wenn eine Tanzschlange durch mehrere von den Tanzenden gebildete Tore geht, vervielfacht sich dieses »Stirb und werde« in rhythmisierter Form. Das Gehen durch die Tore bedeutet hinunter und hinauf, sich bücken und *aufrichten*, sich hin- und herwinden, sich durchschlängeln. Vielleicht ist mit diesem Tanzen der Wunsch verbunden nach »ewigem Leben«, nach Heil, und zwar Heil erhalten und gleichzeitig zu diesem Heil beitragen. Ähnlich der aufgerichteten ehernen Schlange, dem Äskulapstab oder dem Stab des Hermes, dürfte bei diesem mehrfachen Durchschlängeln das heilende Element, das Lebenssymbol, vorrangig sein. Die Sinnzusammenhänge in diesem einfachen Tanzen sind weitgehend verlorengegangen.

In griechischen Tänzen tanzt oft der erste einer solchen Tanzschlange verschiedene komplizierte Sprünge, schwenkt sein Tuch, gibt besondere Laute von sich, unterstützt von den anderen Tanzenden. Gleichzeitig tanzen die anderen ihre rhythmisierten Schritte stetig weiter. Der zweite in der Tanzreihe hilft dem ersten durch Hochheben zu besonders hohen Sprüngen. Der erste ist gleichsam der Kopf der Tanzschlange, die sich aufrichten kann, sich erhebt, aber auch abwehrt. Darin kann man ein Element der Uräusschlange sehen oder eine Entsprechung zum Äskulapstab oder der ehernen Schlange.

Der Beginn des neuen Jahres wird zuweilen als gehäutete Schlange und der Neujahrstag als Schlangenkopf gesehen. Es ist anzunehmen, daß es auch entsprechende Neujahrstänze gab und gibt. »In Mittelchina führten die Männer zu Neujahr einen Drachentanz auf« (Lexikon chinesischer Symbole, 62). Drachen und Schlangen werden oft in Beziehung zueinander gebracht, gefiederte Schlangen zuweilen auch Drachen genannt. Schlangen besuchen gern Stellen, an denen unterirdische Ströme, oft auch Heilquellen aus der Tiefe hervorbrechen. In der Symbolik bewachen Schlangen oder Drachen solche Heilquellen, schützen sie. Die kosmischen und magnetischen Ströme wurden oft als geflügelte Schlangen dargestellt (Charpentier). Der erdorientierte Aspekt der Schlange und ihre Fortbewegungsart finden sich auch in den Schlangenformen der Tänze; sie sind in ihren Schrittarten durchbrochen von loslösenden Schritten oder Sprüngen. Der himmelorientierte Aspekt findet sich in dem Sich-»Aufbäumenden« der Uräusschlange, in den Tanzformen des »Anführers« oder wenn alle Tanzenden Hüpfschritte tanzen. Die Schlange hat jedoch nicht nur positive Symboldeutungen, sondern ebenso negative. In der Tanzkultur konnten wir diesen negativen Aspekt weniger finden. Wir deuten ihn kurz an:

– Die Schlange des Paradieses, die verführt. Diese Verführungskünste wurden und werden auch heute noch dem »Weib« zugeschrieben, eine weitgehend durch das Patriarchat entwickelte Herabsetzung der Frau.
– Bei den Juden ist die Schlange ein unreines Tier und Urbild der Sünde und des Satans (Herder-Lexikon, 144).
– Als teuflische Kreaturen gehören die Schlangen zu vielen Höllenszenen des Weltgerichts, auf denen sie die Verdammten anfallen und quälen (Schmidt, 105).
– Frau oder Herr Welt, vorn schön, werden hinten von Tieren, unter anderem auch von Schlangen, zerfressen.

Die Schlange ist in den meisten Kulturen ein weibliches und männliches Symbol (Neumann), nicht nur ein weiblich-negatives wie vorrangig in unserer heutigen Kultur der »Ersten Welt«. Delphi, das Heiligtum im antiken Griechenland, war ein Schlangenheiligtum, das von Priesterinnen »verwaltet« wurde. »Auf unzähligen Abbildungen finden wir die Schlangengöttin kretischen, syrischen oder auch ägyptischen Ursprungs. Als Symbol weiblicher Weisheit und Macht ziert sie die Stirn der Pharaoninnen und Pharaonen und verleiht ihnen die Würde als Vermittler zwischen Himmel und Erde; denn ihre Weisheit ist naturhaft intuitiv« (Mulack, 173). Zugleich werden sie gesehen als Tempel des Heiligen Geistes, wir möchten hinzufügen: als Tempel des heilenden Geistes. Im Christentum wird Maria seit Jahrhunderten als die Schlangenzertreterin gesehen. Eine interessante Umdeutung oder vielleicht ursprüngliche Deutung bringt Christa Mulack (171): Maria steht auf ihrer Basis, der weiblichen Urkraft, dem Symbol für ewiges Leben, und das Stehen Marias auf Schlange und Mond wird gedeutet als eine Erinnerung an ihr Entstehen aus diesen matriarchalen Kräften.

Bändertanzmotive

Wenn wir einen Kreistanz auflösen zu Schlangenformen oder in Polonaisen Schlangenmotive einflechten, wenn wir uns in Spiralformen ein- und ausdrehen, können wir uns verschiedene Inhalte tanzend einverleiben:

- Wir können uns an das weibliche Element des Schlangensymbols erinnern, an die Weisheit (Sophia) und Klugheit.
- Wir können uns erinnern an die Lebenskraft, an die Lebenserneuerung und die Heilkraft, an die (weibliche) Urkraft.
- Wir können uns erinnern an die Doppelschlange, die beide Elemente enthält, Tod und Leben, Frau und Mann, Oberwelt und Unterwelt, die oft als Fruchtbarkeitssymbol gilt und in den meisten Kulturen in irgendeiner Weise vorkommt (Schwabe, 217 ff.).

– Es liegt an uns, ob wir das Positive oder Negative im Schlangenmotiv betonen, gerade auch beim Tanzen.

Zur Doppelschlange gehören möglicherweise auch Tanzformen, die wir unter dem Begriff »Kette« kennen. Ein Tanzender geht im Kreis in Tanzrichtung, der andere gegen die Tanzrichtung, das im Wechsel. Sie schlängeln sich aneinander vorbei. Diese Form führt an das Flechtmotiv heran, das ebenfalls ein Fruchtbarkeitsmotiv ist. In den Squaretänzen, im Bändertanz, finden sich viele Variationen dieser schlängelnden Kettenform.

In Schmuckgegenständen finden sich immer Schlangenmotive, auch heute noch. Sie werden zuweilen als Amulette, als Heilszeichen getragen, so wie in früheren Kulturen der Schmuck nicht reine Dekoration war, sondern immer etwas aussagen, eine Wirkung haben sollte.

In neuerer Zeit werden alte Symbole und Bräuche auch wieder im Alltag entdeckt, so zum Beispiel im Backen von Gebilden.

Die Symbolbedeutungen der Schlange sind unerschöpflich – wir können nur wenige Andeutungen machen. Die angeführte Literatur kann den Suchenden weiterhelfen und noch andere Inhalte aufschlüsseln.

Julschlange, Neujahrsgebäck Schlange als Auferstehungssymbol, aus der Toskana (Nachzeichnung aus: Gebildbrot, von I. Carius)

Symbol Spirale: Stirb und werde

In ganz besonderer Weise leitet sich die Spirale von Formen und Vorgängen her, die wir in der Natur beobachten, im kosmischen Bereich, im Menschen selbst. Dynamik ist gleichsam ihr Wesen. Die Spirale ist eine Urform allen Lebens.

Alte griechische Tänze sind als kosmische Reigentänze zu verstehen, auch heute noch. Siehe auch Pilgertänze u. a. in diesem Buch (aus: Die Kraft der Grenzen, von György Doczi, 1984)

Aufgehende Datura, auch Engelstrompete genannt, fotografiert von Maria-Regina Zohner
Die Form der Datura entspricht der Wirbelrosette

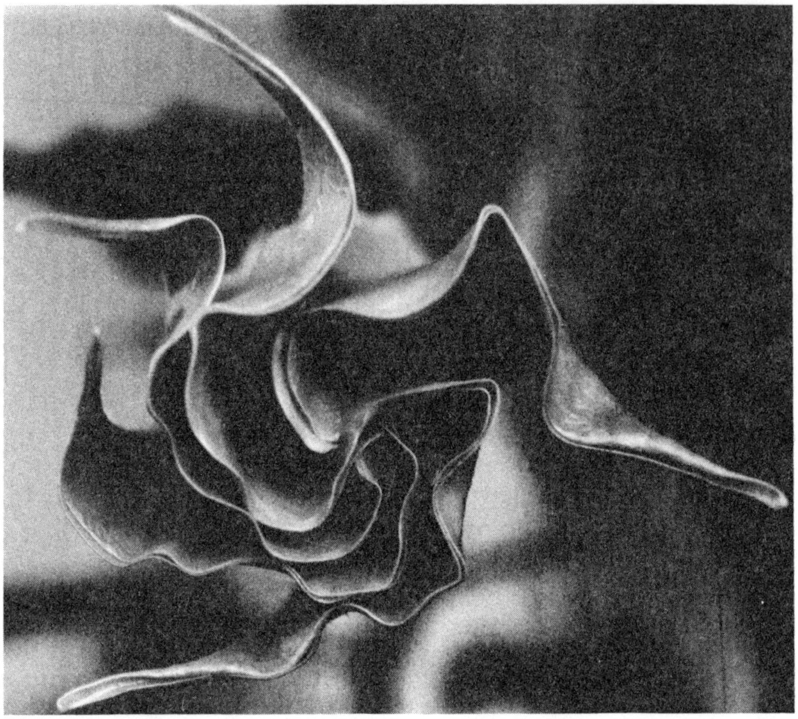

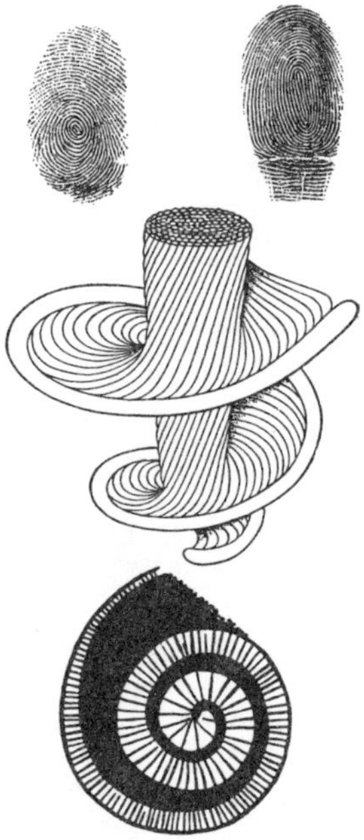

Einige Beispiele zur Anschauung, die mehr aussagen als viele Worte.

Möglicherweise verlaufen bei entsprechenden Spiraltänzen die Schwingungen in den Raum ähnlich wie bei den Fingerabdrücken sichtbar.

Der Verlauf der Fasern im Gehörnerv. Die Windungen sind ganz nach Art eines Flüssigkeitsstrudels angeordnet und machen etwas wie einen unsichtbaren Kräftewirbel sichtbar (nach De Burlet).

In der Ohrschnecke windet sich die Basilarmembran zur Schneckenkuppel, sie verbreitet sich nach oben.

Verteilung der Tonempfindung in der Gehörschnecke: hohe Töne sind beim »Steigbügel«, tiefe gegen die Schneckenkuppel zu lokalisieren.

Bestimmte Tanzschritte werden als Wellenbewegungen des Wassers gedeutet, zum Beispiel in den Tänzen Hassapiko, Tsirigotikos, Menoussis, Shalom in Jericho, in diesem Buch.

Eine entsprechende Raumform weist unter anderem auch der Tanz »Halleluja« in diesem Buch auf, der pointiert in der Mitte die Wende zur »Auferstehung« tänzerisch nachvollzieht.

»Bereits in vorgeschichtlicher Zeit wurden Spiralen auf Tongefäße aufgemalt ... Die Spirallinie ist die Lebenslinie« (Lurker, Götter, 164). Die Spirale bedeutet ewige Wiederkehr im Sinne der sich wiederholenden Mondzyklen, Erneuerung des Lebens (Heinz-Mohr, 271).

Die Spirale hat verschiedene Formen und Bedeutungen:

● Die zweidimensionale, in der Fläche ruhende Spirale, wie sie in »Gestalt von Meditationsbildern, Sandbildern, Felseinritzungen und in den Mosaiken kultischer Tanzplätze erscheint« (Riedel, 114).

Diese liegende Spirale sieht das Einrollen und Ausrollen.

Einrollen wird auch gesehen als Introversion, ins Zentrum kommen, zum Ursprung zurück, zum Mutterleib, als Umwandlung durch den Tod, als Kontraktion. Diese Form zeigt sich bei getanzten Raumwegen in der Verdichtung der Tanzgruppe oder bei Tanzbewegungen des einzelnen, die eine Art Zusammenziehen sind, zum Beispiel in afro-amerikanischen Tänzen.

Ausrollen bedeutet Extraversion, Extension, aus dem Zentrum (wieder) herausgehen, sich entwickeln. Diese Form findet sich ebenso in Tänzen.

● Die dreidimensionale Spirale hat zusätzlich ein Oben und Unten, zum Beispiel Windwirbel, Wasserwirbel, die Bohne, die nach oben strebt, der Wasserwirbel, der nach unten ansaugt, oder die Schlingpflanze. Das Oben wird bezogen auf das Über-sich-hinaus-Sein, Sich-Transzendieren; nach unten entspricht dem Einrollen in die Regression, auch in den Tod gehen, zur Mitte vertiefen.

● Von alters her wird unterschieden die linksdrehende Spirale, die gegen den Uhrzeigersinn läuft, und die rechtsdrehende Spirale im Uhrzeigersinn. Die linksläufige Spirale wird als die Todesspirale, die rechtsläufige als Lebensspirale gesehen, entsprechend dem zunehmenden und abnehmenden Mond. Die Deutungen in Tänzen sind jedoch unterschiedlich.

Eindeutig im Symbolgehalt wird bei Rosenberg (54) eine Bildmeditation festgehalten: das Kreuz als Weltenbaum, zu dem hin zwei Bäume wachsen. Der linke Baum wird, in rechtsläufiger Drehung, von einer Weinranke umschlungen, der Blätter, Ranken und Weintrauben entsprießen, dadurch als Lebensbaum gekennzeichnet. Den rechten hingegen umschlingt linksläufig in der Richtung des absteigenden Lichtes eine Efeuranke, somit

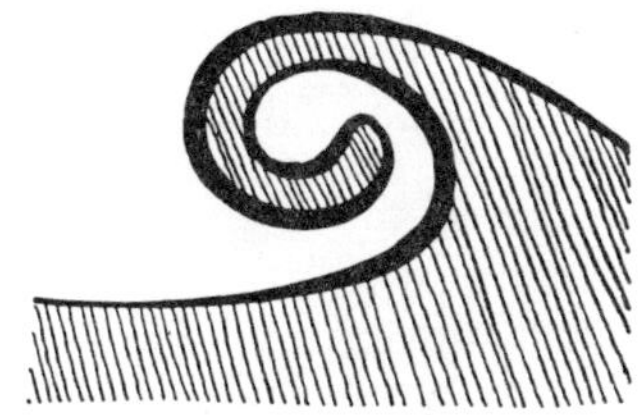

Symbolisierte Wasserwelle

Das Himmel-und-Hölle-Spiel, Nachzeichnung, vereinfacht (aus: Archetyp und Tierkreis, 1951)

Wirbeltrichter

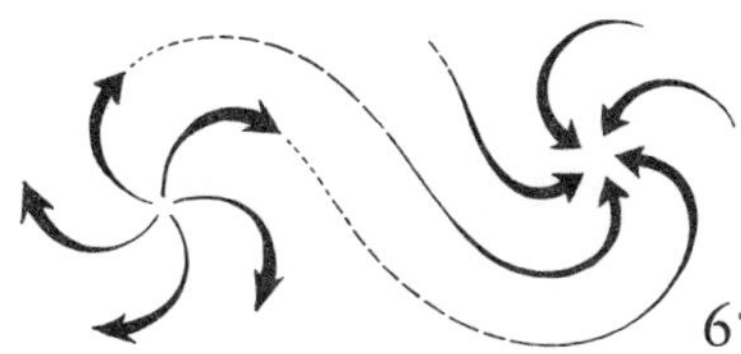

(aus: Rosenberg, Christliche Bildmeditation)

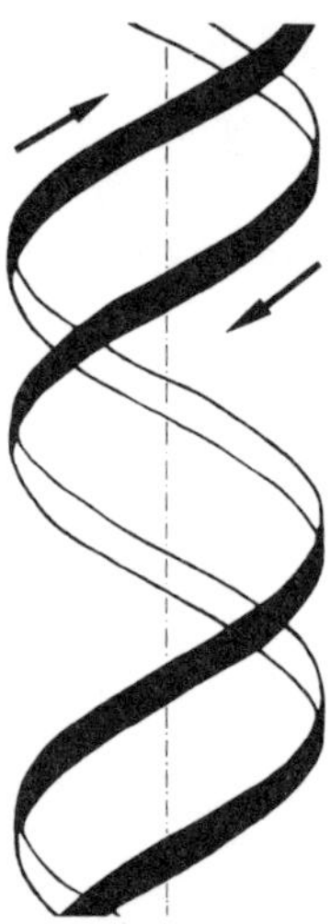

SSSS

wird dieser Baum zum Todessymbol. Im Kreuz vereinigen sich diese Gegensätze und werden so überwunden. Sicherlich spielt hier nicht nur die Richtung der Spirale, sondern auch die Art des Gewächses eine symbolweisende Rolle.

● Die *Doppelspirale* »ist Sinnzeichen für die Zusammengehörigkeit von Leben und Tod« (Riedel, 115) und unterliegt dem Gesetz der Wandlungen. Sie stellt sich ornamental unterschiedlich dar.

Es gibt Tänze, die das Einrollen anstreben und in der Dichte der Mitte aufhören als Zeichen gemeinsamer Verdichtung, der Zentrierung und des Zusammenhaltes. Meist werden am Ende die Arme erhoben als Sinnzeichen des Lebens, der Transzendenz, der Überwindung des ansaugenden Todes. Tatsächlich hat ein solches Spiralschreiten ansaugende Kraft zur Mitte hin bis zur Erstickungsnähe oder höchster Geborgenheit und wird vom einzelnen unterschiedlich erlebt.

Andere Spiraltänze haben das Motiv der Doppelspirale. Diese Form entspricht mehr dem halbrunden Chorreigen in der Ausgangsstellung, der sich abwechselnd nach rechts und nach links ein- und ausrollt. Ist zum Beispiel die rechte Spirale eingerollt, geht dieselbe Bewegung nach links, so daß sich rechts ausrollt und links gleichzeitig einrollt, dann umgekehrt. Diese Form hat Ähnlichkeiten mit Mondtänzen.

Die Doppelspirale findet sich in vielen Stickereien, Bildern, Teppichen auf Keramikgefäßen.

Das Zeichen »S« ist die enfachere Form der Doppelspirale, jedoch mit gleicher Bedeutung. Sie ist noch heute in dem Weihnachtsgebäck der »Butter-S« zu finden oder als österreichisches Neujahrsgebäck, der »Himmelsleiter«, bei der mehrere »S« aneinandergereiht werden.

Die andere Form der Doppelspirale kennt zwei Möglichkeiten:

● In der Mitte ist die Wende, das Umwenden, vielleicht auch das Überwinden, und es geht in einer Art Parallelrundung nach außen.

● Hier wird durch Tore hinausgegangen, ähnlich dem beschriebenen »Schlangentanz«. Es soll durch das Osttor, nach Osten hinausgetanzt werden, das ein Symbol des Morgens, des aufgehenden Lichtes, der Auferstehung ist. In mittelalterlichen Städten durften die Boten mit guter Nachricht nur durch das Osttor hereinkommen und hinausgehen und die Boten mit schlechter Nachricht nur durch das Westtor. Das Hinaustanzen gen Osten bedeutet auch die Überwindung des Todes, ähnlich der Situation des Ostermorgens.

Im Tanz wird die Rechts- und Linksläufigkeit der Spirale unterschiedlich gedeutet. Während eine Deutung in der Rechtsläufigkeit, das heißt mit-sonnen, das Vergängliche sieht, werden andererseits der Sonne und ihrem Lauf als Lebenssymbol lebenspendende Kräfte zugesprochen. Rechtsläufigkeit in der Tanzrichtung bedeutet Leben, aber auch Vergehen, Sterben. Die Unterwelt im antiken Griechenland, der Hades, lag im Westen des Landes. Entsprechend umgekehrt werden die linksläufigen Tänze, gegen-sonnen, als dem aufgehenden Licht der Sonne entgegen und Überwindung des Sonnenuntergangs, sowohl mit Hoffnung versehen als auch als Weg zum Tod hin gedeutet. Neuere Deutungen der Tänze neigen der positiven Deutung der Linksläufigkeit zu, nämlich dem Licht entgegen.

Die Fensterrosetten im Westen der Kirchen, die in der Abendsonne aufleuchten, sollen die Überwindung des Todes durch die Sonne Christus, den sterbenden Christus, andeuten.

Wenn die Tänze nicht stark ritualisiert und festgelegt sind in ihren Wegen, können die Kreisformen (geschlossene und geöffnete) mit Schlangenlinien, Spiralen und sogar Labyrinthwegen abwechseln, entsprechend der Eingebung der Tanzgruppe und/ oder dem Inhalt des Tanzes.

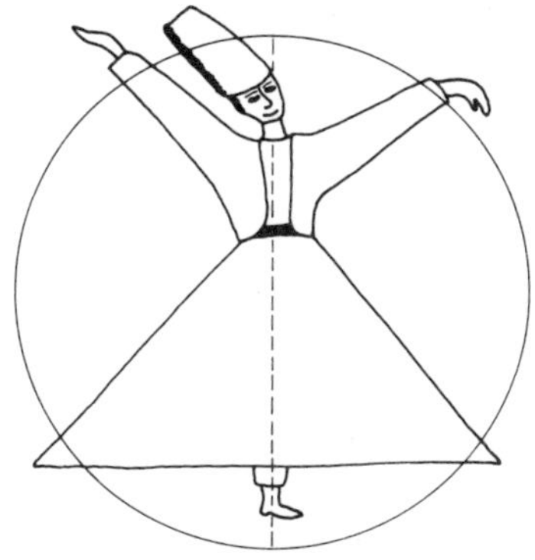

Vom Himmel empfangend, zur Erde streuend, Diagramm des tanzenden Derwisch im Kreis mit Zentralachse (aus: G. Wosien, Das Mukabele der Mevlevi-Derwische, 1972). Die Drehrichtung ist gegen-sonnen, sie tanzen aus dem Grab einen Auferstehungstanz; die Kopfbedeckung symbolisiert den Grabstein. »So werden die Urqualitäten des Menschen ... in ›einen Dreh gebracht‹ ... Diese Mitte kann man nicht direkt angehen, man kann sie nur umkreisen, und man muß sie so lange umkreisen, bis die Mitte leuchtet« (Wosien). Erreicht wird dieses Aufleuchten nur über das »Stirb und Werde«.

Auferstehung Christi, griech. Ikone, 18. Jahrhundert, Ikonenmuseum Schloß Autenried. Spiralförmig steigt Christus auf, nachdem er spiralförmig in die »Unterwelt« abgestiegen ist und »den alten Adam, die Eva« löst, erlöst und herauszieht.
Siehe ähnliche Handhaltung von Derwisch, Christus und einigen Tänzen, die im Buch beschrieben sind.

Symbol Labyrinth: Umwandlung durch Um-wege

Im Labyrinth verliert man sich nicht.
Im Labyrinth findet man sich.
Im Labyrinth begegnet man nicht dem Minotauros.
Im Labyrinth begegnet man sich selbst.
H. Kern

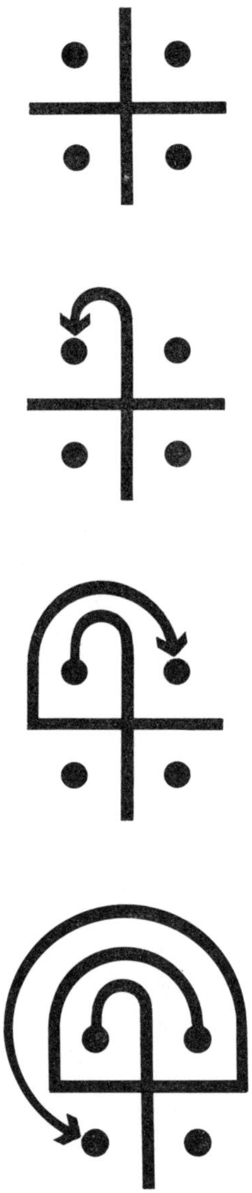

Vielschichtig kann das Labyrinth erfahren und angegangen werden, ohne es allerdings letztlich ganz begreifen zu können. Zum Begreifen möchten wir Sie bitten, selbst ein Labyrinth mit der Hand zu gestalten und folgenden Vorgang nachzuvollziehen. Am besten, Sie nehmen ein eigenes Blatt Papier dafür:

Grundlage ist das Kreuz, die einzelnen Punkte und Enden werden in Pendelbewegungen miteinander verbunden: ein Wesenszug des Labyrinths. Erfahren Sie nun *Ihr* Labyrinth. Fahren Sie mit Ihrem Finger oder Schreibstift den Weg in das Labyrinth nach bis zur Mitte, ruhen Sie sich ein wenig in der Mitte aus, wenden Sie und gehen Sie bitte nach außen.

Die Pendelbewegungen bei der grafischen Entstehung des Labyrinthes wiederholen sich, wenn die Labyrinthwege gegangen, getanzt oder nach-gefahren werden.

Das Labyrinth im eigentlichen Sinne kennt nur *einen* Weg: Er ist kreuzungsfrei, bietet keine Wahlmöglichkeit außer stehenzubleiben, führt zwangsläufig zur Mitte, zum Wendepunkt, der überwunden werden muß, wenn man auf demselben Weg nach außen will. Wird im Innern die Gehrichtung geändert, wird die Außenwelt wieder erreichbar.

Der Irrgarten ist *kein* Labyrinth, wie so oft gesagt wird. Erst um 1420 *nach* Christus ist der Irrgarten entstanden, während Formen der Labyrinth-Bewegung schon um 1400 *vor* Christus gefunden wurden (Kern, 13, 24).

Das Labyrinth enthält Spirale, Mäanderformen und Schlangenbewegungen, unterscheidet sich jedoch als Ganzes von diesen Formen oder integriert sie zu einem Ganzen. Im Labyrinth ist der ausgesparte Weg als Bewegungsfigur wesentlich, nicht die gezeichnete Linie. Eine Deutung allerdings sagt, daß die gezeichnete Linie den Ariadnefaden darstellt, mit dessen Hilfe Theseus wieder heil aus der Unterwelt zurückkommt.

Das zentrale Kreuz, die eingelagerten Punkte und die halbkreisförmigen, pendelnden Verbindungsbewegungen schaffen das Labyrinth, das eine Orientierungsfigur ist. Der Kreis, Sinnbild Sonnenlauf, und das Quadrat, Sinnbild Erde, verbinden sich. Die Todesrichtung und Lebensrichtung wechseln sich in den pendelnden Bewegungen ab, Tod und Leben suchen Versöhnung.

Kern weist nach, daß Labyrinth ursprünglich einen *Tanz* bezeichnet, dessen Bewegungsform sich in der Labyrinthfigur oder den markierten Wegen fixiert. Labyrinthgebäude wie der Palast von Knossos auf Kreta sind erst später entstanden, gleichsam als Hilfe, um den komplizierten Tanzweg wiederzufinden, vor allem um aus der Mitte herauszukommen. »Chorus« bedeutet sowohl Tanz, also die Bewegung, als auch Tanzplatz, also der zu gestaltende Ort. An alten Kultstätten und Heilquellen lag meist ein Rundplatz, der möglicherweise auch Tanzplatz war. Es wird davon ausgegangen, daß bei solchen Heilquellen oder Kultstätten besondere Wirkungen (magnetische Ströme) auf die Menschen ausgeübt wurden, zum Beispiel beim Standort der Kathedrale von Chartres, eventuell auch bei Delphi in Griechenland oder beim Tempel in Jerusalem, die vermutlich auf tellurischen Plätzen mit unterirdischen Wasserströmen und Heilquellen stehen.

Aus der Fülle unerschöpflicher Bedeutungen des Labyrinths möchten wir einige wenige auswählen, die am ehesten Bezug zum Labyrinthtanz haben.

- »Im kretischen Mythos wird das Labyrinth als ein höhlenartiger, in die Unterwelt hinabführender spiraliger Gang beschrieben, den der kunstreiche Dädalus im Auftrag des Kreterkönigs Minos geschaffen hatte. Dieses Labyrinth war das Gefängnis des menschenfressenden Ungeheuers Minotaurus … Wer diese Todesspirale hinabsteigen mußte, wie die ihm dargebrachten Menschenopfer …, fand aus dieser Unterwelt nicht mehr ins lichte Leben zurück« (Rosenberg, 192). Die politische Bedeutung ist bei Kern (54 ff.) nachzulesen. Erst dem Held Theseus, der später mit Christus verglichen wurde, gelang es, das Ungeheuer zu töten, zu entmachten. Dies wurde ihm durch die Königstochter Ariadne möglich, die ihn mit einer Lichtkrone ausstattete und mit dem bekannten »Faden der Ariadne«, einem Faden, der auf ein Knäuel gewickelt war, mit dessen Hilfe der Held wieder herausfand.
- Das Labyrinth wird als eine Verkörperung des Initiationsvorganges gesehen. Es gibt nur einen einzigen, kleinen Eingang, der Innenraum ist von seiner Umgebung isoliert. Ein bestimmter Reifegrad ist notwendig, um sich hineinwagen zu können, zum Beispiel Körperbeherrschung, soziale Anpassung (beim Reigentanz). Hinter dem Eingang beginnt das »Prinzip Umweg«, entsprechend verbunden mit einer psychischen und physischen Belastung. Der Weg führt nah am Zentrum vorbei, dann wieder weg, das Ziel ist greifbar nah und verschwindet wieder. In der Mitte ist der einzelne allein mit sich, »er begegnet sich selbst, einem göttlichen Prinzip, einem Minotaurus« (Kern, 27). Die

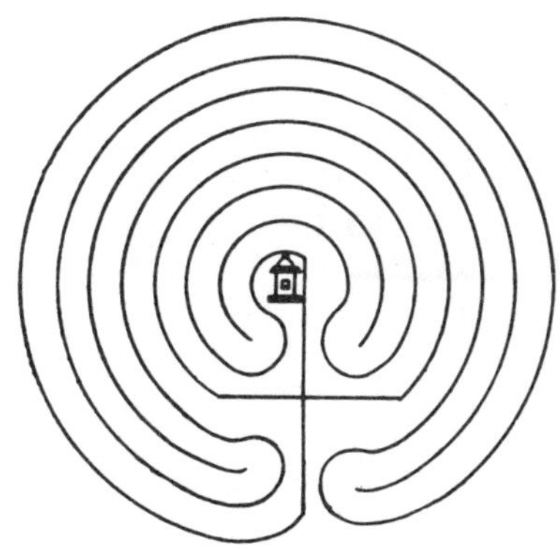

Türschwellenzeichnung

Südindisches Tätowiermuster

Umkehr im Zentrum bedeutet das Aufgeben der bisherigen Existenz, sie bedeutet jedoch auch Neubeginn: Es ist eine Art Wiedergeburt. Im Zentrum geschehen Tod und Wiedergeburt, der Übergang von einer Existenzform zur anderen, höheren (zum Beispiel Pubertätsriten, Inthronisation eines Königs, Weihe eines Priesters, christliche Taufe, Begräbnis). Dieser symbolische Tod und Wiedergeburt finden sich bei allen Kulturen.

- Die Heilige Hochzeit ist eine weitere Deutung des Labyrinths, sei es eine kosmische Hochzeit zwischen Vater Sonne und Mutter Erde (Hopi-Indianer) oder Fruchtbarkeit in der Natur (nordisches Mai-Brauchtum mit Liebeslabyrinth), oder Vereinigung eines Menschenpaares. Das Labyrinth als Ort für »Fruchtbarkeitsmagie«.
- Das Labyrinth als Schutzmagie und Schadenszauber, zum Beispiel bei Stadtgründung Errichtung der Mauern oder ein Mosaiklabyrinth in der Nähe des Hauseinganges. Diese Schutzmagie findet sich wieder bei den indischen Türschwellenzeichnungen, bei Amuletten mit gezeichnetem Labyrinth oder Tätowierungsmustern oder Steinsetzungen (z. B. Megalith) in einer bestimmten Landschaft.
- Das Labyrinth unter kosmologischem Aspekt. Die Bewegung im Labyrinth soll einer Bewegung von Himmelskörpern entsprechen. Davon abgeleitet sind Sonnentänze, Mondtänze. Interessant ist das Sonnenrad als Swastika.

Zur Illustration verschiedene Formen des Labyrinths, die unterschiedliche Wirkungen und Be-Deutungen haben:

(a)

(b) (c)

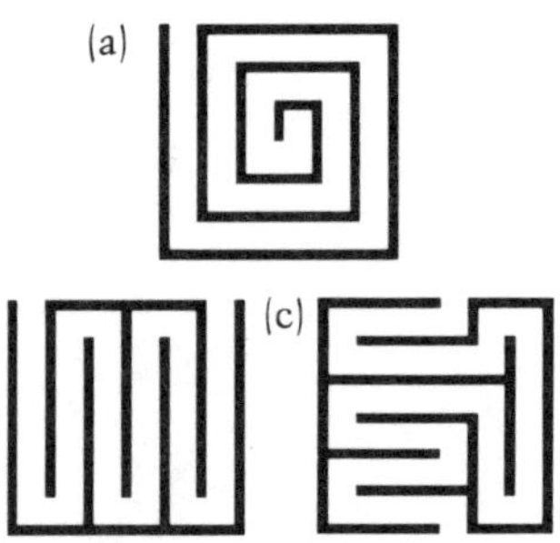

- Labyrinth mit Umkehrcharakter (a)

- Labyrinth mit Durchgangscharakter (b + c)

- Labyrinth in Kirchen für kultische Handlungen und Tänze Beispiel: österlicher Balltanz in der Kathedrale von Chartres
- Umstritten ist, ob der Bändertanz (oberbayerischer Bandltanz) zu den Labyrinthtänzen gezählt werden kann. Immerhin nennt sich ein Bändertanz »Kranichtanz«, dabei umkreisen die Tanzenden einen zentralen Pfosten in der Mitte. Sicher können solche Tänze nicht auf antike Tanzformen zurückgreifen, dennoch dürfen auch später entstandene Tänze noch zu den Labyrinthtänzen gezählt werden.
- Elemente des Labyrinths, nämlich die Mäanderformen, finden sich auch im menschlichen Gehirn und in Pflanzen, hier: Krautkopf-Längsschnitt.

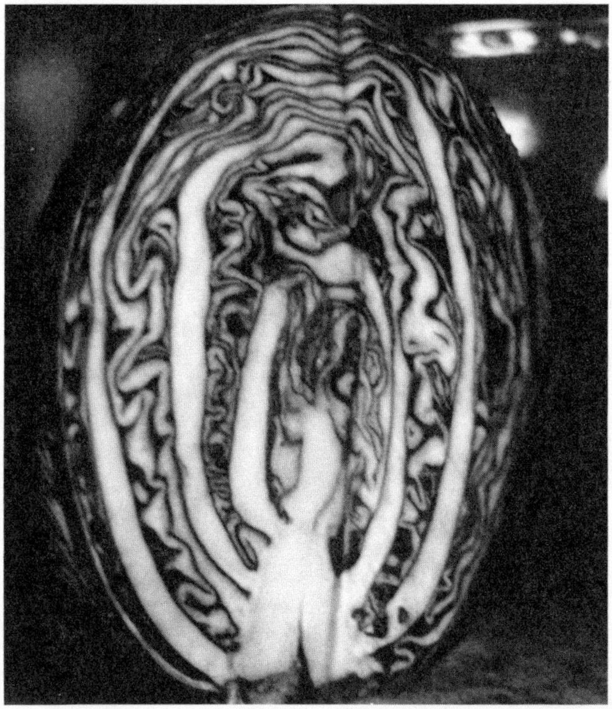

fotografiert von Maria-Regina Zohner

In den Tänzen findet sich das Labyrinth als *Weg*. Mit einfachen Schreittänzen oder verschiedenen Rhythmen, zum Beispiel Daktylus, können diese Labyrinthwege durchzogen werden. Dabei kann der Tanzanführer allein sein, also an einem Gruppenende oder -anfang. Es können jedoch auch zwei Tanzführer je an einem Ende die Leitfigur übernehmen, so daß mit einem Tanzführer in das Labyrinth hineingetanzt, mit dem anderen hinausgetanzt wird. Es gibt Tänze, die Elemente des Labyrinths in ihren Schrittformen haben, mit Drehen, Umwenden, Überwinden, wie zum Beispiel Hassapiko, Kalamatianos, Tratta, Schalom von Jericho, Bizerka und andere. Ob diese Schrittformen bewußt labyrinth-orientiert entstanden sind, ist nicht nachzuweisen. Tänze, die als ausgesprochene Labyrinthtänze überliefert sind, sind wenig bekannt, (Tsakonikos). Allerdings eignen sich dafür die Pilgertänze sowie viele Reigentänze. Wir wissen vom österlichen Ballspiel als Labyrinthtanz in der Kathedrale von Chartres, das vom Klerus zu Ostern auf dem Fußbodenlabyrinth mit einem goldenen Ball als Symbol Sonne – Christus getanzt wurde. Eine authentisch überlieferte Tanzform haben wir nicht.

Labyrinth von Chartres

Die Labyrinthe in den Kirchen sind jeweils in die Gesamtkomposition des Gebäudes und Raumes eingebettet, also nicht isoliert zu sehen. »Die Kathedrale ist für einen Menschen geschaffen, der sich bewegt. Ritueller Bewegung dienten die wohlausgemessenen Mäander des Labyrinths« (Charpentier, 172, gemeint ist die Kathedrale von Chartres). Auf die Tänze übertragen bedeutet dies, daß ich mit dem Tanz den Raum gliedere, und wer den Raum gliedert, der gliedert auch die Zeit. Die ursprünglichen Labyrinthtanzplätze, auch im Freien, dürften bewußt gewählt und in einen ökologischen, kosmischen Zusammenhang gestellt sein. Solche Empfindungen und Vorstellungen sind uns weitgehend verlorengegangen. Nur allmählich können wir uns solche Zusammenhänge wieder aneignen, wenn wir unsere Intelligenz im ursprünglichen Sinne entwikkeln, nämlich »von innen her lesen« lernen. Wie bei allen Pilgertänzen ist auch bei den Labyrinthtänzen zu vermuten, daß sie mit dem Wunsch verbunden sind, Verwandlung in irgendeiner Form zu erlangen. Hier zeigt sich die Parallele zu Wallfahrtsorten und den Wallfahrern. Solche Tänze bedeuteten (und tun es vielleicht heute noch) eine »Ersatzform« für eine große Pilgerreise, die man nicht machen kann, zum Beispiel nach Jerusalem oder Mekka oder Delphi oder sonstigen Wallfahrtsorten der verschiedenen Religionen.

Exkurs: Labyrinthos – Geranos – Kranichtanz – Tsakonikos

Der Tanz Tsakonikos wird auch *Geranos* genannt, und Geranos bedeutet Kranich. Ob der heutige Tsakonikos noch die ursprünglichen Tanzschritte des Geranos oder Kranichtanz hat, ist nicht nachweisbar. »Ein Labyrinth-Tanz des Theseus wird auch für Delos behauptet. Dort soll der von Theseus gestiftete Tanz ›Gerano‹ (Kranichtanz) geheißen haben« (Kern, 51). Theseus tanzte mit den Knaben in Delos einen Chorreigen, der sich in einem Rhythmus mit Abwechslungen vollzog. Belegt ist, daß der delische Tanz nachts aufgeführt wurde (ebd. 52). Zum Tanz wurden Fackeln und ein Seil (Ariadnefaden) benötigt, durch das die Tänzer miteinander verbunden waren. Die Tanzenden sind an dem Seil wie Perlen auf einer Schnur hintereinander aufgereiht. Die Tanzführer, sind an beiden Enden der Tänzerkette, sie ziehen die »Kraniche« (Mittanzenden). Daß es zwei Chorführer sind, läßt darauf schließen, daß es einen Wechsel in der Bewegungsrichtung des Tanzes gab. Die Bewegungen des Chores werden auf dem Ariadnefaden getanzt.

»Die Tänzer, einer hinter dem anderen, einander an den Händen oder gemeinsam ein Seil haltend, umkreisen das Zentrum in zunächst größer, dann kleiner werdenden Bögen unter dauerndem Richtungswechsel, in ruhigem Schreittanz. Dann erreicht der Führer das Zentrum, während der Rest der Tänzerkette sich auf der letzten Bahn so um ihn herumwindet, daß der Weg zurück nach außen abgeschnitten ist ... Aus allen antiken Berichten geht hervor, daß Theseus den Ariadnefaden nur brauchte, um aus dem Labyrinth herauszufinden« (Kern, 53). Einen ähnlichen Tanz gab es bis 1920 als »Baskischer Schnekkentanz«. »Der Kranichtanz ist auf Delos noch bis in die Kaiserzeit hinein belegt, und man darf annehmen, daß auch dort die Labyrinthwindungen auf dem Boden der Orchestra eingelegt waren« (ebd. 53 und 61).

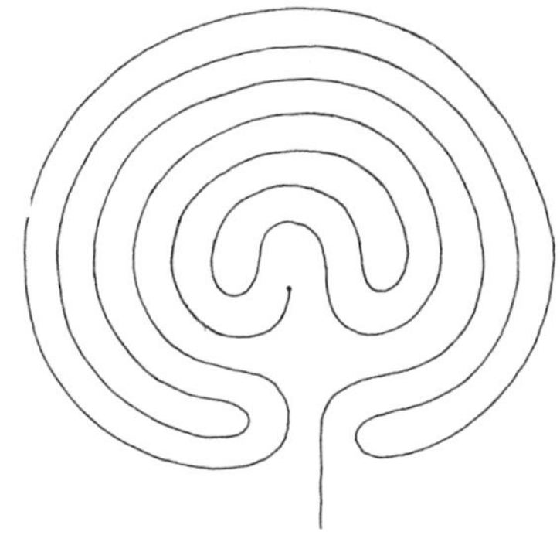

Ariadnefaden als Weg (aus: Kern)

Das Verbindende zwischen den Tänzern konnte auch etwas Stoffliches sein: Sie haben sich nicht immer direkt bei den Händen gefaßt, da diese eigene Bewegungen machten. Entweder wurde eine Art »Seil« als symbolische Form des Ariadnefadens mitgeführt oder ein Tuch. Das Tuch oder das Seil »war geeignet, die Reihen zu lockern und doch zusammenzuhalten – dem Doppelwesen, das in jedem Tänzer da ist, dem Selbsttänzer und dem Mit-Tänzer zugleich zu genügen« (Kerenyi). Anstelle eines Seiles konnte auch ein langes Tuch genommen werden, oder jeder Tanzende hatte ein kleines Tuch, an dem er und der Mittanzende sich festhielten: »So weit weist möglicherweise das Taschentuch zurück« (ebd. 630). Noch heute finden wir Tänze (in Griechenland, auf dem Balkan), bei denen entweder nur der Tanzanführer oder alle Tanzenden ein Tuch halten und sich damit untereinander verbinden. Warum der Labyrinthtanz oder Tsakonikos Kranichtanz heißt, ist aus den Quellen nicht ersichtlich. Wir können lediglich der Symbolik des Kranichs und ihren Vogeltänzen nachgehen, um es vielleicht zu ergründen. In China und Japan ist der Kranich ein Symbol des langen Lebens und der Unsterblichkeit. Manche rituellen Tänze in China werden auf Stelzen getanzt, um sich mit dem Kranich und seiner Unsterblichkeit zu identifizieren. Die weiße Farbe seines Gefieders wurde als Symbol der Reinheit, die roten Kopffedern als Zeichen der Lebenskraft und Verbundenheit mit dem Feuer gedeutet (Herder-Lexikon, 91). Der Kranich als Zugvogel gilt als Symbol des Frühlings; er kehrt pünktlich im Frühjahr zurück. Deshalb und wegen seines auffälligen Balzverhaltens war er vor allem bei Griechen und Römern auch ein Symbol der Liebe und Lebensfreude.

Symbol Baum: Schwingende Säulen, getanzter Tempel

Alle Bäume vereinen Fülle und Kraft, das sich ewig erneuernde Leben der Welt (Weihnachtsbaum, Maibaum als symbolische Form). Der Baum schöpft seine Kraft aus der Tiefe der Mutter Erde, nimmt gleichzeitig den Himmel, die Sonne, die Sterne, den Regen, den Wind in seiner Krone und seinen Ästen auf. Tiefe und Höhe korrespondieren durch den Stamm, der Vorbild für die Säulen wurde – ägyptische, kretische, griechische Säulen. Der Baum galt als Sinnbild göttlicher Wesenheit oder Aufenthaltsort göttlicher oder kosmischer Mächte. »Menschen haben im Baum, seit sie mit Bäumen umgehen, ein Gleichnis des Lebens und seiner Gesetze gesehen. Sie haben sich selbst gefunden und die ganze Welt, sie haben aber auch die Überlegenheit gespürt, die den Baum in Zeit und Raum vom Menschen unterscheidet. Sein Blühen und Früchtetragen bot überirdischen Sehnsüchten Nahrung; seine aufgerichtete Stärke und Beständigkeit weckte Hoffnung. Der Baum, mit seinen ausgereckten Ästen vor dem wechselnden Himmel, glich dem Menschen oder seinem Haus, er drang in die Geheimnisse der Tiefe vor und schwang seinen Wipfel in den Raum des Himmels. Was immer die Völker von ihren Göttern geglaubt haben: es verband sich dem Baum. Ob wir archaische Fruchtbarkeitsreligionen oder den griechischen Mythos lesen, ob wir in Höhlenbildern zarte symmetrische Baumbilder entziffern oder die Genesis Israels und der Christen lesen: der Baum ist das mächtige, Anfang und Ende zusammenfassende Gleichnis, dem der Mensch sein Heil und Verderben zuordnet« (Höhler, 8 f.). Seit die Bäume uns nichts mehr bedeuten, haben sie die Schutzenergien der Menschen eingebüßt, und die Menschen können die Energien der Bäume nicht mehr auffangen, wie es zum Beispiel die Indianer konnten.

Die Beziehung des Menschen zum Baum ist vielfältig:

- Die Beziehung zum konkreten, naturalistischen Baum, unterschiedlich nach Baumarten und ihren Auswirkungen.
- Die Beziehung zum Baum als Symbol, als Sinnbild für Kräfte, Mächte, Gottheiten, kosmische Erscheinungen, die Wohnstätte von Seelen (Vögel in den Bäumen). Kultübergreifend wird der Baum als Weltbaum, als Weltachse gesehen. Speziell kennen wir den Paradiesbaum, den Baum der Erkenntnis, das Baumkreuz (Christentum), den Lichterbaum (in dem die Sterne, der Mond, teilweise auch die Sonne wohnen und aus dem später der Leuchter [Menorah], vielleicht auch die Monstranz entstanden ist), den Fruchtbarkeitsbaum mit Schatten, Schutz und Früchte gebend, den umgekehrten Baum mit seinen Wurzeln nach oben gerichtet (indische Tradition).

● Die Identifikation des Menschen mit dem Baum, gleichsam als Ebenbild. Die Wurzeln entsprechen den Füßen, der Stamm der Wirbelsäule, die Äste den Händen, die Krone dem Kopf des Menschen. Die Kreuzesgestalt steckt im Menschen wie im Baum.

Aus diesen unterschiedlichen Beziehungsmustern haben sich unterschiedliche Vorstellungen entwickelt, sowohl im kultisch-religiösen Bereich als auch im (teils religiösen, teils säkularisierten) Brauchtum und in den Festen. Zwei Gedankenbildern wollen wir uns nähern:

a) *Baum und Gottheit:* Nicht nur im nordischen Bereich, bei den Kelten, gab es Baumkulte, ja sogar einen Baumkalender, sondern auch in anderen Regionen, zum Beispiel bei den Ägyptern. Der Hain, die heilige Stätte mit Bäumen, wurde als Aufenthaltsort einer Gottheit gesehen. Gott, der zwischen den Bäumen wandelt (Paradies), oder die Gottheit, die im Baum direkt ist, die aus dem Baum geboren wird oder die sich in der Baumgestalt zeigt und Beziehung zu den Menschen herstellt.

Anbetung des Sonnenbaumes Ägypten, aus einem Papyrus von Nebseni, XVIII. Dynastie (aus: Die große Mutter, v. E. Neumann)

Wenn Tanz die früheste religiöse Ausdrucksgestaltung ist – und davon gehen wir aus –, dann dürfte auch Tanz bei den Baumkulten dabeigewesen sein, sei es das Tanzen um den Baum oder der Tanz zum Hain hin, also eine Art Prozession, oder Tanz durch die Baumallee und als Identifikation mit dem Baum. Gott konnte sich ebenso außerhalb befinden als auch im Tanzenden, ähnlich den Derwisch-Tänzern.

In der Ablösung der konkreten Bäume als Aufenthaltsort Gottes wurden Säulen, dann Tempel und viel später unsere romanischen und gotischen Kathedralen erstellt, vermutlich erst aus Holz, später dann aus Stein. Es gab sowohl einzelne Säulen als auch einen Säulenwald wie im Dom von Gurk. Frühere Kulturen hatten die Fähigkeit, Säulen nach dem »Goldenen Schnitt« zu bauen, der in bezug zur übrigen Architektur, Natur und Menschen stand. Es sind Säulen, die schwingen, die mitschwingen, obwohl sie tonnenschwer sind; Säulen, die den Wind in sich singen lassen wie die bekannte Säule in Palmyra, Syrien.

Eine Entsprechung gibt es zum Menschen an sich und zum tanzenden Menschen speziell. Der Mensch soll durch Säulen aufgerichtet werden (Gotik), er soll sich zugleich als Säule errichten. Der Gang, die Prozession in die Längsschiffe von Kirchen entspricht dem Gang und Tanz in den heiligen Hain: aufgerichtet sich tanzend ausrichten. Der Tempel Gottes ist nicht nur als Bauwerk in der Nachfolge der Baumhaine zu sehen, sondern der Mensch selbst wird zum Tempel Gottes. Paulus sagt: »Wißt ihr nicht, daß ihr Gottes Tempel seid und der Geist Gottes in euch wohnt?« (1 Kor 3,16). Der tanzende Mensch als schwingende Säule oder Tempel sucht die Beziehung zu Gott; er tanzt sich schwingend in die »Inkarnation« – Gott in sich aufnehmend und weitertragend.

b) *Baum als weibliches Element:* Unsere Sprache zeigt das Verkehrte: Es heißt *der* Baum, obwohl der Baum meist weiblich/mütterlich gesehen wird; es heißt auch *die* Sonne und *der* Mond, obwohl die Sonne ein männliches und der Mond ein weibliches Symbol sind.

(aus: O. Keel, Die Welt der altoriental. Bildsymbolik und das Alte Testament, 1980[3])

Siebenarmiger Leuchter aus dem Tempel von Jerusalem (aus: Lexikon der Symbole, v. Bauer)

Der Baum gibt Schutz, Schatten und Nahrung, sowohl den Tieren als auch den Menschen. So wird er zum Fruchtbarkeitssymbol. »Der Baum hatte lebenumspannende Macht, er konnte als die Mutter alles Lebendigen erscheinen ... Die mütterliche Natur des Baumes umgreift für viele Frühkulturen auch die Vorstellung von Anfang, Heimat, verlorenes Paradies. Die alttestamentliche Urheimat des ersten Menschenpaares bindet dessen Schicksal ... an die Bäume« (Höhler, 146). Die Wiege für das Geborene, das Bett zur Hochzeit und der Sarg für die Toten stammen vom Holz des Baumes. »Gottheit und Baum verbinden sich (so) zum weiblichen Prinzip des Umarmenden und Bergenden« (ebd.) Als Fruchtbarkeitssymbol kennen wir heute noch den Maibaum und Tänze um diesen (Mai)Baum. Im Bändertanz sind Fruchtbarkeit und das Zusammenwirken von männlichen und weiblichen Elementen im (getanzten) Weben besonders ausgeprägt. Zuweilen wird auch der Lichterbaum mit seinen Sternen in den Zweigen als Früchtebaum betrachtet. Lebenssymbol ist der Lichterbaum auf jeden Fall. Vermutlich ist aus diesem kosmischen Bezug des Lichterbaumes – selbst die Milchstraße wird als Lichterbaum bezeichnet – der Leuchter, Lichtträger entstanden, zum Beispiel die Menorah im Judentum oder der Lichtkranz von Theseus, den er von Ariadne zu seinem Heil für den Kampf mit dem Minothaurus bekam.

Der Lebensbaum als nährende Wohnstatt von Gottheiten galt auch als Wohnstatt für die Verstorbenen. Symbolisch zeigen sie sich meist in den Vögeln. Die Bäume auf den Gräbern hatten urspünglich Bezug zu dieser Bedeutung. Das Baummotiv hat sich in unzähligen Formen in Kunst und Kunsthandwerk niedergeschlagen, zum Beispiel der mexikanische Lebensbaum aus Keramik oder der polnische Lebensbaum aus Holz, das Lebensbaummotiv in Webereien, Stickereien und Flechtereien.

In Tänzen findet sich das Baum-Motiv oft in der Orantehaltung, die Arme auf halber Höhe erhoben, so im Syrtos, Kalamatianos oder in Tanzfiguren wie dem rechten Handstern von zwei oder mehr Tanzenden, beim Festtanz oder Contretanz. Es gibt Tänze, die die Beziehung zum Baum herstellen, wie Bändertanz, oder einfache Rundtänze, die um den Baum getanzt werden. Dann gibt es Tänze, die Elemente des Baumes oder eines bestimmten Baumes gestalten als eine Art Identifikation des Tanzenden mit dem Baum, zum Beispiel Wüstenbaum oder »Wie eine Palme im Wind«. Zuweilen wird auch die Leiter in Verbindung mit dem in den Himmel ragenden Baum verglichen, siehe »Jakobs Traum«, allerdings auch mit dem Weltenberg. Wir kennen auch den Begriff, daß Bäume in den Himmel wachsen. Im Yoga gibt es eine Stellung, die sich »Baum« nennt. Es geht darum, innere Bilder entstehen zu lassen und sie in Körpergestalt umzuwandeln.

Baum: Reigentanz um ein Baumidol, Tonmodell aus Cypern, um 1000 v. Chr.
(aus: Herder-Lexikon)

Wenn Menschen gefragt werden, was ihnen beim Thema Baum einfällt, kommen erfahrungsgemäß neben den naturalistischen Vorstellungen die Begriffe Leben, Lebensbaum, Sterben, Wachsen, Geborgenheit, Zufluchtsort, Nahrungsspender, Kreuz, Lebenskraft. Es sind Bilder, wie sie seit Jahrtausenden in Symbolen vieler Kulturen zu finden sind – ein Beweis dafür, wie sich persönliche Symbole mit allgemeinen Menschheitssymbolen verbinden, wie der einzelne sich in der Ordnung des Gesamten wiederfinden und daran teilhaben kann. Die Gleichniskraft der Bäume ist für viele gebrochen. Deutet dies auf ein eigenes Gebrochensein hin? Vielleicht helfen die vielfältigen Bedeutungen des Baumes, wieder Sinnbilder und damit Sinn zu finden.

Lebensbaum, Indien
(aus: The Tree of Life v. R. Cook, London 1974)

Symbol Weg: Ergangene Gedanken, Pilgertänze, Prozessionen

In der Bewegung steckt der Weg: Es gibt vielerlei Wege, auch heilige Wege (via sacra), Wegekirchen (Moldauklöster), Wegetänze, Pilgerwege, Handelswege (Salzstraße und Seidenstraße), Heeres- und Triumphstraßen, Prozessionsstraßen.

Die meisten Formen meditativen Tanzens in diesem Buch sind Wegetänze, Wege in Raum und Zeit, Wege zu sich, zu anderen, Symbole des Lebensweges. Pilgertänze, Prozessionstänze gehören zu den Wegetänzen. Es sollen Heilswege sein, heilige Wege.

Was sind die Hintergründe der Wege, die sich schließlich in verschiedenen Tänzen zeigen? Weg ist:

- Ortsbeschreibung einer realen Strecke;
- aktiver Vorgang des Begehens, eine Reise, eine Wanderung;
- allegorisches Verständnis vom Weg zum heiligen Weg. Die Allegorie trägt das Bild des konkreten Weges ins Geistige;
- symbolische Repräsentation, zum Beispiel heilige Wege in Prozessionsstraßen der verschiedenen Religionen.

Manche der Tänze lassen sich vergleichen mit Elementen der Wegekirchen (Nyssen, Moldauklöster). Die Klöster sind von West nach Ost orientiert; viele Tänze beginnen gegen-sonnen, gen Osten, zum Orient (orientieren) hin. Die Innenmalerei ist Zentrierung, die Außenmalerei ist der Wanderung der Gestalten gewidmet. Es ist wie ein Tanz mit Mitte und Peripherie: sich gen Osten allmählich einem Ziel nähern.

Es gab und gibt konkrete *Pilgerwege* und Wallfahrtswege. Sie sind teilweise gekennzeichnete Wege oder eben nur zielgerichtete Weg-Orientierungen. Gezeichnete Wege waren/sind die Pilgerstraßen – nach Babylon, Delphi, dem antiken Heiligtum der Griechen, Rom, nach Jerusalem, der Jakobsweg nach Santiago de Compostela.

Es wird vermutet, daß die meisten großen Heiligtümer eine *via sacra* besessen haben. Pilgerwege führen zu ferngelegenen Heiligtümern, heiligen Orten, so sind sie heilige Straßen geworden. Pilgern (lat. peregrinus, Fremder) kann auch das Symbol für das gesamte Leben des Menschen auf dieser Welt sein. So gibt es in Indien verschiedene Stufen der Heilswege. Pilgerwege konnten von einzelnen, aber auch Gruppen oder gar Massen begangen werden. Wir erkennen die Pilger an ihrem Pilgerkleid, dem Pilgerstab, der Pilgerflasche, dem Hut mit Muscheln. In Spanien gilt selbst die Heilige Maria als göttliche Pilgerin (von Santiago de Compostela). Pilgerreisen, Wallfahrten, Pilgertänze ging man meist barfuß, zunächst nicht der Buße wegen, sondern um die Füße in unmittelbarer Berührung mit der Erde, dem Stein zu halten, die am Heiligtum selbst heilende Wirkungen gehabt haben. Nicht zufällig kamen und kommen viele Kranke zu diesen heiligen Orten, um Heilung zu erfahren. »Es ist das Ziel jeder echten Pilgerfahrt, Verwandlung in irgendeiner Form zu erlangen« (Charpentier). Letztlich liegt dieser Gedanke auch den Pilgertänzen zugrunde, die am Heiligtum selbst tanzbar sind oder symbolisch die Pilgerreise nachvollziehen.

Prozessionen, Prozessionswege und auch Tänze bei Prozessionen kennen wir von alters her. Prozessionen gibt es bereits bei Tieren, zum Beispiel beim Prozessionsspinner (Schmetterlingsraupe). *Prozessio* (lat.) bedeutet Umzug, religiöser Umzug; *procedere* (lat.) ist voranschreiten, auf ein Ziel hin. Sinn der religiösen Umzüge war, die Existenz der Gottheit(en) allen Menschen sichtbar und erfahrbar werden zu lassen und nicht nur den Priestern im Heiligtum. Eine Festprozession konnte jedoch auch den Sinn haben, daß am Ziel der Asylsuchende Schutz findet. Im gemeinsamen Voranschreiten einer Menge liegt eine gewaltige Kraft, eine Ausdrucksmöglichkeit. »Sie schreiten dahin mit wachsender Kraft ... dann schauen sie Gott auf dem Zion« (Psalm 84,8). In den Psalmen wird verschiedentlich auf sakrale Umzüge angespielt: Psalm 24,3–10 47,6; 118; 122; 132. Zwei wichtige Formen der Prozession sind zu unterscheiden (nach Keel):

- Prozession, in der die Gottheit selbst mitgeht, mitgetragen wird, in Form der Bundeslade (Israel), einer Statue, eines Kultbildes, eines Schreines, einer Barke (Ägypten), getragen von Menschen oder Tieren (Kamel) oder auf einem Wagen, einer Sänfte, einem Schiff. Das Ziel geht gleichermaßen mit. Die heutige Form der Fronleichnamsprozession in der katholischen Kirche ähnelt diesen uralten Formen. David tanzte vor der Bundeslade – es war eine Prozession, bei der er tanzte.
- Prozession, die eine Wallfahrt oder ein Tempelbesuch war oder ist, bei der das Volk feierlich zum Heiligtum (hinauf) zieht. »Ich freute mich, als man mir sagte, zum Hause des Herrn wollen wir ziehen« (Psalm 122,1). Bilder zeigen klatschende Frauen und Kinder, einen tanzenden David – das war ihre Form der Feierlichkeit. Der Tanz (vor Jahwe) war begleitet von allerhand Sprüngen und Tanzschritten. »Mit Zweigen in den Händen schließt euch zusammen zum Reigen, bis zu den Hörnern des Altares »Psalm 118,26).

Niemand wollte bei diesen Umzügen mit leeren Händen kommen. Tiere wurden geopfert, Erntegaben (noch heute üblich), Gelübde wurden eingelöst, man wollte sich erkenntlich zeigen, denn »Jahwe ist ein Gott, der hört«, erhört.

Prozession ist immer eine rituelle Form, wird nie allein, sondern immer mit anderen, meist mit vielen durchgeführt. Noch heute kennen wir im christlich-katholischen Bereich verschiedene Prozessionsformen, allerdings meist ohne Tanz, zum Beispiel:

- Lichterprozession am Fest Maria Lichtmeß,
- Palmprozession (Einzug des Herrn in Jerusalem),
- Bitt-/Dankprozessionen, zum Beispiel Flurumgang vor Christi Himmelfahrt,
- Echternacher Springprozession,
- Stationsprozession zur Fastenzeit, Kreuzwegstation,
- Begräbnisprozession – das Geleit zum Einzug in ein anderes (himmlisches) Leben,
- Fronleichnamsprozession – Verherrlichung, Triumphzug des Herrn in eucharistischer Brotgestalt.

Wallfahrt, zu etwas wallen, wandeln, ist ein feierlicher Zug zu heiligen Stätten; sie kann die Prozession und das Pilgern enthalten. Interessant ist, daß bei ursprünglichen Pilgertänzen der erste Teil eher getragen ist, während am Ende viel (Freuden-) Sprünge mit ekstatischen Elementen dazukommen. Im Angesicht des Heiligtums, der überstandenen Gefahren und Strapazen der Pilgerreise bricht Freude und Jubel aus, die in temperamentvolle Bewegungen umgewandelt werden. Ob Pilgerreise, allein oder in der Gruppe, ob Wallfahrt, ob Prozession, es gilt immer, auch für die Tänze: Das Ziel kann nur auf dem Weg, in der Bewegung erfahren werden. Beim Pilgern, Wallfahrten geht nicht nur der einzelne (selbst wenn er real allein gehen sollte), sondern es werden immer die anderen mitgenommen, die vergangenen Menschen, die gegenwärtigen und die zukünftigen. Jeder nimmt die Menschheitsgeschichte mit, sie wird gemeinsam getragen, mit allem Leid, der Gewalt, dem Terror, den geschändeten Menschen, der Erlösung, dem Dank und Lob, der Freude. Es kann also nie ein vom Alltag abgehobener Vorgang sein. Kult, Gottesdienst, Wallfahrt, Prozession sind immer *verdichteter Alltag*, zumindest von der Absicht her. Der Mensch trägt das Ziel der Einheit mit, trotz oder gerade wegen aller Zerrissenheit. Schalom und Weg sind eins.

»Man ging in früheren Zeiten auf Pilgerschaft, um zu suchen, was zu Hause nicht zu haben war: die Gabe der Erde, die sie mütterlich verschenkt. Man ging auf Pilgerschaft, wie man heute zur Kur geht. Die Kranken begeben sich an Orte, wo Wasser und Schlamm, aus der Erde tretend, Heilkräfte besitzen. So suchte man auf einer ihrem Wesen nach religiösen Wallfahrt religiöses Heil: den heilenden Geist« (Charpentier, 17). »Er wird Segen empfangen vom Herrn und Heil von Gott seinem Helfer« (Psalm 24,6). Vielleicht können wir in unseren Pilgertänzen, in Tänzen, die Prozessionscharakter haben, in unseren Wegetänzen diese Suche nach Heil und Heilung mitbewegen.

Pilgertänze, Prozessionstänze, überhaupt meditative Tänze müssen nicht »getragen« langsam sein. Wir haben jedoch fast verlernt zu *schreiten*, kraftvoll-zart, zentriert. Es erscheint uns wichtig, schreiten wieder zu lernen, schreitend unser Gleichgewicht zu bewegen, die Stille der Meditation zu erschreiten. Im Schreiten stellt sich ein körperlich-geistiges Gleichgewicht dar, so gewinnt auch die sinnliche Wahrnehmung an Intensität und Klarheit. Bei den Geh-Ritualen der Mönche in Kreuzgängen, der Meditierenden im Zen oder T'ai Chi soll die Schärfung der Sinneswahrnehmung den Körper aus der Welt des flüchtigen Scheins in die einer zentrierenden Seins-Gewißheit tragen helfen. Das Gleichmaß der Schritte ist wie eine Waagschale (hinein-

Ausschnitt aus Ausstellungsplakat »Wallfahrten im Bistum Passau« (3. Mai bis 25. Okt. 1986)

geben und herausnehmen), es ist ein Zentrieren im Gehen. So erschließt sich im Gehen ein Innenraum. Im antiken Griechenland wurden Vorlesungen beim Umherwandeln gehalten, die Gedanken sollten im Rhythmus und Gleichmaß der gemessenen Schritte sein. Noch heute kennen wir Wandelgänge, Wandelhallen, oft in Kurorten, den säkularisierten Heil-Stätten. Im Gehen wird Maß genommen, die Gedankenschritte haben das Maß der Gehbewegungen, auch ihr Drehen und Wenden. Nietzsche meint: Nur die ergangenen Gedanken haben Wert. Von einem Sufi (tanzender Derwisch) wird gesagt, daß er jemand ist, dessen Gedanken mit seinem Fuß Schritt halten, er ist ganz gegenwärtig, nichts wird übersprungen. Im Schreiten ertasten wir den Erdboden, lösen uns wieder davon, können uns, weil wir geerdet sind, aufrichten, aufgerichtet bewegen, aufrichtig gehen – unabhängig von jeder körperlichen Behinderung.

Die Pilgerschaft oder Wallfahrt zu heiligen Stätten ist keine Besonderheit der christlichen Religion. Nahezu in allen Religionen gibt es ähnliche Formen – in assyrisch-babylonischen Kulten, in der islamischen Religion, im Hinduismus und Buddhismus und in den Kulten der griechisch-römischen Antike. Für die frommen Moslems ist die Pilgerreise nach Mekka vorgeschrieben (91. Vers der 3. Koran-Sure: »Der Menschen Pflicht gegen Allah ist die Pilgerfahrt zum Hause, wer da den Weg zu ihm machen kann.«) Die meisten christlichen Wallfahrten gehen zu Maria, der Gottesmutter, dem weiblich-mütterlichen Element Gottes (je nach religiöser Auffassung). Die meisten bekannten Wallfahrtsorte stehen an markanten Landschaftspunkten, an denen früher Berg-, Quellen- oder Höhlenkultstätten bestanden haben. Es ist kein Zufall, daß gerade Wallfahrten zu weiblich orientierten Kultstätten führen, insbesondere in den männlichorientierten oder dominanten Religionspraktiken.

Symbole der Zahlen: Urkraft des Maßnehmens

Das Erlebnis der Zahl, der Menge, war in der Vorzeit an Dinge gebunden, aus denen sich erst später die Zeichen, die Schrift entwickelte. Die Zahlen galten oft als Ausdruck kosmischer und menschlicher Ordnungen oder der Sphärenharmonie (Pythagoreer). »Bestimmte Zahlenverhältnisse wurden mehrfach in der Baukunst, der Plastik, der Malerei, der Musik, der Literatur, im sakralen und profanen Brauchtum beachtet, z. B. der ›Goldene Schnitt‹« (Herder-Lexikon).

Das Verhältnis und die Bedeutung der Zahlen in Tänzen und

ihren Rhythmen ist auf der Symbolebene nicht erforscht. Wir können nur erahnen, uns vorsichtig einzelnen Deutungsmustern nähern. Es geht bei den Tänzen nicht nur um die Musikrhythmen, die Schrittrhythmen, sondern ebenso um die Bewegungsrhythmen anderer Körperzentren und letztlich ihr Verhältnis zueinander. Dazu gehört die Eigenart der Bewegungs- und Raumformen, zum Beispiel Sprünge, erhobene, ausgebreitete oder gesenkte Hände, mit entsprechender Bewegungsqualität. Sie alle haben Bedeutungen und Auswirkungen, sind jedoch nur mit der Zahlensymbolik nicht faßbar.

Wir wollen deshalb die Symbolik einzelner Zahlen nur knapp anreißen und auch nur die Zahlen aussuchen, die für die beschriebenen Tänze sinnvoll erscheinen.

Null ist im Grunde das Unvorstellbare, die Leere, das Nichtsein vor dem Sein. Die Null wurde erst später entdeckt, 400 bis 600 nach Christus in Indien. Es erschien als unheimliche Zauberei, wie durch ein Nichts (Null) eine Ziffer den zehnfachen Wert bekam.

Die Zahl *Eins* ist naturgemäß Symbol der ungeteilten Einheit, Quelle und Wurzel, Mutter aller übrigen Zahlen. Sie ist Symbol des höchsten Wesens, dessen Macht das Universum gegründet hat. Das Zeichen 1 entstammt wahrscheinlich dem Pfahl auf dem Grab eines toten Häuptlings.

Die *Zwei* ist das Symbol der Verdoppelung, der Trennung, der Zwietracht, des Gegensatzes, des Konfliktes, aber auch des Gleichgewichtes; sie symbolisiert die Bewegung, die alle Entwicklung erst in Gang setzt. Sie verkörpert die Polarität Tag und Nacht, Winter – Sommer, einatmen – ausatmen, aktiv – passiv, rechts und links. Das Gehen und Tanzen des Menschen enthält diese Polarität, zum Beispiel rechter Fuß, linker Fuß im Wechsel beim Gehen. Nur so kann menschliches Gleichgewicht im Gehen gehalten werden, die Symmetrie in der Asymmetrie.

Mit *Drei* beginnt das eigentliche Zählen aus der Synthese von zwei und eins. Das Kind ist das dritte aus dem weiblichen und männlichen Prinzip. Die Drei wird als Zahl des Himmels verstanden, als Symbol Gottes. Bei allen Völkern ist sie heilig. Sie hat Anfang, Mitte und Ende. In den meisten Religionen gibt es eine göttliche Dreiheit, in Ägypten (Isis, Osiris, Horus), im Hinduismus (Brahma, Vishnu, Shiva, der Gott des Tanzes), in der christlichen Kultur der dreieinige Gott, der als Dreifaltigkeit (Trinität) erscheint. Dreifache Anrufungen der Gottheit sollten das Gebet wirksamer machen (*Kyrie eleison* in der christlichen Religion). Die Auferstehung Christi fand am dritten Tag statt,

Petrus verleugnete Christus dreimal und wurde seinerseits dreimal von Christus gefragt: »Liebst du mich?« In Märchen gibt es oft drei Wünsche. In der Philosophie ist die Drei eine wichtige Zahl, zum Beispiel bei Hegel mit seiner These, Antithese und Synthese als dialektischem Fortschritt. Von der Natur haben wir gleichsam die Gesetze der Dreiheit empfangen. In der Drei ist das Dauernde im Wechsel, der Mittelpunkt, um den sich die polaren Erscheinungen drehen. Ob dieses Drehen direkt auf den Tanz übertragen werden kann, ist ungewiß. Sicher jedoch ist, daß Dreier-Rhythmen in Tänzen heilende Auswirkungen haben. Das menschliche Gleichgewicht wird an drei Punkten der Fußsohle festgemacht, das Gleichgewicht muß gleichmäßig auf diese drei Punkte verteilt sein. Das Gleichgewicht zeigt sich aber auch in der Verbindung von drei Punkten im menschlichen Leib, wie es T'ai Chi lehrt.

Entsprechend kann die Beziehung zwischen Mensch und Pflanze gesehen werden:

Wurzel – Füße
Stamm/Stengel – Wirbelsäule
Blüte – Kopf

Die menschlichen Hauptarterien in den Extremitäten und auch die Herzgeräusche können als walzerartig bezeichnet werden (Diamond), also dreiertaktig. Wir kennen den dreisilbigen Versfuß: kurz-kurz-lang als Anapäst und lang-kurz-kurz als Daktylus, wobei sich hier die Drei (Schritte) und Vier (Taktteile) vereinen, gleichsam als Himmel und Erde.

Die *Vier* ist ein Symbol der Erde: die vier Himmelsrichtungen, vier Jahreszeiten, vier Paradiesflüsse, vier Evangelisten, vier Lebensalter (Kindheit, Jugend, Erwachsener, Alter), vier Elemente (Wasser, Luft, Feuer, Erde). Die »Ganzheit« aus der Vier drückt sich auch im Quadrat aus, das schon den Pyramiden der Ägypter und Mayas den Grundriß gab. Eine Vielzahl der Tänze bauen auf der Vier oder der Zwei auf, zum Beispiel der Pilgertanz.

Die *Fünf* galt als Vereinigung von Zwei und Drei, war somit auch Symbol für Hochzeit. In den Hochzeitsbräuchen spielen Rose, Weinstock, Äpfel und Quitte wegen ihrer fünfteiligen Blüten oder Blätter eine Rolle (Forstner). Der Mensch hat fünf Finger an der Hand, fünf Zehen an den Füßen. Als Pentagramm dient die Fünf der Bezauberung oder dem Heilen. Das Pentagramm ist ein uraltes magisches Zeichen und Symbol für Gesundheit und Erkenntnis. Im anthroposophischen Denkansatz wird der Mensch als eine Art Pentagramm gesehen, das in einen Kreis eingepaßt ist. Viele Blumen haben die Zahl Fünf im Fruchtstand (meist Pentagon) der Blüte. Tsakonikos (in diesem Buch), fünftaktig, ein Labyrinthtanz, hat möglicherweise das Symbol der Hochzeit, der Vereinigung in sich. Biserka hat fünf (2 + 3) Schritte, ebenso Setnja.

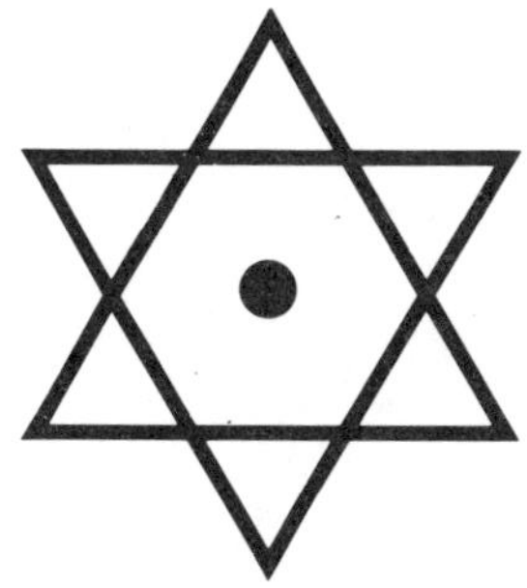

Die *Sechs* gilt als die Zahl des irdischen Gleichgewichts, sie scheint jedoch auf Entwicklung und Vollendung hinzuweisen, auf die vollkommene Sieben. In der Heiligen Schrift ist der sechste Tag der Schöpfungstag des Menschen, also von besonderer Bedeutung. Das Hexagramm als Siegel Salomons wird von zwei ineinander verschlungenen Dreiecken gebildet, der Vereinigung von Männlichem und Weiblichem (2 × 3), Durchdringung von sichtbarer und unsichtbarer Welt. Der Davidsstern, ein Hexagramm, ist ein Glaubenssymbol des Judentums. Als Tänze mit sechs Takteinheiten und Schritten haben wir den Pilgertanz Tsirigotikos, die Tratta, Ani Ma'amin und Hallel, unterschiedliche Tänze, die doch wieder das Gemeinsame des Pilgerns haben.

Die *Sieben* gilt von alters her als heilige Zahl. Vermutlich geht dies auf die vier Mondphasen zu je sieben Tagen zurück. Sieben als die Summe von Drei (Gott) und Vier (Welt) deutet auf einen ständigen Entwicklungsgang hin. Wir kennen
- den siebten Tag als Sonntag; am siebten Schöpfungstage »ruhte« Gott aus und befand, daß alles gut ist,
- das Buch mit sieben Siegeln,
- den siebenarmigen Leuchter (Menorah) im Judentum,
- die sieben Thore Thebens (Ägypten),
- die sieben Weisen,
- den siebten Himmel als besonders schönen Zustand;
- die sieben Geißlein im Märchen,
- die sieben fetten und mageren Jahre in der Bibel

Von jeher verband sich mit der Sieben der Begriff der Fülle.

Die *Acht* ist der erste Wochentag und erinnert an den ersten Schöpfungstag, an dem das Licht erschaffen wurde. Am ersten Wochentag, also dem achten Tag, ist Christus von den Toten auferstanden und erschienen. Die Achtzahl wurde zum Symbol der Auferstehung und der Neuschöpfung durch die Taufe. Alte Taufkapellen wurden in der Form des Oktogons erbaut. Im Hinduismus und Buddhismus ist Acht häufig die Zahl der Speichen des Radsymbols, acht Blätter sehen wir oft bei der symbolischen Lotosblüte. Ein Großteil der hier beschriebenen Tänze ist auf Acht aufgebaut: Jakobs Traum, Bittweg (4 × 8 = 32), Karawane (2 × 8 = 16), Erev Ba (2 × 8 = 16), Shalom von Jericho (4 × 8 = 32).

Die *Zwölf* gilt als Symbol der Harmonie, Vollkommenheit und Lückenlosigkeit. Sie hat sich schon früh in den zwölf Tierkreiszeichen manifestiert; das Jahr hat zwölf Monate, der Tag und die Nacht haben je zwölf Stunden. Die Zwölfzahl wird in der Heilgen Schrift häufig genannt: Zwölf Söhne Jakobs sind die Stammväter der zwölf Stämme Israels; Josua hat zwölf Steine aus dem Jordan gehoben und in die Bundeslade gelegt; das himmlische Jerusalem hat zwölf Tore, und Christus beruft zwölf Apostel.

Wir kennen einige Tänze, die die Zwölfzahl haben, zum Beispiel Menoussis, Wüstenbaum (2. Teil), oder die zu Zwölf zusammengesetzt sind, wie Kalamatianos (3 × 4).

Vierzig ist in der Bibel die Zahl der Erwartung, der Vorbereitung, der Buße, des Fastens oder der Strafe. Die Sintflut dauerte vierzig Tage und Nächte, die Wüstenwanderung der Israeliten vierzig Jahre, Jesus fastete vierzig Tage lang in der Wüste. Noch heute haben wir die vierzigtägige Fastenzeit vor Ostern. Deuten läßt sich die Vierzig letztlich nur schwer. Wird der Tanz Tsakonikos »hochgerechnet«, das heißt 8 × 4 Takte, ist er insgesamt vierzig Takte lang.

Wir konnten hier nur wenig aus der Fülle der Symboldeutungen bringen. Wenn wir auf frühere Bedeutungen zurückgreifen, dann nicht, um Altes zu verklären, sondern um bei den verschütteten Quellen zu suchen, was sie uns heute noch geben können. Symbole sollen Hinweise auf der Suche nach Sinnfindung des Lebens sein, Hinweise, die sowohl in der Vergangenheit als auch in der Zukunft liegen und die im Gegenwärtigen gelebt werden können – innehalten und weitergehen, drehen und wenden, sinnlos in sinnvoll umwandeln.

4. Heilende Elemente – verdichtete Schwingungen

Die Auswirkungen meditativen Tanzens und der jeweiligen Symbole sind vielschichtig. Sie entziehen sich weitgehend unserem analytischen Instrumentarium. Wir können nicht sagen: Wenn ich dies bewege und denke, dann passiert dies oder jenes. Wir möchten Grundlinien aufzeigen, die uns wichtig erscheinen und die zu weiterem Nachdenken, zur Reflexion der eigenen Befindlichkeit anregen sollen. Wichtig erscheint uns, nicht nur von außen Merkmale abzulesen, sondern auch von innen her zu lesen, was letztlich Intelligenz (lat. interlegere) bedeutet.

Heil ist verwandt mit dem englischen Wort »whole« und bedeutet ganz. Um das Ganzheitliche geht es uns, obwohl immer nur bruchstückhaft realisierbar. Ganzheitlichkeit meint das Gesamte des Menschen und seiner Lebensbedingungen (nach Fritjof Capra), es meint das ganzheitliche Menschen- und Weltbild (Liliane Juchli). Dies Ganzheitliche erfordert ein ständig auszubalancierendes Gleichgewicht, Gleichgewicht zwischen Leib – Seele – Geist, der Umgebung, dem Kosmos. Es fordert die Verbindung von Polaritäten wie Tag und Nacht, Sommer und Winter. Gesundheit ist in diesem Gleichgewicht und ganzheitlichen Ansatz anszusiedeln. In dem hebräischen Wort »Schalom« steckt nicht nur Frieden und Gleichgewicht, sondern auch Ganzheit. Allerdings gibt es, trotz des gemeinsamen Hintergrundes, unterschiedliche Auffassungen, wie Kranksein und Gesundsein zu sehen sind, zum Beispiel:

- Krankheit als Selbstheilung (Beck),
- Krankheit als Anpassung (Overbeck),
- Krankheit als Weg (Dethlefsen),
- der Mensch als Teil kosmischer Harmonie (Heyn),
- der Arzt in uns selbst (Cousins),
- Krankheit als Symbol (Groddeck),
- Krankheit kann uns reinigen und ins Gleichgewicht bringen (Moinuddin, Heilkunst der Sufis),
- vom Sinn des Erkrankens (Weinreb).

Gemeinsam haben sie, daß der Mensch als Ganzes gesehen wird, daß das Zusammenspiel von Leib – Seele – Geist bei Entstehung der Disharmonien (Krankheit) eine große Rolle spielt und daß Krankheit, wenn auch mit Einschränkung, als Chance zur Entwicklung gesehen werden kann.

Heilung meint eine Annäherung an das Heil, an die Ganzheit. Jeder Heilsweg ist ein Weg aus der Polarität in die Einheit (Dethlefsen).

Wenn wir von den heilenden Elementen in unserem Zusammenhang sprechen, dann streben wir das *Gleichgewicht* an. Wir wissen, daß Gleichgewicht kein statischer Zustand, sondern stets fließend, dynamisch ist, kaum erreicht, schon wieder verloren. Wie sollte ich zum Beispiel Schwingungen festhalten, äußere wie innere?

Wir gehen aus von den *Selbstheilungstendenzen* des Menschen. Sie erfordern immer aktives Mithelfen des Menschen, im konkreten Tun, in der geistig-seelischen Einstellung, aber auch das Einwirkenlassen. Meist bedürfen die Selbstheilungsmöglichkeiten verschiedener *Hilfsmittel* zur Unterstützung. Diese Hilfsmittel wirken jedoch nicht aus sich selbst, sondern können nur stützend, unterstützend einwirken. »Wunder« sind sie keine. Solche Hilfsmittel können sein: Heilkräuter, geistige Übungen, Bewegen und Tanzen, Symbole, Heilszeichen, entsprechende Ernährung, soziale Bezüge und Beziehungen wie Geborgenheit, Nähe, Anerkennung, Zärtlichkeit, Lachen. Hilfsmittel kann aber auch sein, *Behand*lung im ursprünglichen Sinne mit Streicheln (z. B. indische Babymassage, nach Leboyer), Akupunktmassage, Beklopfen oder Fußzonenreflexmassage.

Diese und andere Hilfsmittel sind jedoch auch wieder in ihrem Zusammenspiel und nicht isoliert zu sehen. Die geistige Übung wirkt nur bedingt, wenn ich mich »falsch« ernähre, einen Streß an den anderen hänge. Faszinierend in seiner Darstellung »beweist« Cousins, wie Lachen, wohl aber auch Hoffnung, Lebenswille, Vertrauen, Freude, Liebe Faktoren sind, die die natürlichen Abwehrkräfte des Körpers mobilisieren und biochemische Effekte haben, vor allem Zutrauen in die eigene Kraft wachsen lassen. Ähnlich dürften Tanzen und Sinnfindungsmöglichkeiten durch Symbole wirken, wenn Staunen entsteht, Heiterkeit, Gelassenheit, Konfliktfähigkeit.

Wie im T'ai Chi nachgwiesen und für Übende auch täglich erfahrbar ist, daß Heiterkeit, Selbstvertrauen und tieferes Erfassen entstehen und wahrgenommen werden, so sind ähnliche Befindlichkeiten durch meditatives Tanzen mit Symbolen festzustellen, zumindest dann, wenn sich die Menschen voll darauf einstellen. Unabdingbar ist dann: Tue das, was du tust, ganz.

Heilen meint unter anderem, sein Gleichgewicht wiederherstellen, sich ins Gleichgewicht einschwingen und sich mit diesen Schwingungen wie von Wellen begleiten lassen. »Ich werde davon wieder lange zehren«, sind Aussagen, die wir bei solchen Lehrgängen oft von Teilnehmern hören. Von solchen Kräften, die ihr zuwuchsen, erzählte uns eine Teilnehmerin nach längerer Zeit meditativen Tanzens und Symbolerfahrung. Sie hatte keinen Sinn mehr in ihrem Leben gesehen, hatte versucht, es wegzugeben, lebte sinn-los, gezwungenermaßen. Sie konnte durch die »Hilfsmittel« Tanz und Symbol sich wieder mit Sinn füllen, damit leben. So deutlich und spektakulär werden heilende Einflüsse nicht immer sichtbar. Es gilt, sich dafür empfänglich zu machen. Direkt kann durch Tanz und Bewegung leibliches Gleichgewicht beeinflußt werden, das dann wieder auf die seelisch-geistige Ebene einwirkt, nämlich durch gegensätzliche Bewegungsmuster wie

- öffnen – schließen
- vorwärts – rückwärts
- schnell – langsam
- tief – hoch
- vertikal – horizontal
- Spannung – Entspannung
- Mitte – Peripherie
- Leere – Fülle
- drehen – wenden
- aktiv – passiv (ergreifen und sich ergreifen lassen)
- zentripedal, gradlinig, expansiv (Yang-Elemente) und zentrifugal, kreisförmig, kontrahierend (Yin-Elemente)
- dehnen – zusammenziehen,
- sich aufladen – wieder lösen
- regredieren – neu sich entwickeln (Chance seelischer Umstrukturierung).

Jede Einseitigkeit stört das Gleichgewicht, beeinträchtigt die Lebenskraft. Die Altersforschung hat es uns mehr als deutlich gezeigt. Wichtig ist der Wechsel, die Verbindung von Polaritäten, ohne sie aufzulösen. Die Wichtigkeit von Mitte betont Trudi Schoop als Tanztherapeutin: »Ich bin überzeugt, daß die körperliche Mitte das menschliche Selbst bedeutet. Als solche zeigt sie das Verhältnis des Individuums zu seinem eigenen Sein und zu seiner Umwelt. – Die Muskulatur dieses Zentrums kann sich zusammenziehen und dehnen. Wenn sie sich kontrahiert, schließt sich der Körper konzentrisch nach innen, dehnt sie sich, öffnet er sich strahlenförmig nach außen. Ob der Körper sich schließt oder öffnet, ob der Mensch aus der Mitte herausreicht oder diese Mitte hält, immer beginnt die Bewegung im Zentrum.

Der Körper hat keine andere Alternative. Jede Bewegung geht entweder auf die Mitte zu oder von ihr fort« (Schoop, 81). Der Übergang zu den Symbolen ist nahtlos.

Heilen ist auch ein geistiger Vorgang, leiblich erfahrbar. Durch Symbole kann ich erfahren, wie meine individuelle Symbol-Erkenntnis, zum Beispiel des Kreises, des Baumes, eingebunden werden kann in die Menschheitssymbole, nach C. G. Jung ein heilmachender Vorgang. Symbol verdichtet und intensiviert die Sinn-Orientierung. Die Kraft des Symbols schöpft aus der Erinnerung an schon realisierte Hoffnung, aus dem schon erfahrenen Heil, der individuellen, vor allem aber kollektiven Heilserinnerung (Steffensky). Wünsche und Konflikte müssen nicht verdrängt, sondern können und dürfen offen durch Symbole dargestellt, verarbeitet, bewegt werden. Das gestische, »gebärdende« Symbol tanzt die Hoffnung, eine hervorragende Möglichkeit, wenn es jemand die »Sprache verschlagen« hat. Symbole greifen nach mehr aus, als schon erreichbar ist; Glücksverlangen und Lebenserwartungen werden eingeübt und ausgedrückt (Steffensky), die Heilserwartung wird zugelassen, ja dramatisiert.

Ein anderer Ansatz ist, entsprechend ihrer Bedeutung, die Symbole bestimmten Menschen als heilsame und heilende Zeichen zuzuordnen: »Der Kreis gibt dem Depressiven das bergende Umfangensein; das Kreuz dem Schizoiden das Ausgespanntsein ins Offene; das Quadrat dem Zwanghaften eine Eingrenzung; die Spirale dem Hysterischen das ersehnte Über-sich-Hinausgehen« (Riedel, 9). Die praktische Umsetzung dieses Gedankens wird allerdings noch zu entwickeln sein.

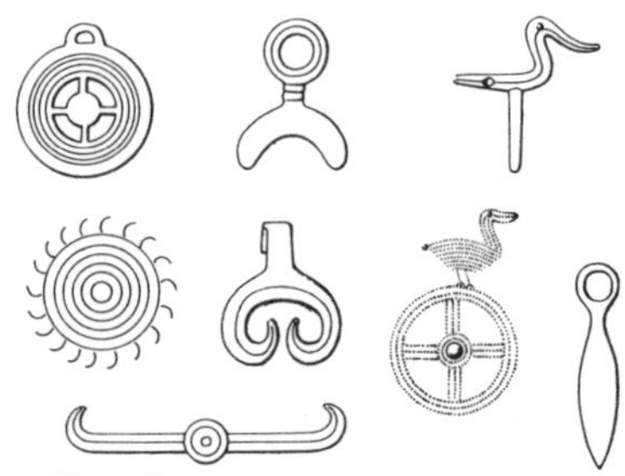

Jungbronzezeitliche Heilszeichen Mitteleuropas

Aus früheren Kulturen kennen wir eine Reihe von *Heilszeichen* die sich ähneln, trotz unterschiedlicher Völkerzugehörigkeit.

»Diese Motive, als Amulette getragen oder auf Bronzegürteln, Schutzwaffen ... und Angriffswaffen bzw. Hoheitszeichen (Streitäxten) dargestellt, haben offensichtlich die Bedeutung von ›Heilszeichen‹. Damit bezeichnet werden Symbole, die auf eine religiöse Vorstellungswelt hinweisen; von ihnen erhoffte derjenige, der sie trug, d. h. sich mit ihnen kennzeichnete, ›Heil‹, und zwar ›Heil‹ in umfassendem Sinne, von leiblicher Gesundheit und Schutz vor Gefahren bis zu seelischer Geborgenheit und Frieden mit der Gottheit. Angesichts dieser umfassenden Bedeutungsspanne von ›Heilszeichen‹ kann man sie als allgemeinsten Ausdruck einer religiösen Haltung ansprechen« (Müller-Karpe, 114). »Zwischen Amulett (lat. amuletum: Brei aus Kraftmehl) und Talisman (arab. tilisman: Zauberbilder) ist nach Gestalt und Funktion im Grunde nicht zu unterscheiden« (Brauneck, 267).

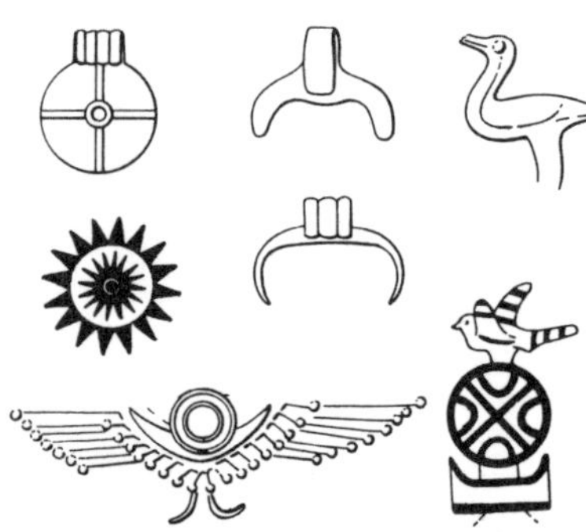

Jungbronzezeitliche Heilszeichen des mykenischen Kreises

Noch heute gelten Amulette als Glücksbringer. Ihr Gebrauch ist weitgehend säkularisiert und dennoch ungebrochen in der Tradition. Diese Heilszeichen oder Amulette entsprechen sowohl dem Schmuckbedürfnis des Menschen als auch der Sehnsucht nach Heil im weitesten Sinne. Vielleicht ahnten die frühen Völker die heilenden Wirkungen von (Edel)Steinen und Metallen, etwas, was wir heute beginnen zu erforschen, wissenschaftlich dingfest zu machen.

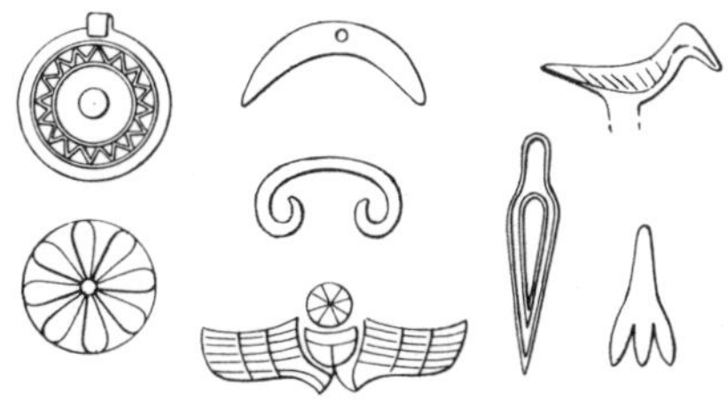

Hethitische Heilszeichen (aus: Frauen des 13. Jahrh. vor Chr. v. Müller-Karpe, 1985)

Als *Hilfsmittel* des Heilens sehen wir Tanz und Symbolerfahrung. Vielleicht sind wir damit gar nicht weit von den alten Heilszeichen entfernt. Sie sind nicht nur Schmuck, meditatives Tanzen ist nicht nur Körperbewegung, Symbol ist nicht nur eine abstrakte Figur. Sie alle haben Bedeutungshintergründe, fordern den sinnsuchenden Geist und lassen die Sehnsüchte und Hoffnungen des Menschen wachsen ohne magische Bezwingungsmuster. Wir müssen Magie von Magie trennen. Göttner-Abendroth spricht von der »modernen Magie« und meint, daß sie letztlich damals nichts anderes war, als unsere Psychologie heute sein kann. Sie erklärt matriarchalische Lebensformen wie zum Beispiel Mondtänze, Regentänze so: »Es ist ein Irrtum und eine Entstellung, zu glauben, daß diese Völker der Ansicht waren, allein die symbolische Handlung brächte die Heilung. Dem widerspricht ihre ausgedehnte Kenntnis in Pflanzenheilkunde ... Schließlich waren sie in der Lage, nach seinen Phasen (Anmerkung: Mondphasen) einen Kalender zu entwickeln, der bei manchen Völkern präziser war als der heutige (Babylonien, Mayas) ... Sie wußten, daß ein Kranker nicht vom Medikament – derer sie genügend hatten – allein gesund wird, sondern auch hier muß der emotionale Einfluß hinzutreten, der Glaube an die Heilung, die Hoffnung auf Genesung, das Vertrauen in die Ärztin, die Schamanin, die mit dem Dämon der Krankheit kämpft« (Göttner-Abendroth, 69). Selbst in unserer heutigen technisch-analytischen Medizin wird dieser Selbst- und Fremdeinfluß als notwendig zum Heilen gesehen, wenn auch noch nicht von allen. »Moderne Magie meint nun nichts anderes als symbolische Praktiken, die in die psychosoziale Realität eingreifen, aber von einem ganzheitlichen Ethos getragen sind« (Göttner-Abendroth).

Symbole sind, so gesehen, Medien, sinnhafte Instrumente in diesen Heilungsvorgängen, verbunden mit den Formen der Bewegung, des Tanzens, des Singens, des Rezitierens, der Musik. Frühere Formen der »Medizintänze« sind nicht nur in alte, unaufgeklärte Zeiten zu verweisen. »... der Kranke wird in die

Mitte gelegt und umkreist« (Sachs, 43, wir verweisen auf unsere Erfahrung beim Tanz Adoramus Te), bis die Tänzer in ekstatischem Zustand – auch feierliches Schreiten kann Ekstase hervorrufen – Macht über den Krankheitsgeist erlangen, ihn verjagen oder in sich selbst ziehen und schließlich besiegen. Auch heute spricht die Medizin davon, eine Krankheit »besiegt« zu haben, wenn auch mit anderen Mitteln. Unsere Form der »Medizintänze« wird anders sein. Nach dieser anderen Form sind wir auf der Suche, erste Ansätze sind entwickelt. Zu sehen ist die Verbindung instrumentellen Tuns mit seelisch-geistigen Inhalten und rationaler Reflexion. Unsere Aufgabe ist »ein System symbolischer Handlungen auf unserem Wissensstand, getragen vom ›magischen Ethos‹ zu entwickeln« (Göttner-Abendroth).

5. Religiöse Einbruchstellen – Tanz vom Ergriffensein

Meditatives Tanzen und Symbole sind nicht zwangsläufig mit Religion verknüpft, sie müssen jedoch auch nicht getrennt sein. Nicht jeder, der sich in meditierendes Tanzen hineinbegibt, sich in Symbolen findet und ausdrückt, muß religiöse Erfahrungen machen (sollen). Tanzformen, Symbole sind als solche nicht religiös. Sie können jedoch mit religiösen Inhalten verknüpft, sie können Gebet werden, wie ursprünglich Tanz Gebet war. Sie können Instrumente für religiöse Erfahrungen werden. Religion drückt sich vielfach in Symbolen aus. Sie ist im Menschen tief verwurzelt. Die Sinnfrage ist ein Wesensmerkmal des Menschen. »...so dominiert in der Gegenwart die geistige Angst, die Angst vor Leere und Sinnlosigkeit. Die Frage, die sich aus diesen Erfahrungen ergibt, ist nicht mehr in erster Linie die Frage nach der Endlichkeit, nach Tod und Irrtum, wie in der alten griechischen Kirche. Es ist nicht mehr primär die Frage nach dem gnädigen Gott und der Vergebung der Sünden, wie in der Reformation. Nach Tillich ist es vor allem die Frage nach einer Wirklichkeit, in der die Selbstentfremdung unserer Existenz überwunden wird, nach einer Wirklichkeit der Versöhnung und Wiedervereinigung, nach schöpferischer Kraft, Sinnhaftigkeit und Hoffnung« (Mader). Religion ist ein »Ergriffensein durch das, was uns unbedingt angeht« (Tillich). Es ist eine unendliche Sehnsucht nach Wahrheit, nach Teilwahrheit. Religion ist schließlich Transzendierung des Lebens, das Transzendieren des Endlichen auf das Unendliche. Religiöse Erfahrung ist subjektiv, aber auch kollektiv. Sie ist nicht an eine bestimmte Religion gebunden, etwa an die christliche, sondern kann sich ebenso in anderen Religionen vollziehen, zum Beispiel:

- in pantheistischen Religionen, für die Gott mit der Welt eins ist,
- in mono- oder polytheistischen Religionen, in denen ein persönlicher Gott oder eine Mehrzahl von Göttern der Welt gegenüberstehen,
- in Naturreligionen, die das Heilige in Naturdingen erfassen,
- in mystischen Religionen: im Hinduismus, Buddhismus (absolutes Nichts), im Taoismus,
- in prophetischen Religionen: im Judentum, Islam, Christentum,
- in einer namenlosen Bindung an ein Numinoses, an ein Geheimnis, das aus dem Weltzusammenhang selbst erkannt ist.

Ob sich jemand beim meditativen Tanzen mit seinen Symbolen dem religiösen Sein annähern, offen sein möchte, kann nur er selbst entscheiden. Das Medium selbst eignet sich dazu.

Theologie als verbindliche Rede von Gott beginnt dort, wo der Mensch eine Erfahrung, die er mit Gott gemacht hat, zur Sprache bringt. Theologie ist also nie eine absolute, vom Menschen unabhängige Rede, sondern Aussprache der Gemeinschaft, orientiert auf die Begegnung mit dem Göttlichen (Goergen). Medium ist hier die Sprache. Tanz und Symbol können ebenfalls wieder Medien der Theologie werden. Der Mensch kann mit ihnen in einen Dialog ein*treten*, in eine Beziehung zu Gott. Wir kennen noch alte Kulttänze; T'ai Chi ist aus kultischen Tänzen hervorgegangen, die Gebärdensprache war ursprünglich ausschließlich mit dem kultischen Bereich verknüpft – das alles sind keine Zufälle. Wir können uns entscheiden, ob wir meditatives Tanzen und die Symbole wieder im kultischen Bereich ansiedeln möchten, also re*kult*ivieren. Die meisten meditativen Tänze sind Wegetänze, einige sind Pilgertänze, Prozessionstänze. Jahwe wird auch der Wegegott genannt, der seinem Volk voranging, Wegweiser war. So nah sind diese Tänze an der Religion (s. auch Berger, Liturgie und Tanz). Enthusiasmus (griech. en = in und theos = Gott) heißt, an einer Energie teilhaben, die als göttlich angesehen wird, als »mana« also, zum Beispiel in Kulttänzen. Enthusiasmus erfaßt uns alle, wenn wir tanzen. Ob wir nun an göttliche Wesen glauben oder nicht, das Erlebnis, sich in einem gemeinsamen Rhythmus zu bewegen, hat etwas »Befreiendes«. Re-ligion bedeutet auch Rückbindung an etwas, was für uns allein mit der Ratio nicht faßtbar ist.

Auf den Weg zu einer religiösen Erfahrung müssen wir uns selbst machen. Das ist unser Anteil. Wir möchten uns auf Kurt Marti berufen: »Erfahrung, glaube ich, ist zu unterscheiden von Widerfahrnis, in der der Mensch passiv, rezeptiv bleibt ... Erfahrung schließt menschliche Tätigkeit und Bemühung ein. ›Erfahren‹ bedeutet etymologisch ›reisend erkunden‹ (Kluge, Etymologisches Wörterbuch). Er-fahrung ist sowohl ein ›Sich-auf-den-Weg-Machen, um etwas zu erkunden, kennenzulernen, selbst zu sehen‹ wie auch das Ergebnis der ›Fahrt‹ – beides im Unterschied ›zu allem bloß Gedachten (Rationalismus), auf Autorität Angenommenen (Dogma) und geschichtlich Überlieferten (Tradition)‹. So definiert Hoffmeisters Wörterbuch der Philosophischen Begriffe. Erfahrung gewinnt, wer sich aufmacht, unterwegs ist, der homo viator. Nichts erfährt, wer auf Standpunkten (z. B. dogmatischen, ideologischen) stehenbleibt.

Der aufbrechende, wandernde Abraham ist nicht nur Phänotyp des Glaubensgehorsams, sondern ebenso der Gotteserfahrung. Dasselbe gilt vom wandernden Gottesvolk des Exodus. Und gleicherweise hat der Heilige Geist die vom Tod Jesu wie gelähmten Jünger in Bewegung, in ›Fahrt‹ gebracht, die sie Gott neu hat er-fahren lassen. Diese Beispiele zeigen allerdings, daß am Anfang immer der Glaube steht, auch wenn man ›Glauben‹ dabei nur vage zu umschreiben vermag, als eine Art Erwartung vielleicht. Aber Gott scheint in der Regel doch nur erfahren zu werden, wenn Erwartung auf ihn am Anfang der Fahrt steht.«

Im Weg ist das Ziel – die Tänze und Symbole können uns Weg und Weggefährten sein. Zum Abschluß eine Geschichte, die für sich selbst spricht und weitere Dimensionen für die eröffnet, die sich auf den Weg machen, die ihren Standpunkt verlassen.

DER TANZ JESU AUF DER HOCHZEIT ZU KANA

(aus: Werner Reiser, Der Geburtstag von Adam und Eva, Basel)

Als auf der Hochzeit zu Kana Maria sich immer noch darüber freute, daß ihr Sohn Wasser in Wein verwandelt hatte, erlebte sie eine noch größere Überraschung. Denn plötzlich stand er auf, trat auf den großen Platz vor den Tischen, gab den Spielleuten einen Wink und fing bei ihren ersten Klängen an zu tanzen. Er bewegte sich auf der Linie eines mittelgroßen Kreises, stampfte mit den Füßen, klatschte mit den Händen und breitete die Arme aus, wie es sich aus dem Rhythmus der Musik ergab.

Alle sprangen auf, um ihm zuzusehen. Einige jüngere Gäste klatschten mit. »Seid still!« flüsterten die Jünger, »er tanzt vor Gott.« Maria aber lächelte und sagte: »Er war immer gern fröhlich. Als Kind machte er jedes Spiel mit, bei dem gesungen, getrauert und getanzt wurde. Er war nie ein Spielverderber. Aber ich habe ihn lange nicht mehr tanzen gesehen.« Stolz schaute sie auf ihren Sohn. Dennoch wagte niemand, ihn zu begleiten.

»Man muß ihm etwas in die Hand geben, damit er es in seiner Hingabe vor Gott tragen kann«, sagte einer der Gäste. Da griff ein Schriftgelehrter in sein Kleid und zog eine Schriftrolle hervor. Als Jesus in die Nähe kam, streckte er sie ihm entgegen. Er nahm sie an, legte sie in seine Hände wie in eine Schale und tanzte mit ausgestreckten Armen weiter. Nachdem er so mit ihr eine Runde vollendet hatte, gab er sie zurück und bewegte sich mit leeren Händen weiter. Ein anderer bot ihm einen Becher dar. Er hob ihn in die Höhe, vollendete mit ihm eine Runde, gab ihn zurück und bewegte sich weiter. Dann hob er den Blick und schaute fragend um sich, ob ihm jemand folgen wolle. Niemand tat es. Plötzlich sah er eine Frau, die allein abseits stand und ihm zuschaute. Keiner hatte sie bisher beachtet. Alle folgten seinem Blick, sahen die Frau und erkannten sie. Sogleich aber fingen sie an empört zu murmeln: »Wieso ist diese hier? Sie ist nicht eingeladen. Sie gehört nicht zu uns. Sie soll in Magdala bleiben. Sie stört das Glück von Mann und Frau!«

Erregt hoben sie die Hände gegen sie. Jesus aber winkte sie zu sich und rief: »Der Kreis ist für alle geöffnet!« Langsam ging sie ihm über den Platz entgegen. Keiner wagte es, sie aufzuhalten. Er grüßte sie freundlich, faßte sie bei der Hand, zog sie näher zu sich und tanzte mit ihr weiter. Da zogen sich einige Zuschauer zurück und gingen weg. Aber die Kinder, die bisher gespannt zugeschaut hatten, sprangen in den Kreis, faßten einander und begannen ebenfalls paarweise zu tanzen. Mit ihrem Lachen und Klatschen steckten sie die Leute an, so daß nun auch einige ältere Paare in die Mitte traten. Unter ihnen waren auch der Bräutigam und die Braut, deren Tanz jubelnd begrüßt wurde. Um sie füllte sich der Platz immer mehr. Bald wurden Tänzer und Tänzerinnen ausgetauscht, auch die Frau von Magdala war dabei, ohne daß sich jemand vor ihr gefürchtet hätte. Seine Mutter war glücklich darüber, wie es ihrem Sohn gelang, die Leute mitzureißen. Alle folgten ihm, während er in großem Bogen den Kreis zog. Auf einmal änderte er die Richtung des Tanzes. Statt den Kreis zu vollenden, verließ er ihn gegen die Mitte hin und erreichte in einem leichten Bogen die Gegenseite. Dort folgte er der natürlichen Linie des Kreises, bis er ihn auf halbem Weg schloß. Dann bog er abermals über die Mitte ab zur Gegenseite und gewann dort mit einem scharfen Schwenker die ursprüngliche Runde. Er wiederholte die Figur einige Male mit seiner Partnerin, bis sich im Staub des Bodens der Kreis mit einer s-förmigen Linie über die Mitte abzeichnete. Männer und Frauen schauten wie gebannt auf das seltsame Zeichen. Sie ahnten in ihm etwas von ihrem eigenen Wesen mit seiner Verschiedenheit und Ergänzungsbedürftigkeit und richteten ihren Tanz nach ihm aus. Nur da, wo der Schwenker zur großen Runde zu vollziehen war, gab es anfänglich eine Stauung, bis sich die Paare abwechslungsweise passieren ließen.

Bald fühlten sie sich mit der neuen Figur eins und lobten den erfinderischen Anführer. Da setzte er unvermutet zu einer weiteren an. Er bog nun schon nach einem Viertelkreis gegen die Mitte ab, durchquerte sie bis zur Gegenseite, beschritt dort einen weiteren Viertelkreis und bog abermals quer über die Mitte zurück. Dabei geriet er den andern in den Weg und störte ihre Reihe. Verwirrt blieben sie stehen. Sie verstanden die neue Figur noch nicht, sie spürten nur, daß die alte durchbrochen wurde und in der neuen selber ein eigenartiger Schnittpunkt entstand. Mit den Augen folgten sie der Spur seiner Füße und entdeckten allmählich auf dem Boden die Form einer Acht. »Sie tanzen im Unendlichen!« rief einer, als er sie erkannte, und fügte scherzend hinzu: »Wenn sie sich darin nur nicht verlieren!« Und es sah wirklich so aus, als ob sich das Paar immer mehr von ihnen entfernen würde. Es zog die Schleifen bis zu den äußersten Enden des Platzes. Keiner tanzte ihm nach. Als es sich wieder der Mitte näherte, bat ihn seine Partnerin, den Tanz abzubrechen. Sie war müde und konnte nicht mehr. Er gab sie frei und tanzte allein weiter. Auch er schien erschöpft zu sein, aber etwas trieb ihn weiter. Die Schleifen wurden nun immer kürzer, ihre Überschneidungen immer häufiger und seine Füße immer verkreuzter. Alle schauten ihm erstaunt und erschrocken zu. Seine Mutter rief ihn an, aber er hörte sie nicht. In sich versunken tanzte er dahin, bis er taumelte und plötzlich über dem Schnittpunkt zusammenbrach und mit ausgebreiteten Armen auf den Boden sank.

Sie schrien entsetzt auf, aber niemand ging zu ihm hin. Er kam ihnen unheimlich vor, wie er so dalag. Die Angehörigen zogen die Braut vorsorglich zurück. Endlich löste sich die Frau aus Magdala von der erstarrten Schar, ging zu ihm und legte ihm die Hand auf die Stirne. Da trat auch seine Mutter hinzu. Sie bettete seinen Kopf in ihren Schoß. Als er wieder zu sich kam, halfen sie ihm aufzustehen und führten ihn zu den Tischen. Nachdem er sich dort ein wenig erholt hatte, wandte er sich an den Bräutigam und sagte leise: »Verzeih mir, ich wollte eure Freude nicht in Schrecken verwandeln, ich wollte sie nur weiterführen. Es kam über mich, da mußte ich bis zu Ende gehen. Nun ist es gut. Feiert weiter und genießt euer Glück! Ich danke euch, daß ihr uns eingeladen habt.«

Er trat an einen der Tische, nahm einen Becher, trank dem Brautpaar und den Gästen zu und verließ mit den beiden Frauen, die ihn noch immer stützten, und seinen Jüngern die Hochzeitsgesellschaft.

Teil II

Sich ins Gleichgewicht bewegen lassen

Bausteine für die Praxis

Theorie und Praxis sollen hier nicht isoliert nebeneinander stehen, sondern einander durchdringen. Die theoretischen Einsichten sind hingeordnet auf die Praxis, die Praxisanteile sollen die theoretische Reflexion konkretisieren.

1. Symbole in Bewegungen – Tanzfassungen, Rhythmen

Vor den Tanzbeschreibungen möchten wir einige Handhaltungen, Rhythmen und Tanzrichtungen, wie sie in unseren Tänzen auftauchen, in ihrer Bedeutung darstellen, um ständige Wiederholungen zu vermeiden. Der Begriff Tanz*haltung* ist in der Tanzfachsprache gängig, deshalb übernehmen wir ihn hier. Inhaltlich meinen wir jedoch Tanz*bewegung,* um das dynamische Element zu betonen.

Sprechende Hände in ihrer tänzerischen Haltung

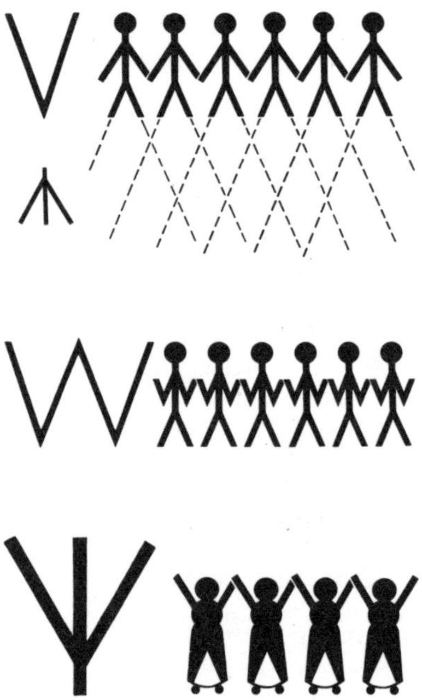

Für die hängenden Arme, mit dem Nebentanzenden gefaßt, findet sich der Begriff *V-Haltung.* Der Buchstabe **V** ergibt sich aus den gefaßten Händen von zwei Tanzenden. Aus der Sicht des Tanzenden selbst entsteht das »A«, also ein umgekehrtes »V«, wenn man den Querbalken nicht rechnet. Universell ist diese Handhaltung der Yr-Rune nahe, die ein Ausdruck für das Weibliche ist. Verlängern wir die Handlinien, spüren wir die *Erd-Orientierung,* das Hauptmerkmal dieser Handfassung. Die Verlängerungslinien zeigen die vielfachen Energieströme, die sich in Erdnähe oder im Erdbereich kreuzen. Die Tanzenden geben jedoch nicht nur Energien an die Erde ab, sie nehmen auch Energien der Erde auf (Yin-Anteile).

Die gefaßten Hände auf halber Höhe, nach oben erhoben, werden *W-Haltung* genannt. Das **W** wird sichtbar beim einzelnen und auch in der Verbindung von zwei Tanzenden. Diese Handhaltung entspricht auch der Lichtebene, da in der Regel die Hände auf Augenhöhe gehalten werden. Die Augen und die Sensibilität der Hände verstärken die Energieaufnahme und Energieausstrahlung. Die Haltung kommt der Orantehaltung nahe; vielleicht ist sie sogar aus ihr entstanden, da früher die Hände der Partner meist nicht gefaßt waren, auch nicht bei Reigentänzen.

Die nach oben *gestreckten Hände* entsprechen der germanischen Man-Rune. Sie symbolisiert den Menschen, der seine Hände zu den göttlichen Mächten emporhebt (Bauer, Lexikon).

Sie ist Ausdruck für das Männliche und *himmelorientiert.* Vielfach wird so auch der Kreuzesbaum dargestellt. Die Verlängerung der Linien zeigt auf die Kreuzung der Energieströme in der Luft hin wie bei der W-Haltung. Dorthin geben die Tanzenden Energie ab und empfangen gleichzeitig »himmlische« Energien (Yang-Anteile).

Zusammengesetzt ergeben die Yr- und Man-Rune das Zeichen für den gesamten *Menschen,* das in dieser Form auch den *Lebensbaum* darstellt. Das Yr-Zeichen, das vorher der V-Haltung der Hände zugeordnet wurde, wird hier von den Beinen übernommen. Verlängern wir die Linien nach unten und oben, ergibt sich ein dichtes Netz mit Rautenmustern um den Menschen, wenn die Tanzenden in einer Reihe stehen. Befinden sie sich im Kreis, ergeben die verlängerten Linien ein Dach, eine Kuppel, also eine getanzte Architektur.

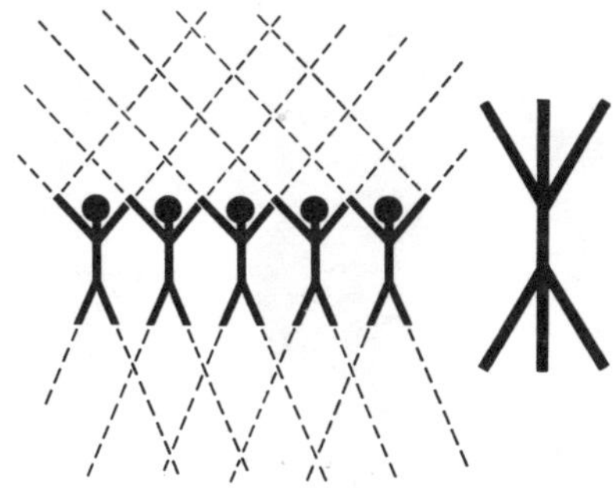

Die Arme waagrecht, ab Ellbogen senkrecht nach oben, ergibt das Symbol *Baum.* Der Mensch als Baum verwandelt sich bei einer Drehung in ein Rad. Diese Rad-Baum-Form entsteht auch, wenn mehrere zusammen in dieser Haltung tanzen. Tanztechnisch liegt diese Haltung zwischen der W-Haltung und den erhobenen Händen der Man-Rune. Als ovale Handhaltung entsteht die Lotos-Haltung (Bewegungsmeditation »Lotos in den Händen« und der Tanz »Wie eine Palme im Wind«). Im Kreis getanzt gibt diese und die W-Haltung auch eine Krone mit ihren »Zacken« nach oben oder eine Hecke, die schützt oder gefangenhält. Manchmal halten sich die Tanzenden nur mit dem kleinen Finger, eine Form, die den Frauen zugeschrieben wird. Warum, ist jedoch unklar.

Ob waagrecht oder abgesenkt oder nach oben gerichtet, findet sich in der Handfassung der Kreistänze, der Spiralen ein *Geben und Nehmen:* Die rechte Handinnenfläche ist nach oben geöffnet, die linke Handinnenfläche nach unten gerichtet. Entsprechend dem Sonnenlauf – die Sonne als Energieträger – bekommen wir von rechts Energie, die durch uns durchgeht und nach links von Herzen (wörtlich zu nehmen) weitergegeben wird. Gleichzeitig geschieht das Nehmen und Geben im Austausch. Die Energie, die ich erhalte, geht jedoch verändert durch mich zum nächsten weiter. Derwisch-Tänzer nehmen eine ähnliche Haltung ein, allerdings ist die rechte Hand höher als die linke (Bitt-Tanz). Sind die Hände in dieser Form gefaßt, entsteht Gruppenenergie.

Die *gekreuzten Hände* vor der Brust ergeben das Andreas-Kreuz. Es ist eine alte Mönchshaltung der Meditation und Versenkung, auch eine Grußform der Verehrung (Karawanentanz), gleichzeitig eine Schutzform. Es kann auch zur Selbstfesselung werden. Ist die rechte Hand über der linken gekreuzt, kann dies bedeuten: Die Ratio, der Verstand (rechte Seite) schützt das Herz, die Gefühle (linke Seite). Ob ein Bezug zu unserer neueren Gehirnforschung hergestellt werden kann, bleibt unsicher.

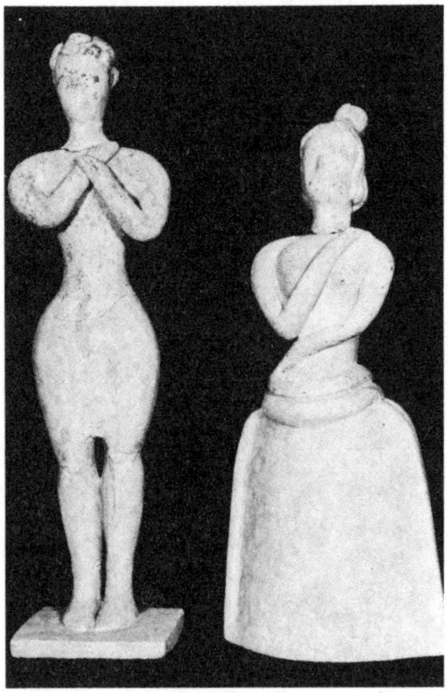

Beter, Terrakotta-Figuren, Ostkreta, um 1600 vor Chr., Museum Heraklion (aus: »Kreta« v. Platon, München, 1968)

Die *Perlenkette:* Die rechte Hand liegt auf der linken Schulter der Vordertanzenden; die linke Hand ist frei und kann sich beliebig bewegen, beispielsweise Tuch schwenken, Kerzenlicht oder Blume halten, ruhig nach unten hängen oder »Baumhaltung« einnehmen. Die Tanzenden sind die Perlen, die Hände symbolisieren die Schnur, an der sie miteinander verbunden sind und so zur Perlenkette werden. In früheren Kulturen war eine Perlenkette Schmuck und zugleich eine Art »Heilszeichen«, ein Amulett. Eine ähnliche Bedeutung könnte ein Kreistanz in dieser Haltung haben. Die Verbindung mit dem anderen Tanzenden kann auch bedeuten, daß ich vom anderen mitgetragen werde und ihn selbst trage, wenn auch nur symbolisch. Den moralischen Aspekt »einer trage des anderen Last« damit zu verbinden kann problematisch sein. Bei Schlangenformen oder geöffnetem Kreis kann die Tanzende, die die Gruppe anführt, ihre freie rechte Hand auf die eigene linke Schulter legen und damit die Hand des dahinter Tanzenden berühren. Gemeint ist damit Rückverbindung, also re-ligio im weiten Sinne.

In einer Reihe von Tänzen halten sich die Tanzenden an Tüchern fest; der Tanzanführer, wenn der Kreis nicht geschlossen ist, schwingt sein Tuch über seinem Kopf. Eine Deutungsmöglichkeit ist beim Kapitel über Labyrinth (Exkurs Kranichtanz) beschrieben. Tücher können neben der Symbolik eine reizvolle Tanzdekoration sein.

Orantehaltung: Die Hände sind erhoben, die Handflächen vertikal vorgestreckt oder nach oben ausgebreitet – das ist die Orantenstellung. Orante kommt von orare und bedeutet beten. Man findet auch den Begriff »Adorante-Geste«, das von adorare = verehren kommt. So ist diese Haltung wohl die älteste Gebetshaltung der Menschheit.

Bereits im 4. Jahrtausend vor Christus tauchen Figuren in dieser Haltung in Ägypten auf. Vermutlich sind es Göttinnen oder Frauen, die zu den weiblichen Gottheiten in Beziehung treten, betend, rufend, magisch beschwörend. Zunächst dürfte die magische Bedeutung (Neumann) vorrangig gewesen sein. »Wahrscheinlich hatten die Priesterinnen entweder am Beginn oder während des ganzen Unternehmens der Männer, der Jagd oder des Kampfes, diese magisch wirksame äußere und innere Position einzunehmen« (Neumann, 119). Eine Entsprechung findet sich im Alten Testament: Mose muß in dieser Armhaltung gestützt werden, so entscheidet er den Sieg über seine Feinde. Interessant ist, daß diese Haltung nicht nur eine äußere, sondern, wenn sie wirksam werden soll, auch eine innere sein muß.

Drei Deutungen, die miteinander korrespondieren, können abgeleitet werden:

- der *magische* Charakter des Beschwörens, der Abwehr, des Sieges,
- der *betende* Charakter von Menschen, die zu einer Gottheit in Beziehung treten,
- die Haltung der *»Epiphanie«*, des Momentes, in dem die Gottheit erscheint (Neumann).

»Ebenso wie zwischen der Gottheit und der sie darstellenden Priesterin eine Identität vorhanden ist, besteht eine solche zwischen der Haltung der göttlichen Epiphanie und der Anbetung des Göttlichen, so daß die angebetete Göttin und der anbetende Mensch die gleiche Haltung annehmen« (ebd. 120).

Die betenden Menschen wollten gleichsam die Gottheit berühren, sich mit ihr in Verbindung setzen. Die Hände wurden in die Richtung gestreckt, in der der Wohnsitz der Gottheit vermutet wurde, zum Beispiel Himmelsgottheit, Meeresgottheit, Unterweltsgottheit. Diese Haltung finden wir in vielen Kulturen, ein Zeichen, daß es eine Menschheitshaltung ist.

Dem Judentum war die Orantehaltung ebenfalls geläufig. »Nach apostolischer Vorschrift wurde sie dann auch den Christen empfohlen« (Schmidt-Voigt, 54). Dies ist um so bemerkenswerter, da doch die Heiden dieselbe Gebetsgebärde hatten. Die Ostkirche hat diesen Gebetsritus bis zum heutigen Tag beibehalten. In der christlichen Liturgie taucht sie heute noch beim Priester in gottesdienstlichen Handlungen auf.

Die Bedeutungen in unserer heutigen Kultur sind: Anbetung, Jubel, Fürbitte, Lobpreis und Dank (Forstner, 317). Was vor Jahrtausenden gegolten hat, könnte auch für uns (wieder) richtungweisend sein: Soll eine solche Haltung, ob Gebetshaltung oder eine Form der menschlichen Kommunikation, wirksam werden, dann muß die innere Haltung der äußeren entsprechen. In Tänzen taucht diese Haltung relativ häufig auf, sowohl in alten Kulttänzen als auch in neueren Tanzgestaltungen. Die Hände der Tanzenden können dabei gefaßt sein, ähnlich der W-Fassung, oder unangefaßt. Die Handhaltung kann einen religiös orientierten Sinn haben oder als Begegnungsform im zwischen-

Terrakotta-Plastik (aus: »Kreta« v. Platon, München 1968)

Die Muttergottes des Zeichens (Znamenije) mit den drei Sternen der Jungfräulichkeit. Russische Holz-Ikone, 18. Jahrhundert (aus: Schmidt-Voigt). Der Beiname Gottesmutter des Zeichens leitet sich von Jesaja 7,14 her.

menschlichen Bereich gelten, oder eine Mischung von beiden sein, zum Beispiel wenn ich jemand grüße »Gott sei mit dir« und diese Handhaltung einnehme. Die unterschiedliche Sinndeutung zeigt sich unmittelbar in den jeweiligen Tänzen: Adoramus Te, Karawanentanz, Danktanz, Wüstenbaum, D'Woaf.

Als Begrüßungsform ist diese Gebärde noch heute üblich, beispielsweise bei den Beduinen der Sinai-Wüste (Israel, Ägypten). Wenn sie mit erhobenen, nach vorn gerichteten Handinnenflächen aufeinander zugehen, bedeutet dies: Ich will dir gut sein, dein Freund, ich komme ohne Waffen, Gott, Allah, Jahwe grüße dich (Karawanentanz). Diese Begrüßungsform kann dann umgewandelt werden zur Stellung des Andreaskreuzes, das, wenn es gerundet wird, in eine Umarmung mündet, eine Begrüßungsform, die auch heute noch, auch bei uns, unter Freunden üblich ist. Vielleicht ist sogar aus der Orantehaltung die Umarmung entstanden als offizielle Begrüßungsform. Auch im kultischen Handlungsbereich ist diese Gebärde angesiedelt, wenn auch in ritueller Distanziertheit beim Friedensgruß und Friedenskuß. Wie das Fernsehen zeigte, erschien 1986 der ägyptische Präsident Mubarak vor seinem Parlament ebenfalls in dieser Haltung. Ihre Aussagekraft war sicherlich vieldeutig, zumal

Mubarak in dieser Situation erklärte, daß nach dem kleinen Aufstand wieder Ruhe im Land sei. Der Beifall war groß. Stehend, in der Orantehaltung, nahm er diesen Beifall an. Seine Gebärde bedeutete jedoch sicher mehr als nur die Siegerhaltung.

Es ist nicht immer einfach, dieses Ungeschütztsein auszuhalten, sich einem Menschen, einem Gott in aller Offenheit zu nähern, sich in seine Hände zu begeben. Ein behindertes Mädchen im Rollstuhl signalisierte es uns: Ich kann doch meine Hände nicht einfach so hochnehmen, wo ich dann doch ungeschützt bin! Der vordere Teil des Leibes galt und gilt als äußerst verletzbar, deshalb auch die Abwehrschilde bei Kriegern und Polizisten. Das behinderte Mädchen hat klar und tiefsinnig, mit dem Herzen begriffen, daß diese Haltung nicht nur eine äußere sein konnte. Nach den Belegen zu urteilen, ist die Orantehaltung aus matriarchalen Strukturen der weiblichen Intuition und Gestaltungskraft entstanden. Vielleicht sind es wieder Frauen, die diese Gebärde neu entdecken, sie uns neu schenken als Friedensbewegung.

Was Füße sagen können

Wir möchten nicht die Fülle der Schrittmöglichkeiten beschreiben, sondern uns auf zwei Formen, die uns in diesem Zusammenhang besonders wichtig erscheinen, beschränken.

Grapevine-Schritte (aus dem englisch-amerikanischen Sprach- und Tanzbereich) oder *Mayim-Schritte* (aus dem israelischen Sprach- und Tanzbereich) sind die gleiche Schrittart: Der rechte Fuß geht zur Seite nach rechts, der linke Fuß kreuzt hinter dem rechten Fuß, der rechte Fuß geht wieder rechts zur Seite, der linke Fuß kreuzt vor dem rechten Fuß und so weiter. Das Ganze kann auch entsprechend nach links getanzt werden. Es kann auch nur vorwärts oder nur rückwärts gekreuzt werden, also nicht im Wechsel rück-vor-kreuzen.

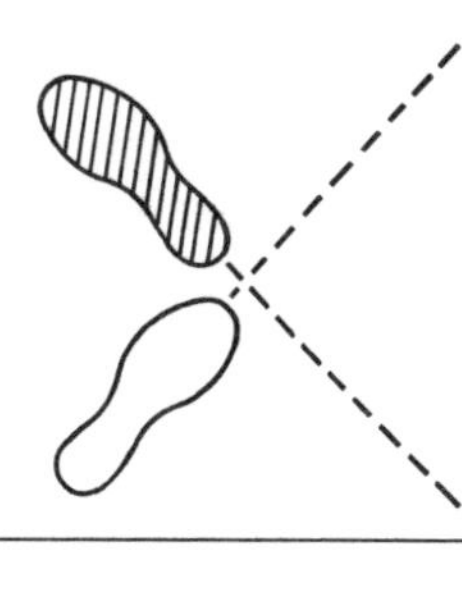

Mehrere Deutungen bieten sich an: Wasserwellen, entsprechend den Wellen des Meeres. Dies gilt besonders für Tänze aus Ländern, die am Meer liegen (Griechenland). Inbegriffen ist auch das »tief und hoch«, hinuntersteigen und aufsteigen. Nehmen wir die Raumornamentik zu Hilfe, so entsteht eine Schlangenform, ähnlich dem Äskulapstab, jedoch in seitlich liegender Form. Welle, Schlange, Meer, Wasser sind weitgehend heilende Symbole. Drehen und Wenden ist mitenthalten. Die Tanzsprache verrät die weitere Deutung: das Kreuz. Es wird überkreuzt, vorkreuzen, rückkreuzen. Wird dieser Schritt mit »auf und ab«

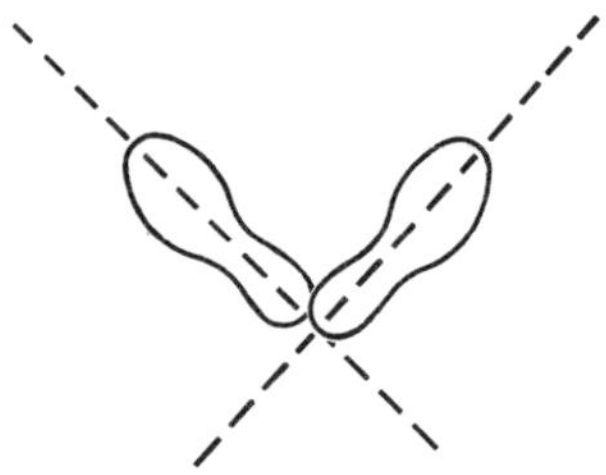

getanzt, ergibt sich ein ständiges Öffnen und Schließen. Die Grundstellung bei Vor- und Rückkreuzen ist ein Kreuz. Wird das »auf und ab« so tief getanzt, daß ein Knie den Boden berührt, kann dies bedeuten: hinabsteigen, eintauchen, untertauchen, eventuell symbolisch Taufe, auch sterben und dann hinaufsteigen, lösen, erlösen, auferstehen. Die Ausgangsstellung ist: Die Fersen stehen geschlossen, die Spitzen sind geöffnet. Nachdem sich Folklore- und Kunsttanz getrennt hatten, wurde diese Stellung zur ersten Ballettposition. Im Kreis stehend, bedeutet diese Fußstellung, zur Kreismitte hin geöffnet, offen für die Mitte, das Wesentliche. Verlängert man die Linien der Füße, so treffen sie sich mit den Linien der Mittanzenden. So wird sie zur kommunikativen Stellung. Verlängern wir die Linien nach hinten, ergibt sich das Andreaskreuz. Der Tanzende steht im Schnittpunkt des Kreuzes. Stehen die Tanzenden im Kreis, ist dieser durch ein Zickzack-Ornament strukturiert und miteinander verbunden. Wird die überkreuzte Fußstellung zu Beginn oder am Ende, auch am Ende einer Tanzsequenz, eingenommen, bedeutet es eine Fermate, ein Verschließen am Ende, oder ein noch Geschlossensein zu Beginn, ein konzentriertes Innehalten. Bei den Auferstehungstänzen der Derwische bedeutet diese Form »noch im Grabe sein«, verschlossen, versiegelt. Das Gleichgewicht wird bei der überkreuzten Stellung in der Asymmetrie gehalten, das heißt, das Gewicht liegt auf dem Standbein, das überkreuzte Spielbein tippt nur mit der Spitze auf. Die Vertikale des Körpers strebt gleichzeitig nach oben. Sind dabei die Hände ausgebreitet, ergibt sich ein weiteres Kreuz.

Diese Schrittform finden wir zum Beispiel im Hassapiko, als Variation im Bittweg, Menoussis, Palme im Wind, Tsirigotikos. In der Regel wird diese Schrittfolge zwei- bis viermal, manchmal auch achtmal in eine, dann in eine andere Richtung getanzt. Beim Richtungswechsel wird der rückwärts gekreuzte Fuß in rundem Schwung nach vorne genommen und vorgekreuzt in die Gegenrichtung. Dabei entsteht buchstäblich das Über-winden, aus der Tiefe des Schrittkreuzes wird der Körper nach oben gestreckt – ein wunderbares Gefühl der Befreiung, des Loslösens. Es kommt der Vergleich: Christus, der hinabsteigt nach seinem Tod, der mit seinem Tod den Tod der anderen überwindet, sie löst von der Erdenschwere und mit der Windung der Spirale mit hinaufnimmt. Dies kann in dieser kleinen Schrittform symbolisiert sein.

Der Hink-Schritt (ein Fuß geht vorwärts, der andere wird nachgezogen, herangezogen), ein Nachzieh-Schritt, bis zu einem gewissen Grade auch ein »hinkender« Wechselschritt oder Grapevine-Schritt wird zu den Mondtänzen oder Elementen von Mondtänzen gezählt. Er symbolisiert das Zu- und Abnehmen des Mondes, die Fülle und Leere. Ein Hinkschritt ist zum Beispiel im Festtanz, Takte 1 bis 4. Es gibt ausgesprochene Hinktänze. »Die Mythologien fast aller Völker kennen den Gedanken des hinkenden Gottes. Hinken heißt in der Vorstellung des Mythos: noch schwach sein, anfangen« (Sachs, 89). In den verschiedensten Gegenden der Welt kommen Hinktänze vor, die weitgehend lunar, dem Mond und Mondkult zugeordnet und gedeutet werden. Nicht selten sind es Frühlingstänze. Wird der Grapevine-Schritt schwer und nachziehend getanzt, kann dies, ähnlich dem Hassapiko, eine Art Karfreitagstanz oder -schritt bedeuten, noch nicht gelöst, noch unerlöst, jedoch in seiner Entwicklung zur Auferstehung hin geordnet. Hier vermischen sich Elemente des Mondes und der Sonne als Symbol.

Sonne, Mond und Ewigkeit in den Tanzrichtungen

Wir kennen noch, wenn auch vielerorts vergessen, in unserer Tanzsprache:
mit-sonnen, also tanzen im Uhrzeigersinn,
gegen-sonnen, also tanzen gegen Uhrzeigersinn.
Die weltweit verbreitete Tanzrichtung des Gesellschaftstanzes ist gegen-sonnen.

Mit-sonnen symbolisiert: mit dem Sonnenlauf aufgehen (Morgen, Geburt, Jugend) und mit ihm untergehen (Abend, Alter, Sterben), das Tanzen des Lebenszyklus eines Tages, eines Lebens.

Gegen-sonnen symbolisiert: der Sonne entgegentanzen, dem Osten, Orient, der Kraft, dem Leben entgegen, die Überwindung des Todes. Es mag auch eine Huldigung an Helios, den Sonnengott, sein. Auch Christus wird mit der Sonne symbolisiert.

Wechselnde Tanzrichtungen, hin und her, symbolisieren den *Mond,* die Mondsichel. Kommen Vorwärts- und Rückwärtsschritte dazu, entspricht dies dem Zu- und Abnehmen des Mondes (er geht zurück oder nimmt zu). Gemäß der stammesgeschichtlichen Entwicklung sind Mondtänze und entsprechende Tanzrichtungen vermutlich älter als die Sonnentänze. Der Mond ist weiblich und ein bedeutendes Symbol im Matriarchat, ebenso die Mondtänze; die Sonne ist männlich und das vorrangige Symbol im Patriarchat. Vor dem Sonnenkalender gab es den Mondkalender.

Die liegende *Acht* enthält die Kreuzung, die Richtungen mit-

und gegen-sonnen oder das wiegende Hin und Her des Mondes. Sie ist Symbol für die Ewigkeit, Unendlichkeit, ständige Wiederkehr wie der Mond. Der Tod wird durch den Schnittpunkt, das Kreuz, überwunden. Die Mitte wird durchkreuzt, sie ist Kreuz oder das Kreuz ist Mitte. Wird diese Acht binnenkörperlich getanzt, besonders mit den Hüften, entspricht sie den Fruchtbarkeitsriten, wie sie in den afro-kubanischen oder afro-brasilianischen Tänzen vorkommen (Günther). Die Wellenbewegungen des Grapevine-Schrittes werden in Beckenbewegungen umgewandelt; es sind auch Tanzbewegungen von Fruchtbarkeitsgöttinnen. Die liegende oder stehende Acht kann mit fast jedem Körperzentrum getanzt werden. Sie gleichzeitig mit den Händen, Armen, Schultern, Kopf, Becken und Beinen zu tanzen ist ein Kunststück. Sie dürfte kultischen Tänzen des Fernen Ostens und auch afrikanischen nahe kommen (Günther). Die Acht, ob als Raumweg oder binnenkörperlich getanzt, wirkt heilend durch ihren Ausgleich von rechts und links, ihr ständiges »Gleichgewichtstraining«, durch ihre runden und gleichzeitig pulsierenden Bewegungen.

Daktylus – der Rhythmus des Friedens

Zum Gehen, Schreiten – vorwärts, rückwärts, seitwärts, schnell-langsam, erdhaft, hüpfend – wäre viel zu sagen. Wir wollen uns hier jedoch auf einen besonderen Rhythmus beschränken, den Daktylus-Rhythmus.

Daktylus (griech.) bedeutet Finger und ist ein Vers*fuß* (!) aus einer langen, betonten Silbe und zwei kurzen, unbetonten Silben: lang – kurz – kurz. Die häufigste daktylische Versform ist der Hexameter, ein Vers aus sechs daktylischen Versfüßen. Das Maß lang – kurz – kurz wurde vom Maß des Fingers genommen, der, von der Fingerwurzel aus gesehen, in drei ungleiche Teile aufgeteilt ist. Der Finger ist Maßstab für den getanzten Daktylus. Er vereint die *Drei,* Zahl des Himmels (drei Schritte), und die *Vier* (vier Takteinheiten), die Zahl der Erde, so daß sich die heilige Zahl *Zwölf* ergibt. Metrisch liegt den Schritten vermutlich das Maß 7 + 5 (3 + 2) zugrunde, ein Zahlenverhältnis des »Goldenen Schnitts«. Allerdings ist das metrische Maß nicht genau zu messen:

– das »lang« ist nicht genau doppelt so lang wie die beiden kurzen,
– kurz – kurz, das zweite kurz ist etwas kürzer als das erste.

Gute Daktylus-Musik gibt diese »Ungleichheit« wieder, im

Tanzen ist sie kaum spürbar. Entsprechend den Maßen des Fingers sind die Maße des gesamten menschlichen Körpers zu sehen, vom Boden aus betrachtet:
- lang: von den Füßen bis zur Körpermitte,
- kurz: von der Körpermitte bis zum Hals,
- kurz: vom Hals bis zum Scheitel.

Analog dazu sind entsprechende Maße bei Sakralbauten, zum Beispiel den romanischen oder gotischen Kirchen, zu beobachten. Sie alle, der Finger, der Mensch, die alten Sakralbauten, entsprechen dem »Goldenen Schnitt« (nach Doczi), der seinerseits harmonisierend, also heilend wirkt. Beim Tanz haben wir beobachtet, daß Tanzende, die diesen für uns nicht einfachen Rhythmus längere Zeit tanzen, sich damit harmonisieren konnten, ausgeglichene, fließende Energien spürten, sich eu-tonisierten = sich in eine gute Spannung brachten.

»Lang« entspricht auch den Tieftönen mit ihren Schwingungen, »kurz-kurz« entsprechen den Obertönen mit ihren Schwingungen (Diamond). Diese Schwingungsmuster im Wechsel entsprechen wiederum dem »Goldenen Schnitt«. Nach Diamond nehmen die Hauptakupunkturpunkte des menschlichen Leibes die Vibrationen und Schwingungen auf und beeinflussen damit das Energiesystem, wecken Lebensenergie und balancieren sie aus. Er meint weiterhin, daß die Hauptarterien in den Extremitäten und bis zu einem gewissen Grade auch die Herzgeräusche dreier-artige Takte haben, ähnlich dem Walzer und Daktylus, wobei sich beide etwas unterscheiden. Gemeint ist, daß mit diesen Rhythmen die natürlichen Rhythmen des Organismus aufgenommen und stabilisiert, verstärkt werden – offensichtlich ein heilsamer Vorgang. Auch in der Tanztherapie (nach Schoop) finden die Dreier-Rhythmen, ob langsamer Walzer oder Daktylus, besondere Beachtung als heilende Elemente. Beim Daktylus wechselt die Betonung des langen Schrittes jeweils von rechts auf links, auf rechts, also eine gute Verbindung der rechten und linken Polaritäten.

Das Gegenstück zum Daktylus ist, auch in seinen Wirkungen, der Anapäst (griech.), ebenfalls ein dreisilbiger Versfuß, jedoch mit: kurz – kurz – lang. Die Betonung liegt nicht am Beginn, sondern am Ende. Diesen Rhythmus finden wir in Rockmusik und Rocktänzen, jedoch auch bei anderen Tanzrichtungen. Die Betonung am Ende ist allerdings nicht ausgleichend, sondern »aufheizend«, bringt auf die Dauer Energieüberschuß oder auch Energieblockaden. Interessant ist, daß die Spartaner im alten Griechenland mit anapästischen Tanzmärschen in die Schlacht

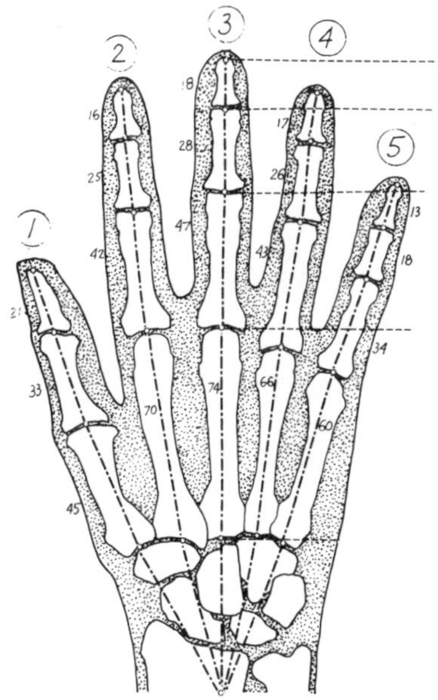

(aus: Doczi, Die Kraft der Grenzen 1984)

zogen (Sachs, 163). Sokrates meint, daß der beste Tänzer auch der beste Krieger sei. Es ist anzunehmen, daß die Kriegstänze nicht nur die körperliche Tüchtigkeit schulen sollten, sondern auch oder vorrangig die Moral des Kampfes, des Krieges und Sieges. Ob alle Kriegstänze den anapästischen Rhythmus hatten, wissen wir nicht, ziemlich sicher sind es jedoch aufpeitschende, kraftvolle Rhythmen gewesen. Wenn der Daktylus das Gegenstück zum Anapäst ist – und davon gehen wir aus –, dürften auch die Wirkungen gegensätzlich sein. Falls es »Friedensrhythmen« gibt, ist sicher der Daktylus dazu zu zählen, voll fließender Energie, jedoch nicht aggressionsaufladend. Wir sehen eine Chance, den Anapäst und Daktylus im Wechsel zu tanzen. Sind wir jedoch einer Überfülle von anapästischen Rhythmen ausgesetzt, wie zum Beispiel in der Rockmusik, ist zu bedenken, den Daktylus als Ausgleich einzusetzen. Möglicherweise entspricht der Daktylus mehr dem weiblichen und der Anapäst mehr dem männlichen Prinzip.

Daß der Daktylus harmonisierend wirkt, sich für heilendes, meditatives Tanzen eignet, das haben wir erfahren. Was jedoch alles zu dieser Wirkung beiträgt, können wir nur vermuten.

2. *Getanztes Leben in Tänzen der Völker*

Die 30 Tänze, teilweise mit Variationen oder unterschiedlichen Tanzformen, sind alle in der Praxis erprobt und für unterschiedliche Situationen gedacht. Die einfachen Tänze können in der Regel sofort mitgetanzt werden, die anderen benötigen Einübung. Zum meditativen Tanzen und Bewegen gehören jedoch immer Wiederholungen, auch wenn die Tänze tanztechnisch noch so einfach sind. Die Tänze haben ruhiges bis mittleres Tempo. Den Beschreibungen haben wir einen Raster zugrunde gelegt:

- Titel = TANZNAME
- Zielgruppen = *Zielgruppen:*
- Schwierigkeitsgrad = *Schwierigkeitsgrad:*
- Meditative Elemente = *Meditative Elemente:*
- Aufstellung = *Aufstellung:*
- Musik = *Musik:*
- Tanzform = ***Tanzform***
- Hintergrund = *Hintergrund:*
- Symbolbedeutungen = *Symbolbedeutung:*
- Heilende Elemente = *Heilende Elemente:*

Wir hoffen, daß die Tänze so leichter zu begreifen sind, bei aller Schwierigkeit, aus einem Buch tanzen zu lernen. Alle Taktteile können beliebig oft aneinandergereiht werden.

1. ADORAMUS TE

Die Tanzformen sind in verschiedenen Gruppen entstanden; sie wurden teilweise verändert, aufgezeichnet und um die Symbolbedeutungen erweitert von Hilda-Maria Lander und Maria-Regina Zohner.

Zielgruppen: Alle, auch behinderte Menschen.

Schwierigkeitsgrad: Die Form 1 ist für alle geeignet; die Form 2 für ältere Kinder bis ältere Menschen und leichter behinderte Menschen.

Meditative Elemente: Adoramus Te ist ein getanztes Gebet; Gebet als Beziehung.

Form 1: Kreis in der Bewegung und Mitte-Zentrierung, erhobene Hände offen, ungeschützt, preisend und empfangend (Orantehaltung).

Form 2: wie bei Form 1, zusätzlich: gehalten werden und selbst halten, schützen; intensive Form des Kreises durch Mitte-Zentrierung (zusammenziehen) und Peripherie-Weitung (ausdehnen), insgesamt zentralbeharrender Kreis.

Für beide Formen: kommen, zur Mitte gegangen werden, loben, danken, beten, offen sein, ohne Schutz, jedoch geschützt durch die Offenheit der anderen, durch die Beziehung zu Gott.

Aufstellung: Geschlossener Kreis; bei Form 1 sind mehrere konzentrische Kreise möglich. Hände sind in V-Haltung gefaßt.

Musik: Adoramus Te (Herr, wir beten Dich an), aus Taizé (auf: Taizé, Cantate! Oversea TZ 20 3005, oder auf anderen Schallplatten).

Tanzform 1

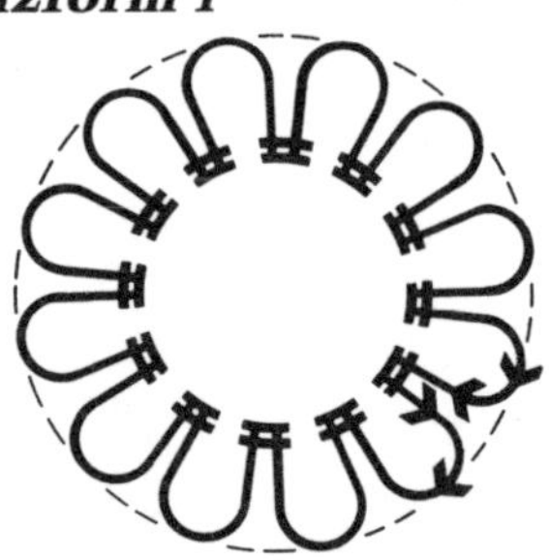

Ornamentik des Tanzweges

Taktteile

1– 4 Nach rechts gehen mit 4 Schritten, rechter Fuß beginnt,

5– 8 vorwärts zur Mitte gehen mit 4 Schritten, rechter Fuß beginnt, dabei die Hände allmählich erheben, geöffnete Handinnenfläche nach vorne, in Augenhöhe, Orantehaltung,

9–12 mit erhobenen Händen wiegen nach rechts, links, rechts, links,

13–16 rückwärts zurück mit 4 Schritten, rechter Fuß beginnt; Hände allmählich absenken und am Ende im Kreis durchfassen.

Tanzform 2

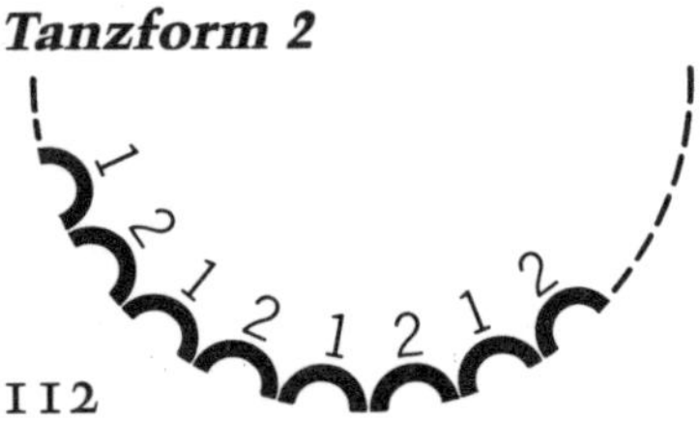

Aufstellung im Kreis, aufteilen in Tanzende 1 und 2 (die Aufteilung kann auch mit unterschiedlichen Tüchern gekennzeichnet werden), eng beieinander stehen.

Taktteile

1– 4 Tanzende 1 gehen vorwärts zur Mitte mit 4 Schritten, rechter Fuß beginnt, die Hände allmählich erheben, gleichzeitig gehen die Tanzenden 2 rückwärts zurück mit 4 Schritten, rechter Fuß beginnt, so daß aus dem einen Anfangskreis ein Innen- und ein Außenkreis geworden ist,

5– 8 *alle* wiegen auf ihren Plätzen nach rechts, links, rechts, links,

9–12 Tanzende 1 gehen rückwärts zurück mit 4 Schritten, rechter Fuß beginnt, senken die erhobenen Hände und fassen durch,
gleichzeitig gehen die Tanzenden 2 vorwärts mit 4 Schritten, rechter Fuß beginnt, und umfassen mit ihren Händen die gefaßten Hände der Tanzenden 1, sie stehen jeweils zwischen zwei Tanzenden; es ist wieder *ein* Kreis,

13–16 *alle* wiegen in dieser Fassung nach rechts, links, rechts, links; alle lösen ihre Handfassung.

Der Tanz beginnt von vorne, jedoch gehen jetzt die Tanzenden 2 zur Mitte und die Tanzenden 1 rückwärts zur Peripherie; Wiederholung im Wechsel zwischen Tanzenden 1 und 2. Bei beiden Formen kann während des langen Tanzes das Hohelied (Altes oder Neues Testament) eingesprochen werden.

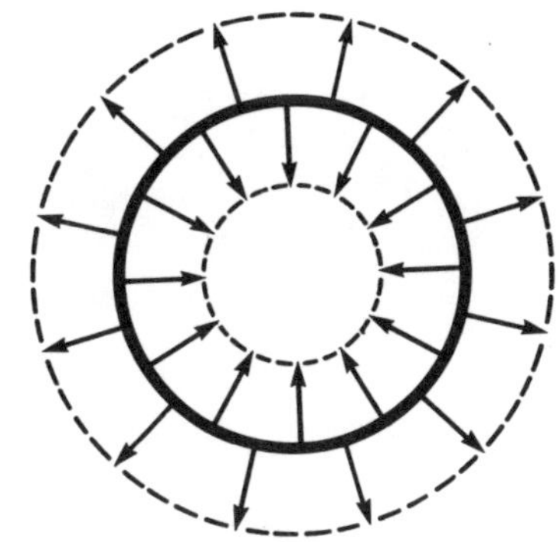

Entstehung verschiedener Kreise durch die Tanzwege

Hintergrund: Die Tänze sind Neuschöpfungen, teilweise spontan entstanden, teilweise bewußt entwickelt. Die Musik ist aus Taizé; Tänze sind bislang dort nicht entstanden.

Symbolbedeutung: Entsprechend dem Text ist die Ausrichtung auf Gott, um ihn zu loben, zu danken, mit ihm durch Gebet in Beziehung zu treten (anbeten). Es ist kein einseitiger Akt, sondern ein dialogischer Vorgang. Das »treten« ist wörtlich zu nehmen.

Tanzform 1: Das Gehen der Sonne entgegen (gegen-sonnen) bedeutet sich auf den Weg machen, seinen Alltag mitnehmen und ihn gleichzeitig verwandeln durch das allmähliche Annähern an das Geheimnis (Gott, Schöpfer, Universum). Wichtig ist ein langsames Hinorientieren, die Seele mitbringen, das Ziel im Herzen bewegen. Das Gehen zur Mitte mit dem allmählichen Erheben der Hände bedeutet eine ungeheure Verdichtung, auch durch das langsame Schreiten. Die sich erhebenden und erhobenen Hände bedeuten: geöffnet sein, unbewaffnet, ich komme als Freund, geöffnet in den Handflächen, um empfangen und geben zu können (Energiezentrum, Chakra, in den Handflächen), geöffnet am Leib, die den Leib schützenden Hände sind gelöst, nach außen gerichtet. Dieses Öffnen bedeutet auch (sich) hingeben, durchlässig sein, nichts festhalten, gebend und empfangend, verdichtet im Zentrum des Kreises. Das Rückwärtsgehen entspricht dem Zurückgehen in die Alltagssituation, eingebunden sein in das Wesentliche, um wieder von neuem den Weg aufzunehmen. Die Mitte ist wie eine Dynamisierung, um dann wie eine Welle wieder zurückzugehen, die Vergeistigung wieder in die Materie zurückfließen zu lassen. Der Kreis wechselt zwischen Bewegung in der Peripherie und Zentrierung.

Tanzform 2: Diese Gestaltung ist eine ausgesprochen zentralbeharrende Kreisform, die als solche vermutlich vor der dynamischen Kreisbewegung (Rad) entstanden sein dürfte. Sie entspricht im rhythmischen Wechsel dem Zusammenziehen und Ausdehnen, wie der Herztätigkeit, das in dieser Polarität pulsierendes Leben ermöglicht. Diese Tanzform ist bedingungslos Mitte-zentriert mit dem Phänomen der Geschlossenheit und Geborgenheit, aber auch dem »Nicht-auskommen-Können«. Verstärkt wird diese Verdichtung durch die anderen Mittanzenden, die bergenden Hände halten und lassen sich halten. Die Verdichtung und Überhöhung lagert sich gleichsam im Miteinander ein und schafft aus den Teilen (die/der einzelne) Anteile und ein kleines Ganzes (Gruppe).

Heilende Elemente beider Tanzformen: Heilende Auswirkungen lassen sich bereits aus den Symbolbedeutungen herauslösen. Der polare Wechsel von Mitte–Peripherie, loslösen und halten, vorwärts und rückwärts schreiten, sich erheben (Orantehaltung) und zur Erde orientieren. Durch das gemeinsame bewegende Tun und die Orientierung auf eine Gottheit besteht die Chance des Eingebundenseins als Gegenstück zur krankmachenden Isolation. Besonders in der Tanzform 2 kommt das bergende, schützende Element zum Tragen – tragen und getragen werden.

Das Zeitmaß der Musik dürfte dem Tempo eines »Andante« entsprechen. Nachgewiesen wurde bei der Musiktherapie (Luban-Plozza), daß das Andante-Tempo beruhigende und heilende Auswirkungen hat, da es einem natürlich-ruhigen Herzrhythmus entspricht. Einige Male haben wir beim Tanzen dieser Tänze erfahren, daß sich kleine Kinder spontan in die Mitte des Kreises legten, sich hin- und herwiegten und beruhigten. Beim In-den-Kreis-Gehen der Tanzenden freuten sich die Kinder. Es mag wie eine Art Schutzwall und Höhle auf die Kinder gewirkt haben. Bei einigen war eine Art Regression zu spüren; sie legten sich wie ein Baby hin, lutschten am Daumen. Vielleicht entstand eine Sehnsucht nach dem bergenden Mutterleib, vielleicht aber auch ein Wiedererkennen des jetzigen Rhythmus mit den Rhythmen im Mutterleib. Am Ende des Tanzes gingen die Kinder allein aus dem Kreis und spielten intensiv, in sich versunken.

Vielleicht hat der Tanz mit dieser Musik auch auf ältere Kinder, Jugendliche und Erwachsene eine ähnliche Wirkung. Eine ältere Frau meinte, so müsse eigentlich der paradiesische Zustand sein. Vielleicht schimmert für einen winzigen Augenblick zukünftiges Heil durch, das schon jetzt heilend wirkt.

Es ist zu vermuten, daß frühere »Medizintänze«, bei denen zum Beispiel der Kranke in die Mitte gelegt und umtanzt wurde, ähnlich wirkten. In manchen Kulturen wurde der Kranke in der Mitte ekstatisch-wild umtanzt, meist angeführt von einem Schamanen. Jedoch gibt es auch Kulturen, in denen der Kranke in gemessener Feierlichkeit (Ekstase in der Ruhe) umkreist wird. Bis in unsere Zeit gibt es noch vereinzelt solche Heiltänze (Sachs, 43f.). So manches, was für uns magisch aussieht, ist längst in die Kenntnis der Psychologie und psychosomatischen Medizin eingegangen. Wir wissen, wie negativ das Alleingelassensein, gerade als Kranker, sich auswirkt oder wie lebenserhaltend zum Beispiel bei (Unfall-)Schock die menschliche Berührung sein kann. So manches, was wir heute psychologisch erkennen, hatten frühere Kulturen – von uns magisch definiert – als heilend erkannt und praktiziert.

2. ANI MA'AMIN

Eine israelische Volksmelodie, die die Stärke des Glaubens preist, entwickelt und aufgezeichnet nach einer israelischen Melodie von Hilda-Maria Lander.

Zielgruppen: Ältere Kinder bis ältere Menschen, auch leichter behinderte Menschen; wenn vereinfacht nur im Sitzen getanzt, dann auch für Rollstuhlfahrer möglich.

Schwierigkeitsgrad: Leicht bis mittel.

Meditative Elemente: Fülle und Leere, vorwärts und rückwärts, drehen und wenden, bitten – flehen – aufgerichtet, Hoffnung und Glaube, der stärkend ist.

Aufstellung: Im Kreis, geschlossen oder geöffnet, Hände hängen nach unten und sind in V-Fassung.

Musik: Ani Ma'amin auf: Shalom, Calig 30594

Tanzform

Taktteile

1– 6 Rechter Fuß vorwärts in Tanzrichtung, linker Fuß vorwärts in Tanzrichtung, rechten Fuß zur Seite nach rechts stellen, linken Fuß hinter rechtem Fuß kreuzen, mit Gewicht, Körper dabei mitdrehen, Arme leicht erhoben; Gewicht zurück auf rechten Fuß, linken Fuß seitlich nach links stellen, Arme sind wieder gesenkt,

7–24 wie Takte 1–6, so daß diese Form insgesamt 4 × getanzt wird,

25–30 rechter Fuß vorwärts zur Mitte, ↑
linker Fuß vorwärts zur Mitte, ↑
rechter Fuß vorwiegen
linker Fuß rückwiegen
rechter Fuß vorwiegen
linker Fuß rückwiegen
} dabei Hände nach vorne und etwas erheben
das heißt zwei Wiegeschritte vor und zurück

31–36 rechter Fuß rückwärts zurück, ↓
linker Fuß rückwärts zurück, ↓
rechter Fuß vorwiegen
linker Fuß rückwiegen
rechter Fuß vorwiegen
linker Fuß rückwiegen
} dabei Hände nach vorne und etwas erheben
das heißt zwei Wiegeschritte vor und zurück

Variation: Die Takte 7–12 und 19–24 können auch nach links getanzt werden, so daß die Tanzenden immer wieder an ihren Ausgangspunkt zurückkommen.

Hintergrund: Der Tanz taucht in verschiedenen, meist komplizierten Formen auf. Wie viele israelische Tänze hat er einen religiösen Hintergrund, hier die Stärke des Glaubens. Dieser Tanz ist eine Neuschöpfung, weniger kompliziert, die dem Gedanken der Melodie und ihrer Linienführung nachgeht.

Symbolbedeutung: Der Tanz hat einen 6-Rhythmus mit leicht schwingendem Charakter. Ein Durchtanz hat 6×6 = 36 Takte oder auch 3×12 Takte, symbolträchtige Zahlen, deren Bedeutung auf den gesamten Tanz übertragen werden können. Vielleicht ist der Tanz auch ein Symbol des Hexagramms, des Davidssterns, des Heils- und Wahrzeichens der Juden.

Im Glauben gehen, mit ihm leben, nach vorne orientiert, jedoch auch innehalten und auf die Heilsgeschichte zurückblikken sind die Motive der Takte 1 bis 6. Der Tanz liegt in der Spanne zwischen mutiger Zukunftsorientierung und kraftschöpfendem Rückblick in die Vergangenheit, in der Jahwe in irgendeiner Weise immer geholfen hat.

Die Takte 25 bis 36 sollen die Ausrichtung auf die Mitte bekräftigen, Kraft aus der Mitte holen, um damit das Leben zu gestalten. Durch die halb erhobenen Hände und die sich steigernden Wiegeschritte liegt ein dramatisierender, fast beschwörender Akzent im Tanz.

Die Takte 7 bis 12 und 19 bis 24 können auch nach links getanzt werden. Dadurch werden die symbolischen Mondelemente im Tanz sichtbarer, das Hin und Her wie eine Mondsichel. Der Glaube kann mit dem Mond verglichen werden: Er nimmt zuweilen ab, nimmt wieder zu, ist »voll«, aber auch leer und dürr. Trotz dieser Unbeständigkeit bleibt der Glaube als solcher. So wie der Mond untrüglich wiederkommt, auch wenn Neumond ist, so wird auf den Glauben, auf Jahwe gehofft. Der Gott Jahwe ist allerdings nicht mit dem Mondkult in Verbindung zu bringen. Der Mond ist ein weibliches Symbol. Vielleicht liegt die Glaubensstärke vertieft im weiblichen Anteil des Menschen, der Männern und Frauen innewohnt. Bei Hugo Rahner können wir nachlesen: »Das kosmische Geschick der nächtlichen Luna, das Wachsen ihrer Phasen, dieses immer wiederholte Zunehmen, das doch stets mit neumondlicher Finsternis endet, das Leuchten der vollmondlichen Nächte, das Gebären und Gedeihen der Erde im Rhythmus der mütterlichen Selene – all das war dem antiken Christen nach des Ambrosius Wort ein grande mysterium« (Rahner, 142).

Heilende Elemente:

- sind in den schwingenden 6-Rhythmen oder auch als 2×3-Rhythmen zu sehen;
- sind in dem Hin und Her, der Verbindung verschiedener Polaritäten, wie Fülle und Leere, drehen und wenden, vor- und rückwiegen;
- das Vor- und Rückwiegen hat hier sowohl ruhenden Charakter als auch dynamisierenden, also Bewegung aus der Ruhe;
- die seelisch-geistige Haltung des Glaubens kann stärkend sein im Bewußtsein, dazuzugehören, geborgen und gehalten zu sein;
- das Vertrauen, immer wieder Glauben zu wagen, Kraft aus der Erinnerung, auch kollektiven Erinnerung schöpfen zu können (Heilswege);
- im Shalom mit sich, den anderen, mit seinem Gott zu sein.

3. BISERKA

Tanz aus Jugoslawien (Serbien), aufgezeichnet von Hilda-Maria Lander.

Zielgruppen: Ältere Kinder bis ältere Menschen und leichter behinderte Menschen; die Tanzform 1 kann in der Vereinfachung (nur langsame Schritte) mit allen getanzt werden.

Schwierigkeitsgrad: Leicht bis mittel.

Meditative Elemente: Aktiv gehen – innehalten, verschiedene Raumwege erfahren; bei Tanzform 2 zusätzlich: zur Mitte zentrieren, vorwärts – rückwärts, Kreisverdichtung und -ausdehnung; bei Choreografie zusätzlich: einzeln, Gruppe, Gruppenmitte finden, Begegnung von Gruppen, wieder allein oder nach außen orientiert; Nähe und Distanz.

Aufstellung: Geschlossener oder geöffneter Kreis oder in Schlangenform, Hände gefaßt in V-Form.

Musik: Biserka-Bojarka, Folkraft 1567

Tanzform 1

		Rhythmus
1	Rechter Fuß vorwärts nach rechts	lang ↗
2	linker Fuß vorwärts nach rechts	lang ↗
3–4	ein Wechselschritt oder Nachstellschritt nach rechts, das heißt rechter, linker, rechter Fuß	kurz – kurz – lang
5	linker Fuß nach rechts	lang ↗
6	rechter Fuß nach rechts	lang ↗
7–8	ein Wechselschritt oder Nachstellschritt nach rechts, das heißt linker, rechter, linker Fuß	kurz – kurz – lang

Tanzform 2

		Rhythmus
1	Rechter Fuß vorwärts nach rechts	lang ↗
2	linker Fuß vorwärts nach rechts	lang ↗
3–4	ein Wechselschritt oder Nachstellschritt nach rechts, das heißt rechter, linker, rechter Fuß	kurz – kurz – lang
5	linker Fuß vorwärts zur Kreismitte	lang ↓
6	rechter Fuß rückwärts zurück	lang ↑
7–8	ein Wechselschritt oder Nachstellschritt nach links, das heißt linker, rechter, linker Fuß, am Ende auf dem linken Fuß eine halbe Drehung, so daß wieder Ausgangsstellung	kurz – kurz – lang

Ornamentik des Raumweges

Choreografie: Grundlage ist die Tanzform 1; die Tanzform 2 kann ebenfalls genommen werden, sie ist jedoch schwieriger zu tanzen und nur sinnvoll, wenn die Gruppe sie gut beherrscht.

Teil A, Takte beliebig. Die einzelnen Teilnehmer tanzen für sich allein die Grundform von Biserka (1 oder 2) frei im Raum. Auf Zuruf oder vorherige zeitliche Absprache treffen sich die Teilnehmer in zwei Untergruppen auf zwei sich diagonal gegenüberliegenden Raumecken.
Teil B, Takte beliebig. Die zwei Untergruppen formieren sich zu je einem Kreis, die zu einem gemeinsamen Grundschritt kommen und so einige Zeit in geschlossenem oder halbgeschlossenem Kreis tanzen; Hände sind gefaßt, hängen nach unten (Tanzform 1 oder 2 tanzen).
Teil C, Takte beliebig, das heißt so lange, bis dieser Teil zu Ende ist. Die Kreise der beiden Untergruppen lösen sich auf, um aus der Diagonale in Richtung Raummitte aufeinander zuzugehen. Ungefähr in der Mitte des Raumes begegnen sie sich. Die beiden Untergruppen sollten nahe aneinander vorbeitanzen, dann weitertanzen zur anderen Raumecke.
Teil D, Takte beliebig. Nachdem die beiden Untergruppen aneinander vorbeigetanzt sind, formieren sie sich wieder zu einem Kreis, in dem sie weitertanzen. Sie tanzen jetzt jeweils in der Ecke der anderen Untergruppe.
Teil E, Takte beliebig. Auf Zuruf oder durch zeitliche Abmachung trennen sich die Teilnehmer aus der Kreisform; sie tanzen den Grundschritt weiter, jedoch jeder für sich allein, kreuz und quer im Raum. Die Eingangssituation ist wieder gegeben. Oder die Teilnehmer finden sich zu einer Großgruppe, die im Kreis, jedoch Front nach außen, getanzt wird.

Bei den einzelnen Teilen sollten sich die Teilnehmer Zeit lassen. Je nach Größe der Gruppe und des Raumes wird es notwendig sein, die Musik (Single-Schallplatte) mehrmals abspielen zu lassen.
Hintergrund: Biserka ist ein Folkloretanz aus Serbien, relativ ruhig und getragen. Der Großteil der serbischen Tänze ist lebhaft, teilweise auch recht kompliziert und kämpferisch. Zu bedenken dabei sind die einige Jahrhunderte Belagerung durch die Türken und der anhaltende Wille des Volkes, sich möglichst nicht zu unterwerfen. Dieser Kampfgeist zeigt sich auch in den Tänzen. Der Lebenswille zeigt sich in Biserka jedoch nicht im Kämpferischen, sondern in seiner wenig anfechtbaren Getragenheit.

Die Choreografie gehört nicht zum Originaltanz; sie wurde von uns neu entwickelt.
Symbolbedeutung: Aus historischen Quellen haben wir keine Kenntnisse und sind auf eigene Deutungen angewiesen.

Tanzform 1: Das Element des Schreitens mit verzögertem Innehalten durch den Wechselschritt oder Nachziehschritt im Wechsel ist führend. Der Nachziehschritt ist dem Hinkschritt ähnlich mit seinem Mondelement. Diese Form eignet sich als Prozessions- oder Pilgertanz, auch in kultischen Feiern. Ob Biserka vom Ursprung her ein Prozessionstanz war, ist aufgrund der fehlenden Quellen nicht zu beantworten. Möglicherweise hat die Biserka religiösen Ursprung, wurde später säkularisiert und zu einer Art »Flaniertanz« umgewandelt, bei dem man sich zeigt und andere besichtigt.

Wenn mehrere brennende Kerzen im Raum verteilt stehen, kann in Schlangenform hindurchgetanzt werden. Das Licht ist Wegweiser, das angesteuert, aber auch wieder verlassen wird.

Die Tanzform 2, günstiger im geschlossenen oder geöffneten Kreis getanzt, weist Labyrinthelemente auf: aktiv – verzögern, zur Mitte verdichten – nach außen weiten, mit dem Rückschritt und Rückblick die Vergangenheit mitnehmen und sich wenden. Bei kleineren Kreisen ist der Wiegeschritt zur Mitte und zurück als ein Zusammenziehen und Ausdehnen des Kreises deutlich spürbar. Die Tanzformen 1 und 2 können auch als Labyrinthtänze genommen werden. Allerdings bedarf es bei der Form 2 tanztechnischen Könnens und hoher Konzentrationsfähigkeit und einer langen geistig-seelisch-körperlichen Spannkraft. Labyrinthtanz meint hier: mit dieser Tanzform ein vorgegebenes Labyrinth durchtanzen.

Die Choreografie deutet ihre Symbole in den einzelnen Teilen an und bedarf keiner größeren Ausführung. Deshalb nur kurz:

Teil A: Jeder ist für sich allein, trägt jedoch die Tanzstruktur (Schritte) in sich und hat die Freiheit, die gegebene Struktur zu nehmen oder nicht oder freie Schrittformen zu wählen.

Teil B: Die Gruppe oder mehrere Gruppen formieren sich zu einem Kreis, allmählich entsteht die Raumstruktur, die nur mit den anderen möglich ist. Sich finden, angleichen, teilen und mitteilen sind die Wesenszüge.

Teil C: Begegnung mit den anderen im Rahmen der Gruppe, also Individuum und Gruppe zugleich verkörpernd, sich annähern, Nähe spüren, aushalten und sich wieder trennen, allerdings wird man in der eigenen Gruppe gehalten.

Teil D: Sich wieder auf die eigene Gruppe zentrieren und die Tanzform wiederholen; Gruppenmitte neu erfahren.

Teil E: Dann Aussendung; entweder geht jeder allein, oder es finden sich alle in einem großen Kreis, der nach außen orientiert ist, das heißt Blick nach außen.

Heilende Elemente:

- Verbindung von Gegensätzen: vorwärts – innehalten, zusammenziehen und ausdehnen, rückwärts – drehen.
- Getanzte Lebenssituation in der Choreografie, Wahrnehmen des eigenen Lebens, Erfahrung von Nähe und Distanz, Annäherung und Trennung/Trauer.
- Erfahrung von Pilgertanz, eventuell Prozessionstanz und Labyrinthtanz.

4. BITT-WEG

Entwickelt und aufgezeichnet von Hilda-Maria Lander und Maria-Regina Zohner.

Zielgruppen: Ältere Kinder, Jugendliche bis ältere Menschen, behinderte Menschen, soweit sie nicht stark behindert sind. Die Form der Variante kann bereits von Kindern und auch behinderten Menschen, auch Rollstuhlfahrern, getanzt werden.

Schwierigkeitsgrad: Leicht bis mittel; die Variante ist leicht.

Meditative Elemente: Geistige Inhalte von Bitte, Dank und Lob, leibliches Umgehen damit; der Kreis in Bewegung (Takte 1 bis 16), die Person-Mitte in der Drehung (Takte 17 bis 24) und die Kreisverdichtung, Kreisvertiefung (Takte 25 bis 32); verschiedene Aussagen durch unterschiedliche Handhaltungen.

Aufstellung: Geschlossener oder geöffneter Kreis, rechte Hand halb erhoben, Handinnenfläche nach oben gerichtet, linke Hand liegt in Hüfthöhe nach links gestreckt, eventuell leichtes Berühren der Hüfte des Links-Tanzenden, linke Handinnenfläche nach unten (stilisierte Form der Handhaltung der Derwisch-Tänzer des Mevlevi-Ordens).

Bei einer größeren Gruppe können auch konzentrische Kreise gebildet werden; ist die Gruppe sehr klein, kann der Kreis an einer Stelle geöffnet werden.

Musik: Jede langsame, getragene Musik, z. B. Fraunhofer Saitenmusik. Gegen den Rhythmus der Zeit, Trikont LC 4270, Musiktitel: Gaelic Farmer.

Tanzform

Taktteile: *Pilgertanzschritte*

1–4 Rechter Fuß vorwärts in Tanzrichtung ↗
linker Fuß kreuzt vor rechtem Fuß, mit Gewicht ↘
rechter Fuß vorwärts in Tanzrichtung →
linker Fuß rückwärts gegen Tanzrichtung ← } Wiegeschritt

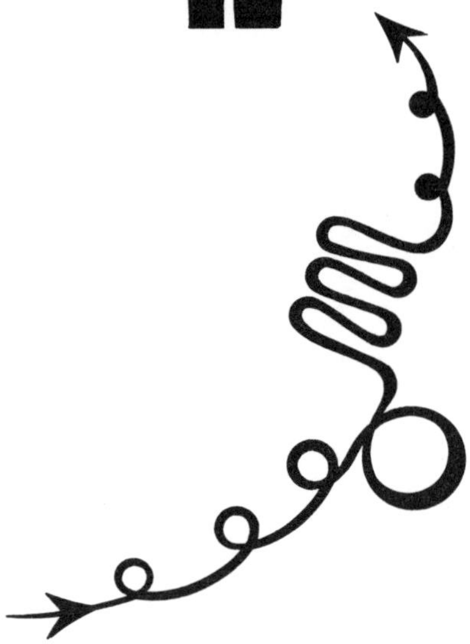

Ornamentik des Tanzweges

5–16 Wie Taktteile 1 bis 4, das heißt, insgesamt wird diese Pilgertanzform 4mal getanzt, am Ende linke Handfassung lösen und die linke Hand erheben wie die rechte Hand, dabei Handinnenfläche nach oben.

Drehung um sich selbst

17–24 eine Ganzdrehung im Uhrzeigersinn mit 8 kleinen, langsamen Schritten, rechter Fuß beginnt, dabei die Hände erhoben lassen; am Ende der Drehung Körperfront zur Mitte.

Kreisverdichtung

25–32 rechter Fuß vorwärts zur Kreismitte, mit Gewicht, Rückverlagerung des Gewichtes auf linken Fuß } Wiegeschritt vorwärts/rückwärts

Diesen Wiegeschritt insgesamt 5mal, dabei die Hände nach unten senken, Oberkörper leicht nach vorne neigen, bei den letzten Takten sich wieder aufrichten und den rechten Fuß an den linken Fuß beistellen, ohne Gewicht.

Variante:

Die Taktteile 1 bis 16 werden nur in langsamen, einfachen Schritten gegangen, entweder in einfacher Handhaltung (V-Form), nach unten hängend, oder in der beschriebenen Original-Handhaltung. Die Takte 25 bis 32 werden im Stehen, eventuell seitliches Wiegen und mit sich senkenden und erhebenden Händen getanzt. Diese Form ist auch für Rollstuhlfahrer geeignet. Die Takte 17 bis 24 können auch ohne Drehung, stehend am Platz getanzt werden.

Hintergrund: Der Tanz ist eine Neuschöpfung mit Elementen alter Tänze, so der Pilgertanz in den Takten 1 bis 16 mit der Handhaltung der Derwisch-Tänzer. Die Drehung kommt in unzähligen alten und neuen Tänzer vor. Der Wiegeschritt zur Mitte und zurück mit den Handgesten enthält kleine Anteile des Ausdruckstanzens.

Symbolbedeutung: Im Tanz soll die Idee des Bittens in verschiedenen Formen ausgedrückt werden, auch der enge Bezug zu Lob, Dank, Freude. Bezeichnend ist, daß viele Bittgebete, vielleicht auch private Bittformen Menschen gegenüber, mit der Erinnerung an schon widerfahrenes Heil, an erlangte Erhörung beginnen (Steffensky, 85), zum Beispiel Psalm 40, ein Psalm Davids mit Dank, Hingabe und Bitte. Eine andere Form ist, daß die Bitte zuerst steht und dann in Lob endet (Psalm 69, der Hilferuf eines unschuldig Verfolgten).

Unter diesen Bitte-Dank-Aspekten ist der Pilgertanz in den Takten 1 bis 16 zu sehen, mit der Handhaltung von Empfangen und Weitergeben. Es wird mit der Bitte umgegangen, sowohl beim Pilgertanz als auch in der Drehung der Taktteile 17 bis 24, des Um-die-eigene-Mitte-Drehens, um die eigene Körperachse bei dramatisierend erhobenen Händen und schließlich in der Kreisverdichtung des Suchens von oben nach unten und seitlich. Heil kann überall sein. Schließlich ist es notwendig, nicht stehenzubleiben, sondern auch immer wieder seinen Standpunkt zu verlassen.

Heilende Wirkweisen ergeben sich bereits aus den Symbolbedeutungen, aus der leiblich-geistigen Einverleibung und dem Ausdruck von Bitte, des Anerkennens von anderweitiger Hilfe und Begrenzung der eigenen Machbarkeit, aber auch der Hoffnung, der Erinnerung an schon erfahrenes Heil. Die Bitte wird in eine Gestalt gebracht.

Harmonisierend sind die Bewegungen in ihren Kontrasten: aufrecht gehen – mit erhobenen Händen, drehen und mit niedersinkenden Armen sich zum Zentrum wiegen. Wichtig ist die Verbindung von Bewegung und geistigem Inhalt.

5. DANKTANZ – KI ESHMERA

Annäherung an das Staunen

Entwickelt und aufgezeichnet von Hilda-Maria Lander und Maria-Regina Zohner nach der Musik des israelischen Tanzes Ki Eshmera.

Zielgruppen: Tanzform I für ältere Kinder, Jugendliche, Erwachsene, leichter behinderte und teilweise ältere Menschen; Tanzform II für jung bis alt, auch behinderte Menschen.

Schwierigkeitsgrad: Tanzform I: mittelschwer, Tanzform II: leicht bis mittel, je nach Zielgruppe.

Meditative Elemente: Dank, Lob, Freude, Staunen, Segen als Bewegungsformen und Gebärden; die konkreten Inhalte liegen beim Tanzenden; die Bewegungsformen sind rund, leicht, teilweise akzentuiert, drehend; Kreis oder ∞ als Zeichen der Unendlichkeit, sammeln und ausströmen, umgehen mit seinem Dank, Lob.

Aufstellung: Paarweise gegenüber im Kreis oder in der Linie oder einzeln im Kreis oder Halbkreis, kein Anfassen.

Musik: Ki Eshmera, Worldtone Music, WT 10011; Tanzbeginn bei Gesang.

Tanzform 1

Teil I, Taktteile

1– 7 Wiegen nach rechts, Finger schnipsen nach rechts, ↗ ungefähr auf Schulterhöhe (1–2), dasselbe nach links (3–4), ↖ dasselbe nach rechts (5–6), ↗ Pause (7), kaum zu merken;

8–14 beide Hände von rechts nach links führen, vor dem Körper, nach oben, bis sie über dem Kopf sind, dann rechte Hand nach rechts führen, gleichzeitig linke Hand nach links im großen Kreisbogen nach unten, dann überkreuzen, rechte Hand über linke Hand nach oben führen, ungefähr auf Augenhöhe, in kleinen Bogen auseinanderführen, Handflächen nach vorne drehen, auf Schulterhöhe (Orantehaltung), dann vom Körper weg nach vorne führen, Handinnenflächen sehen nach vorn, insgesamt locker-leichte Handführung.

15–28 Hände nach vorne ausstrecken, Handinnenflächen sehen nach unten, einen Kreis rechts herum gehen mit 6 schnellen Schritten, Beginn mit dem rechten Fuß, beim 7. Schritt kurz innehalten, dann dasselbe: Kreis links herum, beide Kreise ergeben die ∞ am Ende in Ausgangsstellung;

29–56 wie Takte 1–28, also wiederholen.

Teil II, Taktteile

1–14 Rechter Fuß schräg zur Seite nach rechts ↗ linker Fuß schräg rechts vor linkem Fuß kreuzen, dasselbe 2 x wiederholen, so daß insgesamt 3 x getanzt wird, beide Füße schließen. Körperfront bei den Schritten jeweils leicht mitdrehen, so daß es eine schwingende Bewegung gibt;

15–28 wie Takte 1–14, jedoch mit linkem Fuß beginnend nach links ↖ alle Schritte sind langsam akzentuiert.

Die Bewegung im Teil II kann, wenn nur im Kreis getanzt wird, *immer* nach rechts gehen, so daß sich der Kreis nach rechts weiterbewegt.

Reihenfolge: Teil I, II, I, II, I bei Instrumentalspiel, nur Takte 1–28, also ohne Wiederholung, dann weiter mit Teil II, I, II, I. Ende mit Teil I, Hände sind leicht erhoben.

Tanzform 2

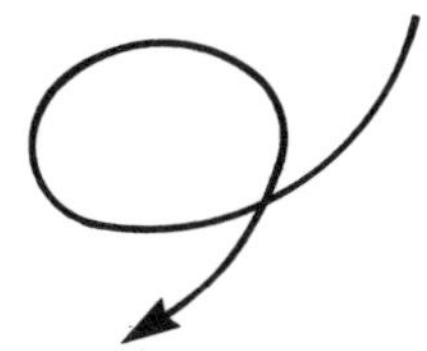

Aufstellung: wie bei Tanzform 1
Musik: wie bei Tanzform 1

Teil I, Taktteile

1– 7 Wiegen nach rechts, Finger schnipsen nach rechts, ungefähr auf Schulterhöhe (1–2),
dasselbe nach links (3–4),
dasselbe nach rechts (5–6),
Pause (7), kaum zu merken;

8–14 beide Hände in einem großen Kreis von rechts nach links führen, nach oben, von oben nach rechts unten bis zur Körpermitte;

15–28 mit nach vorn gestreckten Händen einen Kreis rechts gehen, mit langsamen akzentuierten Schritten;

29–56 wie Takte 1–28, also wiederholen.

Teil II, Taktteile

1–14 nach rechts gehen, rechter Fuß beginnt, langsame Schritte, bei Takt 14 beide Füße schließen; beim Gehen die Hände eventuell leicht erheben;

15–28 wie Takte 1–14, jedoch mit linkem Fuß nach links
Variation: ebenfalls wie die Takte 1–14 nach rechts gehen.

Reihenfolge wie bei Tanzform I, das heißt bei Instrumentalteil wird Teil I ohne Wiederholung getanzt.

Hintergrund: Der Tanz ist eine Neuschöpfung mit uralten Elementen aus der Gebärdensprache und mit ebenso uralten chinesischen Bewegungsformen der Meditation, aus dem T'ai Chi. Es sind weitgehend runde, harmonisierende Bewegungen, ohne Kraft, jedoch mit Energie. Hintergrund für die Gebärden bilden die Aussagen von Keel aus dem altägyptischen Symbolbereich.

Symbolbedeutung: Gebärden und tänzerische Ausdrucksbewegungen zu Dank, Lob, Freude, Staunen, Segen können recht unterschiedlich sein. Ein- und dieselbe Gebärde kann Unterschiedliches ausdrücken.

Zum Teil I: In den Taktteilen 1 bis 7 will sich Dank, Freude extensiv ausdrücken, körpereigene Musik, Geräusche machen. Es soll heraus aus mir, nach allen Seiten; ich möchte mich mit meiner Freude, meinem Dank mitteilen.

Die Taktteile 8 bis 14 umgreifen buchstäblich alles um sich herum, alles soll teilhaben. Die Bewegungen bündeln dann das Außen nach innen in die überkreuzten Hände, die sich zur uralten Dankgebärde erheben und nach vorne schieben, geradezu dramatisierend. Diese Bewegungen entstammen teilweise

(aus: Keel, O., Die Welt der altorientalischen Bildsymbolik und das Alte Testament, 1972, Benziger Verlag)

der altägyptischen Gebärdensprache, teilweise T'ai Chi-Bewegungen.

In den Takten 15 bis 18 wandeln sich die Handgebärden zu Segensgebärden. Dank und Segen sind nahe beieinander. »Ich möchte dir danken, dir alles Gute wünschen.« Das ist Segen in unserer Alltagsform. Im religiösen Bereich: »Ich danke dir, Gott möge dich segnen, ich als Geschöpf segne dich.« Wichtig ist, daß Dank, Segen untereinander weitergegeben und nicht nur von oben erwartet wird. Durch das Herumgehen mit dieser Segensgebärde breiten wir unseren Segen aus, bekunden wir unsere Bereitschaft zu schützen.

Wir haben weitgehend ein gebrochenes Verhältnis zu Segensgebärden, zu körperlichen Ausdrucksformen des Segens und Segnens, selbst im religiösen Bereich. »Wir wissen kaum mehr um die Wirkmacht leibhaften Segnens, dem wohltuenden Handauflegen, dem Über-den-Kopf-Streichen. Nur bei Kindern machen wir es noch, allerdings nicht mit den Gedanken des Segens. Rationales Denken hat solche Formen der Magie zugedeckt, obwohl jeder ihre wohltuende Wirkung selbst erfahren kann. Segen soll für mich, für die anderen, für die Schöpfung unendlich sein – symbolisiert im Gehen der Acht, dem Zeichen der Unendlichkeit.

Teil II will in schlichter Form mit dem Ritual des Dankens, der Freude, des Segnens in der Orantehaltung (alte Gebetshaltung) weitergehen, damit umgehen, mit anderen in Beziehung treten. Insgesamt ist es:
– aus sich herausgehen;
– umfangen, umspannen, die Welt einholen;
– bei sich einbinden, um es gleich wieder in der Dankgebärde loszulassen,
– in Segen, allumfassend, umwandeln und weiter damit umgehen.

Freude, Dank können nicht in sich stocken, sonst ersticken wir – sie müssen sich mitteilen. Dank ist Geben und Nehmen. »Die Franzosen haben für danken das köstliche Wort: rendre grâces – das besagt eigentlich: Gnade *zurück*reichen und auch Gnade bringen, erbringen, wie ein Feld, ein Baum Ertrag bringt. Und obendrein klingt das Wort Grazie darin an, Huld und Anmut, die leichte, leise Bewegung der Freiheit, durch die das Danken im Nehmen soviel Freude macht wie das Geben« (Ida F. Görres).

Heilende Elemente: Die Bewegungen bedürfen der Übung, um locker und harmonisch zu sein und so zu wirken. Sie vereinen ständig Gegensätze von öffnen und schließen, oben und unten, weit und eng. Diese rhythmisierten Kontraste wirken ganzheitlich, heilend. Die Bewegungen, den T'ai Chi-Bewegungen entnommen, dürften damit auch ähnliche Auswirkungen wie diese haben. Die Auswirkungen lassen sich zurückführen auf die Vorstellung fließender Energien. Nach längerem und regelmäßigem Üben sind ihre Auswirkungen

- grundsätzlich wirksam bei Rheumatismus und Versteifungen, Verspannungen im Nacken, Schultergürtel und Kreuz (nach Zöller);
- diese Übungsform stärkt die drei Nervenzentren der Atmung, der Verdauung und der Sexualität. Magen und innere Organe werden durch die Bewegungen und den Atem massiert und gekräftigt. »Die besondere Bedeutung erhält diese Übung durch die Arm- und Handbewegungen, die zu tiefer Atmung führen, weil sie die Atemräume von Brustkorb und Bauchraum für den Atem öffnen« (Maier).

Im psychosomatischen Bereich werden die Auswirkungen von seelisch-geistigen Situationen auf die Gesundheit des Menschen wieder entdeckt. Die negativen Auswirkungen von Streß, Wut zum Beispiel auf die Körperchemie sind weithin erkannt. Noch wenig wissen wir um die Vorgänge und positiven Auswirkungen von Lachen, Freude, Dank. Der Volksmund weiß es noch: Lachen ist die beste Medizin! Der menschliche Körper muß über eine Fähigkeit verfügen, Hoffnung, Dank in handgreifliche biochemische Veränderungen umzusetzen. Lachen, Hoffnung, Lebenswille, Vertrauen, Freude, Liebe, Dank sind Faktoren, die die natürlichen Abwehrkräfte des Körpers mobilisieren und biochemische Effekte nicht nur auf das immunologische System, sondern auch auf das endokrine, kardiovaskuläre, neurologische und das Atmungssystem haben (nach Cousins und Rosenfeld/Pfeiffer). Kleine Erfahrungen in ähnlicher Richtung konnten wir in der Arbeit mit behinderten Menschen machen.

Alte Bewegungsmeditationen aus dem fernöstlichen Bereich (T'ai Chi, Aikido), meist in den Klöstern weitertradiert, auch entwickelt und dort jetzt wieder entdeckt, verbindem mit den Übungen geistige und gefühlsmäßige Gedanken. Neid, Haß soll mit dem Ausatmen weggeschickt, Dankbarkeit eingeatmet werden. Es gibt eigens Übungen der Dankbarkeit, die an das Tagesende gesetzt werden und die sich positiv auf den Schlaf, die Erholung auswirken (Zöller, Feild). So dürfte sich Dank – und es gibt immer Situationen, für die man danken kann – positiv auf die eigene Gesundheit auswirken, auf die geistig-seelische Verfassung, auf die gesamte Lebenseinstellung. Dank verhindert nicht kritisches Bewußtsein. Dank läßt sich nicht von depressiven, pessimistischen Stimmungen überschwemmen. Dank muß jedoch aus mir kommen und darf nicht eine andressierte Floskel sein.

6. NACH DELPHI PILGERN

Diese Schrittform ist dem griechischen Tanz Karagouna entnommen und daraus neu ein eigenständiger Tanz konzipiert. Idee, Symbole auf der Grundlage der Erzählung und Aufzeichnung von Hilda-Maria Lander.

Zielgruppen: Ältere Kinder, Jugendliche, Erwachsene, ältere Menschen, behinderte Menschen, soweit sie nicht stark körpergeistig oder mehrfachbehindert sind.

Schwierigkeitsgrad: Leicht bis mittel, eventuell für Körperbehinderte Balance-Schwierigkeiten.

Meditative Elemente: Kreis, vorwärts-, rückwärtsgehen und schauen, gehen, innehalten; geistiger Hintergrund eines Pilgertanzes mit Wegsuche, Unsicherheit und Hoffnung auf ein Ziel hin, verschiedene Wegrichtungen abtasten; Pilgerweg als Labyrinthform des Durchgehens und/oder Umkehrens.

Aufstellung: Geschlossener oder geöffneter Kreis; Hände gefaßt in V-Haltung.

Musik: Jede Musik mit langsamem bis mittlerem Tempo, z.B. langsamer Titel aus 12 Sirtakis von Mikis Theodorakis, CL 30053, oder: Vari Hasapikos, Folkraft 1462 (Rückseite von Tsakonikos, in diesem Buch).

Tanzform

Taktteile

1 Rechter Fuß vorwärts in Tanzrichtung, ↗
2 linker Fuß vorwärts in Tanzrichtung, ↗
3 rechter Fuß vorwärts in Tanzrichtung, ↗
4 linker Fuß vorwärts, Fußspitze tip ↗ ohne Gewicht (Spielbein)
5 linker Fuß rückwärts mit Fußspitze tip ohne Gewicht, der rechte Fuß bleibt stehen (Standbein), Oberkörper und Kopf drehen sich mit in die Richtung des linken Fußes (Spielbein).
6 wie Takt 4
7 wie Takt 5
8 linker Fuß setzt nach dem tip ungefähr eine Fußlänge hinter dem rechten Fuß auf, mit Gewicht, so daß insgesamt im Körper eine Rückwärtsbewegung entsteht, der Blick ist noch nach hinten gerichtet; Drehung nach vorn und dann bei Takt 1.

Während der Takte 4 bis 7 können (müssen nicht) die Arme zur W-Haltung erhoben werden; Vorsicht vor Balance-Schwierigkeiten dabei.

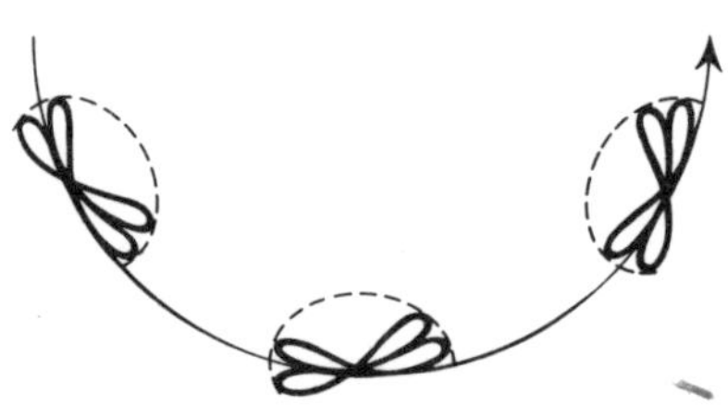

Ornamentik des Raumweges

Hintergrund: Der Tanz Karagouna (etwas schwierig), aus dem diese Schrittfolge entnommen ist, dürfte eine Art Pilgertanz sein. Entsprechend können sich mit dem Tanz »Nach Delphi pilgern« ähnliche Hintergründe verbinden. Die Schritte 1, 2, 3 und 8 ergeben den ursprünglichen Pilgertanz. Dieser Tanzform hier liegt eine Legende zugrunde, die besonders in den Takten 4, 5, 6, 7, 8 wieder zu finden ist: Pilger, die nach Delphi, dem antiken Heiligtum Griechenlands, wandern und wallfahrten, fragen unterwegs Einheimische, wohin der Weg nach Delphi geht. Die Pilger sind unsicher in ihrem Weg oder wollen sich neu versichern, daß sie auf dem rechten Weg sind. Die Einheimischen antworten ihnen:

– es geht dahin →
– und dahin ←
– und dahin → Takte 4 bis 7
– und dahin ←
– geht ... (Takt 8)

Symbolbedeutung: Viele Wege führen nach Delphi, zum Ziel der Wanderung, zum Ziel des Lebens, zum Heiligtum. *Den* richtigen und »geraden« Weg gibt es nicht.

Umwege mit umwenden, umkehren, überwinden, dem Drehen und Wenden (nach Ernst Bloch, Prinzip Hoffnung) sind notwendig, weil Not wendend. Mache ich mich bewußt auf den Weg, schließe ich den Irrtum mit ein, aber auch die Chance des Umwendens. Ein gerader Weg verhindert die Vielfalt der Ansichten um mich herum und in mir. Mein Sein und Bewußtsein ist eingeengt. Der sichere Weg kann eben auch *todsicher* sein, tötend in seinem Nichtleben. Positiv formuliert es Josef Fink.

Die Frommen
gehn schnurstracks zu Dir
Ich weiche stets ab
Es sind die Tänze der Gräser
es sind die Pfade der Würmer
die vielen Spuren der Käfer
Ich brauche sehr lang
diese Schnörkel entlang
bis zu Dir
Warte
ich komme verträumt.

Die »Frommen« könnten ebensogut auch ganz anders benannt werden. Die »Frommen«, das sind unsere Zwänge, unser enges Bewußtsein, unsere Ängste, unsere überzogene Absicherung, unsere Intoleranz, unser Machtstreben, damit kommen wir scheinbar direkter vorwärts. Jedoch das Ziel ist *im* Weg, oft verborgen, das Ziel geht mit uns, mit uns gemeinsam.

Totale Zustimmung und konkreter Widerspruch, ja und nein, gehören zum Lebensweg, zu seinen verschiedenen Möglichkeiten, Angst und Zuversicht, richtig und falsch. Es ist Nahrung, die zuweilen bitter schmeckt, aber auch heilend wirkt.

Die Takte 4 bis 7 enthalten auch das vorwärts-orientierte Hoffen und das rückwärts-orientierte Hereinnehmen meiner Geschichte. Ich bringe meine eigene Geschichte und die Geschichte der Menschheit mit auf den Weg, erlebe ständig den Schnittpunkt der Gegenwart mit Zukunft und Vergangenheit. Der Schnittpunkt der Gegenwart kann auch etwas Schmerzhaftes haben, etwas, was sich mir ständig entzieht, was ich nicht »habe«. Die erstrebte Sicherheit entzieht sich mir; ich kann sie nur einlagern in das Hoffen und in die Erinnerung an schon erfahrenes Heil, persönlich oder als Menschheitsgeschichte.

Der Rückschritt am Ende des Tanzes kann bedeuten, daß, ehe wieder die Zukunft unter die Füße genommen wird, die Distanz zum Ziel eine bessere Übersicht ermöglicht. Ein allmähliches Annähern an das Ziel, an das Wichtige, Wesentliche, fordert zwar unsere Geduld, läßt uns jedoch tiefer und bewußter erleben. Nähere ich mich gar – und das steckt im Pilgergedanken – dem Göttlichen, einem Geheimnis, muß ich mich ihm langsam annähern, um dieses Ereignis, dieses Innewerden zu begreifen, zu verkraften.

Der Pilgergedanke hat nicht vorrangig den Gedanken des Jammertales, sondern weit mehr den Gedanken der Erfüllung hier und jetzt, der Vorwegnahme zukünftigen Lebens in seiner Ganzheit. Beim Pilgern gehe nicht nur ich, sondern ich gehe mit den anderen, den jetzigen, den vergangenen Menschen, den zukünftigen. Ich nehme alles mit, Leid, Gewalt, Terror, Lösung, Erlösung, Dank, Lob, Bitte!

Heilende Elemente: Sie sind angesprochen in den beschriebenen Symbolbedeutungen, in dem, was allgemein über Pilgertänze und speziell bei den Pilgertänzen Tsirigotikos, Karawane, Pilgertanz beschrieben wurde.

Die Unruhe und Suche (siehe Bewegungen des Spielbeines) sind gehalten und eingefangen im ruhenden Standbein. Die Richtung des Standbeines ist nach vorne, die des Spielbeines nach vorne, zur Seite, nach hinten – der Zwiespalt ist spürbar, aber auch die unbewegte Mitte, die hält.

Zielgruppen: Ältere Kinder bis ältere Menschen, leicht behinderte Menschen; schwierig für Rollstuhlfahrer, deshalb ist für sie Vereinfachung notwendig.

Schwierigkeitsgrad: Leicht bis mittel.

Meditative Elemente: Daktylus-Rhythmus (s. Beschreibung, Teil II, 1. Kap.), binnenkörperlich vertikal spürbar; Kreisverdichtung und Ausdehnung (Atemprinzip), langsames, allmähliches Weiterkommen nach rechts; Gegen-sonnen-Richtung; eingebunden im Kreis als Halt und Enge.

Aufstellung: In geöffnetem oder geschlossenem Kreis, Hände sind gefaßt entweder
– in V-Fassung, oder
– überkreuzt vor der eigenen Brust, rechte über linke Hand (alte Mönchshaltung), oder
– jeder breitet seine Hände aus und faßt den *über*nächsten (Webhaltung), rechter Arm unten, linker Arm oben.

Musik: Enas Mithos auf verschiedenen Schallplatten mit griechischer Musik, z.B. Fontana 6312019, gesungen von Nana Mouskouri.

7. ENAS MITHOS

Tanz aus Griechenland, aufgezeichnet von Hilda-Maria Lander.

Tanzform

Taktteile		Daktylus-Rhythmus
1	Linker Fuß vorwärts zur Kreismitte, mit Gewicht	lang
2	rechten Fuß an linken Fuß beistellen, ohne Gewicht, dabei 2 × links leicht ins Knie gehen, das rechte Knie bleibt unbeweglich leicht gebeugt	kurz–kurz
3	rechter Fuß rückwärts zurück, mit Gewicht	lang
4	linken Fuß an rechten Fuß stellen, mit Gewicht, dabei 2 × leicht ins Knie gehen wie bei Takt 2	kurz–kurz
5	rechter Fuß nach rechts zur Seite, mit Gewicht	lang
6	linken Fuß an rechten Fuß beistellen, ohne Gewicht, dabei 2 × leicht ins Knie gehen, wie bei Takt 2, gegengleich	kurz – kurz

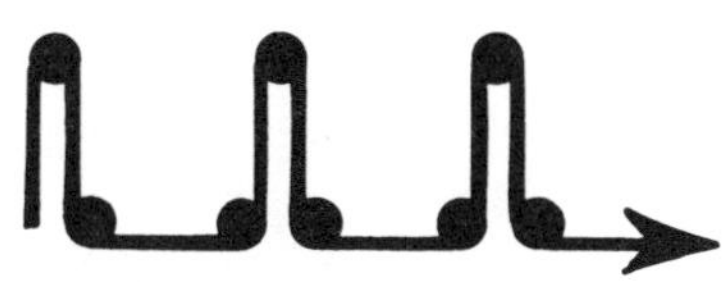

Ornamentik des Raumweges

Der Tanz kann auch in zwei Kreisen, die zueinander gewandt sind, getanzt werden. Bei den Takten 1–2 entsteht dadurch eine größere Verdichtung zwischen den beiden Gruppen, die allmählich aneinander vorbeitanzen.

Hintergrund: Enas Mithos ist bekannt und sehr beliebt in Griechenland. Es ist der Mythos, eine Erzählung von Liebe. Die Musik bringt den Daktylus-Rhythmus mehr pulsierend und weniger schwingend; er wird weitgehend binnenkörperlich, vertikal, mit oben–unten und nicht so sehr horizontal in den Raum getanzt.

Symbolbedeutung: Historische Quellen, die die Symbole benennen und aufschlüsseln, sind uns nicht bekannt; wir sind auf eigene Deutungen angewiesen.

Der Tanz geht gegen-sonnen, dem Licht, der Sonne entgegen. Der Kreis verdichtet und weitet sich, dies könnte auf Mondelemente hinweisen. So wären Sonne und Mond in einem Tanz vereinigt, das männliche und das weibliche Prinzip. Es bedarf einiger Zeit, bis der Rhythmus und die Bewegung eine einheitliche Gruppenbewegung geworden sind. Der Daktylus-Rhythmus wird nicht nach außen in die Fläche getanzt, horizontal, sondern pulsierend rhythmisiert im Körper, vertikal. Die kurz-kurz-Rhythmen sind nur sparsam in der äußeren Bewegung wahrzunehmen. Sie sind tief – hoch ausgerichtet, also erst in die Erde hinein, dann wieder aufsteigend nach oben, es sind ganz knappe Bewegungen, erd- und himmelorientiert. Die Erde ist ein weiblich-mütterliches Symbol, der Himmel ein männliches Prinzip. Mit diesem Schritt vereinigen sich die beiden Elemente. Rhythmus und Schritte leben von der Spannung eines pulsierenden drive-Rhythmus und einer schwingend, verhalten-intensiven Bewegung. Durch den binnenkörperlichen Schritt wirkt der Tanz in die Tiefe, wie ein Brunnen, der tief in sich die Schätze und das heilbringende Wasser hat, und dann wieder leicht himmelorientiert. Brunnen und Wasser werden meist als weibliche Symbole definiert. Musikalisch sind es 3×2 Taktteile, ergibt die Zahl 6; tänzerisch sind es 3×3 Schritte, ergibt die Zahl 9, alles interessante Symbolzahlen.

Heilende Elemente:

- Verbindung der Polaritäten unten – oben, Betonung der Vertikalen, vor – zurück und seitlich;
- binnenkörperliche Bewegungsintention, die gleichzeitig Konzentration erfordert und gibt;
- differenzierte Gleichgewichtsübungen durch die Art der Schritte;
- geistig-seelisches Zur-Ruhe-Kommen durch die Bewegung, Schwingungen und Vibrationen werden intensiv aufgenommen; Wechsel von Anspannung und Entspannung, also getanzte Eutonie, sich in gute, wohltuende Spannung bringen.

8. EREV BA

Der Abend fällt aus den Bäumen

Das Original ist ein israelischer Kleintanz. Als meditativer Tanz ist er etwas schwer, deshalb wurden veränderte Formen entwickelt von Hilda-Maria Lander. Die Originalmusik bleibt.

Zielgruppen: Erev Ba I ist eher für Erwachsene und Jugendliche, Erev Ba II für ältere Kinder, Jugendliche, Erwachsene und ältere, auch behinderte Menschen, Erev Ba III und IV für alle, auch behinderte Menschen.

Schwierigkeitsgrad: Erev Ba I: mittelschwer, Erev Ba II: leicht bis mittel, Erev Ba III: leicht, Erev Ba IV: sehr leicht, auch für Schwerstbehinderte.

Meditative Elemente: Gehen, teilweise auch rückwärts, umgehen mit dem Abend, dem Ende des Tages, der hereinbrechenden Dunkelheit; sich verabschieden von der Erde, dem Himmel, gleichzeitig Kraft und Ruhe holen, Ängste loslassen, mit Dank – trotz allem – in die Nacht hinein.

Aufstellung: Geschlossener oder geöffneter Kreis, Hände sind durchgefaßt, hängen nach unten in V-Haltung; bei Erev Ba III eventuell frei im Raum, bei Erev Ba IV auf Stühlen sitzen.

Musik: Erev Ba, Worldtone Records, WT 10004 (Rückseite von Ahavat Hadassah – Karawanen-Tanz).

Tanzform

Erev Ba I, Takteile

1– 8 Rechter Fuß beginnt mit 8 Daktylus-Schritten in Tanzrichtung, das heißt

rechter Fuß	– lang	1. Daktylus-Schritt
linker Fuß	– kurz	
rechter Fuß	– kurz	
linker Fuß	– lang	2. Daktylus-Schritt
rechter Fuß	– kurz	
linker Fuß	– kurz	

Der 1. und 2. Daktylus-Schritt werden im Wechsel getanzt.

9–10 Rechter Fuß in Tanzrichtung – lang
linker Fuß in Tanzrichtung – kurz
rechter Fuß in Tanzrichtung – kurz, dabei
1/4 Linksdrehung, Front zur Kreismitte
linker Fuß zur Seite nach links – lang
rechten Fuß an linken Fuß stellen – lang

11–16 Takte 9–10 wiederholen, so daß dies insgesamt 4× getanzt wird.

Die Takte 1–8 können verändert werden: 1. Schritt wie beschrieben

2. Schritt: linker Fuß rückwärts zurück	lang
rechten Fuß an linken Fuß stellen	kurz, mit Gewicht
linker Fuß vorwärts in Tanzrichtung	kurz

Der 1. und 2. Daktylus-Schritt werden im Wechsel insgesamt 4× getanzt.

Ornamentik des Raumweges

Erev Ba II, Taktteile

1– 8 Rechter Fuß beginnt, 4 × Pilgerschritt nach rechts
9–10 rechter Fuß vorwärts in Tanzrichtung
linker Fuß vorwärts in Tanzrichtung
rechter Fuß von hinten im Bogen zur Seite
an linken Fuß führen, linker Fuß leicht im Knie stehen
rechten Fuß an linken Fuß stellen, beide Knie leicht strecken, dabei 1/4 Linksdrehung,
so daß Front zur Kreismitte, Hände werden erhoben.
11–16 Takte 9–10 wiederholen, insgesamt 4 ×.

Ornamentik des Raumweges

Erev Ba III, Taktteile

1– 8 16 langsame (oder 32 kleine schnelle) Schritte frei im Raum oder angefaßt im Kreis oder in Schlangen tanzen (der Kreis beginnt nach rechts),
9–10 am Platz stehen, beide Knie leicht beugen, die Hände von unten nach oben führen, in Halbkreisen, dann in der Mitte von oben nach unten absenken zur Körpermitte,
11–14 Takte 9–10 wiederholen, so daß insgesamt dies 3 × getanzt wird,
15–16 Hände kreuzen vor der Brust, rechte Hand über linke Hand, sich mit dem Oberkörper leicht verneigen.

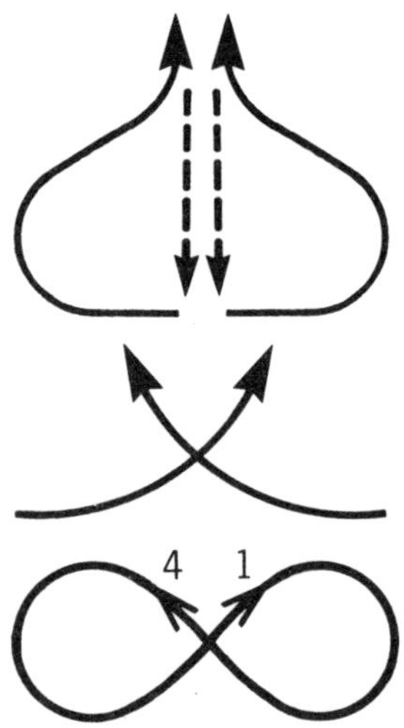

Erev Ba IV, Taktteile

1– 8 auf Stühlen sitzend, mit beiden Händen eine Acht beschreiben, nach rechts oben beginnen,
dies insgesamt 2 ×,
8–16 wie Takte 9–16 von Erev Ba III, jedoch im Sitzen.

Hintergrund: Erev Ba ist ein Kreistanz aus Israel. Er enthält eine Reihe verschiedener Schrittkombinationen, die in ihrer Fülle zwar reizvoll, für ein meditierendes Tanzen jedoch zu schwierig sind. Wir haben den Tanz vereinfacht und in vier verschiedenen Formen entwickelt, die tanztechnisch unterschiedlich schwierig oder leicht, in der Gesamtidee und den Bedeutungen jedoch ähnlich sind. Es ist ein Tanz in den Abend hinein, wie beim israelischen Original.

Symbolbedeutung: Allgemein gilt für alle vier Tanzformen: Umgang mit dem Abend, der Tag geht zu Ende, die Nacht bricht herein, dem Tag noch einmal nachgehen in seinen Geschehnissen, mit seinem Glück, mit seinem Leid, mit seiner Mühe, mit seiner Wohltat. Der Tag soll nicht gedankenlos verlassen, sondern bewußt in den Abend, in die Nacht übergeleitet werden.

Der erste Teil des Tanzes (Takte 1 bis 8) entspricht diesem Umgehen mit dem Tagesende, mit dem Abend, mit der Nacht. In Erev Ba I ist das Gehen im Daktylus-Schritt rhythmisiert, eine Schrittform, die beruhigend wirkt und dennoch die Gedanken einsammeln läßt. Bei Erev Ba I und II sind jeweils Rückschritte enthalten, ein flexibles Umgehen auch im bewußten Rückwärtsgehen, innerlichen Rückwärtsschauen. In Erev Ba III können durch die freien Wege die verschiedenen Gesichter des Tages durch Schreiten noch einmal einsichtig werden. Erev Ba IV signalisiert in seinen Handbewegungen das Auf und Ab der Tageswege, gleichzeitig werden diese Berge und Täler eingebunden in die Form der liegenden Acht, dem Zeichen der Unendlichkeit mit einem Kreuz-Schnittpunkt in der Mitte. Es wird gleichsam die Aktivität des Tages eingebunden in den Schnittpunkt der Mitte und dort relativiert. In diesen winzigen Punkt vor der Körpermitte kann alles einfließen und (neu) herausfließen; es ist ein ständiges Drehen und Wenden in die Vergangenheit, in die Zukunft, einen Augenblick von der Gegenwart eingeschnitten (Schnittpunkt). Spürbar ist dieses Drehen und Wenden besonders in den Hand- und Ellbogengelenken.

Der 2. Teil des Tanzes enthält verschiedene Elemente: zur Mitte konzentriert, sich von der Erde, dem Himmel verabschieden, Dank ausdrücken. Abschied und Dank können ein wenig versöhnen zwischen dem Zerrissensein, sie können die Angst vor der Dunkelheit der Nacht, der völligen Preisgabe im Schlaf einbinden und beruhigend wirken. Bei Erev Ba I wird im 2. Teil die aktive Bewegung in ein Innehalten übergeführt, die Vertikale des Unten und Oben betont. Das Umgreifende der horizontalen Wege im 1. Teil verdichtet sich in den erdorientierten Fuß- und himmelorientierten Handbewegungen. Lob und Dank in den aufwärtsstrebenden und absinkenden Handbewegungen bedeuten gleichsam ein Sich-Übergeben in andere Bereiche, in andere Hände. Erev Ba II betont das Nach-unten-Gehen durch den umkreisenden Schritt und das Sich-Aufrichten zu gleichen Teilen. Es ist ein kurzes Hinabtauchen und ein Loslösen. Ähnliche Symbolbedeutung haben Erev Ba III und IV, obwohl andere Bewegungsmuster zugrunde liegen. Hier wird allerdings bewußt dieses Eingespanntsein zwischen Erde und Himmel einerseits extensiv erfahren, andererseits durch die sich überkreuzenden Hände zu sich hereingeholt, einem winzigen Augenblick gleich, in dem die Polaritäten zu einem Ganzen verschmelzen. Die gekreuzten Hände vor der Brust und die leichte Verneigung bedeuten auch ein Verabschieden, ein Ehrerbieten vor dem Kosmos, vor den

Menschen, vor einem Gott, ein Einsammeln und eine Übergabe. Nicht von ungefähr ist diese Haltung in verschiedenen Mönchsorden unterschiedlicher Kulturen eine meditative Gebetshaltung.

Heilende Wirkweisen: Im rhythmischen Wechsel ist ein Fortschreiten und Innehalten in guter Balance, ein Erden und Sich-nach-oben-Orientieren. Die Bewegungen wirken in ihrer Gesamtheit ausgleichend, in ihren rhythmischen Intervallen in einem guten Spannungsbogen. Weite und Enge wechseln sich ab. Die Handbewegungen bei Erev Ba III und IV, Takte 9 bis 16, nehmen die horizontale Weite auf, gehen nach oben und in der Mitte nach unten. Ähnliche Bewegungen im T'ai Chi gelten als beruhigende Bewegungen, die den Atem verlängern. Die umgekehrte Bewegungsfolge wirkt aktivierend.

Durch die symbolischen Hintergründe kann der Tanz den zu verlassenden Tag, den Alltag, bewußt werden lassen, ihn auf Wesentliches einsammeln und dem Abend übergeben, also Wachheit und Loslösen. Das Umgehen in den Takten 1 bis 8 ist wie ein Verdauungsvorgang. Wichtig ist das bewußte Verabschieden, das Umgehen mit der Angst vor der Dunkelheit – so können sie verwandelt werden. Vermutlich ist diese Angst – auch bei Kindern – unbewußt eine Todesangst. Wir müssen lebenslang lernen, mit ihr offen umzugehen, ihre Schärfe zu mildern, vielleicht zu überwinden. Ein wenig können diese Tanzbewegungen dazu beitragen.

Wenn es gelingt, den Tag, verschiedene Situationen, auch schmerzhafte, unangenehme, in einen Dank, wie klein auch immer, umzuwandeln, beruhigen sich nachgewiesenermaßen Leib-Seele-Geist – ein natürliches Schlafmittel.

9. FESTTANZ

Entwickelt und aufgezeichnet von Hilda-Maria Lander, Mitarbeit Maria-Regina Zohner.

Zielgruppen: Tanzform 1 und 2: Ältere Kinder bis ältere Menschen und leichter behinderte Menschen, Tanzform 3: auch jüngere Kinder und behinderte Menschen, auch Rollstuhlfahrer.

Schwierigkeitsgrad: Tanzform 3: leicht bis mittel, Tanzform 2: mittelschwer bis leicht, Tanzform 1: mittelschwer.

Meditative Elemente: Schreiten, Nachziehschritte (Hinkschritte), Symbole: Baum, Tor, Wiegen, Prozession, Werden und Vergehen, Fest.

Aufstellung: Paarweise offene Fassung, Front in Tanzrichtung, die Außenarme erhoben und nach außen gestreckt,
- in der Gasse:
  bei Tanzform 1 jeweils drei Paare zusammengehörend
  oder
- im Kreis:
  bei Tanzform 1 jeweils drei Paare zusammengehörend.

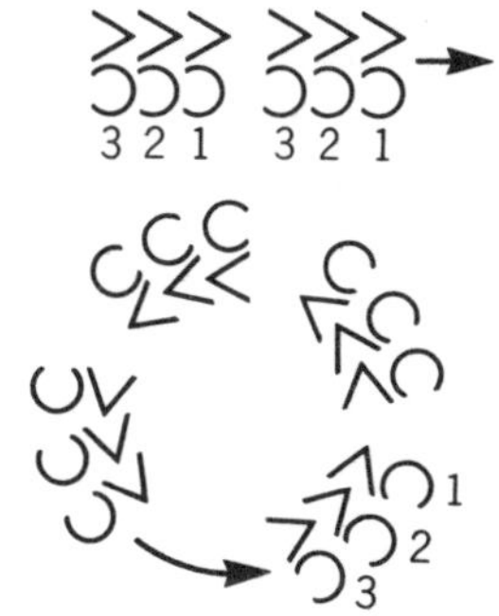

Musik: Jede getragene Musik, z. B. »Mazurka«, auf: Tänze für die Schule 1, von Urabl/Wey, swiss pan 17003, Zürich.

Teil A, Taktteile

1– 2 Rechter Fuß schräg rechts vorwärts, linken Fuß nachziehen und an rechte Fußferse beistellen, ohne Gewicht, beide Fersen kurz heben und senken,
linker Fuß schräg links vorwärts, rechten Fuß nachziehen und an linke Fußferse beistellen, ohne Gewicht, beide Fersen kurz heben und senken,

3– 4 wie Takte 1–2,

5– 8 wiegen, seitlich nach rechts, links, rechts, links,

9–16 wie Takte 1–8, also wiederholen.

Tanzform 1

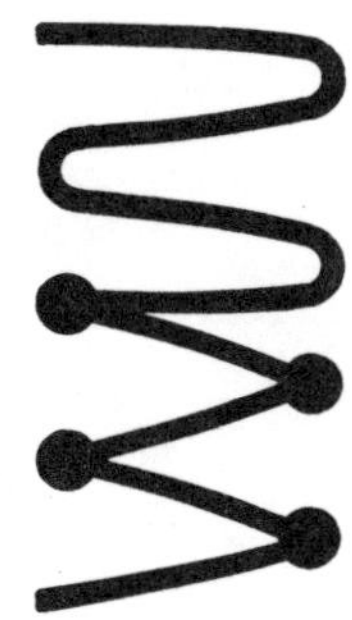

Ornamentik des Raumweges

Teil B, Taktteile

Schrittart: entweder langsam schreiten *oder:*
rechter Fuß vor, mit Gewicht, linken Fuß an rechten Fuß beistellen, ohne Gewicht = ein Schritt
linker Fuß vor, mit Gewicht, rechten Fuß an linken Fuß beistellen, ohne Gewicht = ein Schritt, wiederholen

Taktteile

1– 8 Mit dem rechten Fuß beginnend 8 Schritte Tor gehen: das Paar bildet selbst ein Tor, Innenhände heben, sich zueinander wenden und durch das selbst gebildete Tor gehen, einen kleinen Kreis beschreiben, sich zueinander wenden und begrüßen,

9–16 mit dem rechten Fuß beginnend 8 Schritte auswenden, das heißt Paar 1 wendet aus, geht gegen Tanzrichtung außen an Paar 2 und 3 vorbei, die ihrerseits langsam vorwärts gehen in Tanzrichtung; Paar 1 schließt sich am Ende an das Paar 3 an; das Paar 2 ist nun vorne für einen ganzen Durchgang. Am Ende keine große Begrüßung, sondern nur Kopfnicken.

Der Tanz beginnt von vorne mit Teil A.

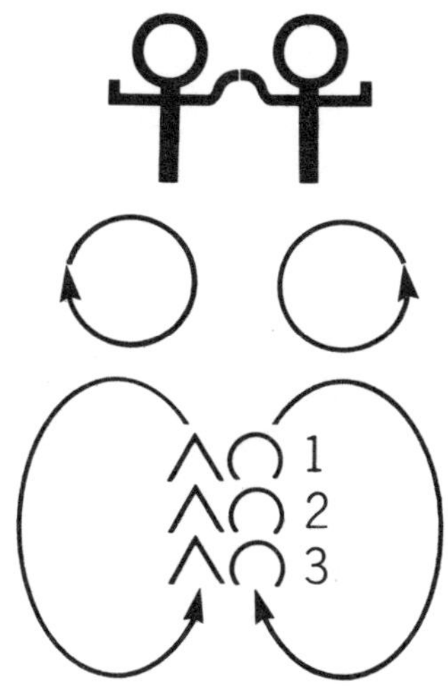

Bei den Takten 9–16 wendet jeweils das Paar aus, das vorne steht, das heißt
beim 1. Durchgang – das Paar 1,
beim 2. Durchgang – das Paar 2,
beim 3. Durchgang – das Paar 3.
Am Ende steht wieder Paar 1 vorne und tanzt noch den Teil A, mit dem der Tanz endet.

Tanzform 2

Teil A wie bei Tanzform 1;
Teil B, Taktteile

1– 8 wie bei Tanzform 1,

9–16 jedes Paar tanzt »Auswenden«, das heißt eine Ganzdrehung um den eigenen Platz, vom Partner wegdrehen. Da keine Paaraufteilung in 1, 2, 3, findet auch kein Platzwechsel statt, von vorne mit Teil A.

Tanzform 3

Teil A, Taktteile

1– 4 Mit dem rechten Fuß beginnend 8 Schritte in Tanzrichtung gehen,

5– 8 wiegen nach rechts, links, rechts, links,

9–16 wie Takte 1–8.

Teil B mit langsamen Gehschritten

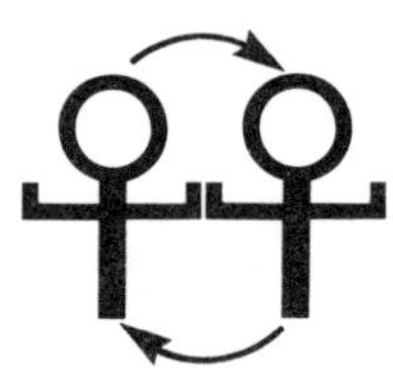

1– 8 Paarweise rechter Handstern, das heißt beide Partner geben sich die rechte Hand, halb erhoben, und gehen mitsonnen 1 × herum,

9–16 paarweise linker Handstern, das heißt beide Partner geben sich die linke Hand, halb erhoben, und gehen gegen-sonnen 1 × herum, von vorne mit Teil A.

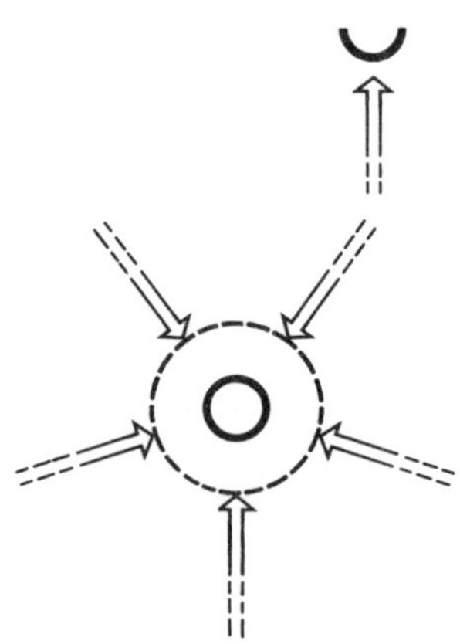

Hintergrund: Der Tanz ist eine Neuschöpfung, bei der Tanzelemente mit alter Symbolik Wesensbestandteile sind. Er kann als Kreistanz und als Prozessionstanz verwendet werden; Prozession auf ein Ziel hin, zum Beispiel durch den Raum nach vorne oder von mehreren Seiten sternförmig auf ein Ziel oder einen Mittelpunkt hin. In dieser Form ist er auch für kultische Feiern geeignet, eventuell mit Gaben für den Erntedank oder mit Lichtern als Lichterprozession.

Wird der Tanz im Kreis getanzt, entspricht er mehr einem gesellschaftlichen Festtanz mit Begegnungsmöglichkeiten und dem Begrüßen der Nichttanzenden. Auch wenn dieser Festtanz an einen höfischen Tanz erinnert, so ist er dies nicht, auch nicht als Nachschöpfung, sondern er soll allen Volksschichten gleichermaßen zugänglich sein, wie auch die Tanzelemente weitgehend aus Volkstänzen genommen wurden.

Symbolbedeutung: Schrittelemente
- Nachziehschritte bei Teil A, Takte 1 bis 4 und 9 bis 12;
- sich aufrichten, Fersen erheben, Vereinigung der Polarität des Sich-Aufrichtens, himmelorientiert, und des anschließenden erdorientierten Wiegens;
- wiegen: nach rechts, links, im Wechsel, aus der Leibmitte heraus, dadurch Innehalten auf dem Weg zum Ziel hin, eventuell Kontakte nach rechts und links aufnehmen. Wiegen ist mehr erdorientiert, ein weiblich-mütterliches Symbol, beruhigend und Energie ausgleichend;
- schreiten; die Schritt-Variante »gehen-tip« im Teil B ist jeweils eine Schrittverzögerung oder ein Vorwärtsgehen, dann sich aus- und aufrichten in der Senkrechten, im Lot stehen. Dieser Schritt bedarf der Konzentration, des ständigen Ausbalancierens des Gleichgewichts und des Aushaltens, daß man nur langsam vorwärts kommt.

Symbolbedeutung: Figuren
- Das Motiv des Baumes wird in zwei Formen sichtbar: Raumform im Teil A der Takte 1 bis 4 und 9 bis 12; diese Wegform entspricht dem Motiv des Lebensbaumes, wie es in vielen Stickereien und Webereien auch heute noch sichtbar ist. Tanzhaltung: aufrecht stehend oder gehend, die Hände halb erhoben, paarweise gefaßt oder allein gehend (zum Beispiel beim Auswenden), oder im rechten/linken Handstern der Form 3.
- Der gesamte Tanz ist eine Prozession, die verschiedene Anlässe und Ziele haben kann. Wird eindeutig ein Weg oder ein Ziel gewählt, wird der Prozessionscharakter deutlicher als im Kreistanz. Wichtig ist, sich langsam dem Ziel anzunähern, drehen und wenden, sich selbst mit seiner Seele mitbringen. Langsam bedeutet auch am Ort verweilen wie im Teil B mit Tor und dem Nach-rückwärts-Gehen im Auswenden des jeweils ersten Paares in der Tanzform 1.
- Das Tor im Teil B bedeutet: von einer Situation in eine andere kommen. Das Tor, der Durchgang ist oft eng, trennt zwei unterschiedliche Welten voneinander, beispielsweise profaner – heiliger Bereich, Diesseits – Jenseits, innen – außen. Wir sprechen auch von der Schwelle, der Türschwelle, die das eine vom anderen trennt und in der Symbolik nicht betreten werden soll. Die Braut wird/wurde über die Schwelle getragen. Die Himmelstür oder das Sonnentor markiert den Übergang in einen göttlichen, außerirdischen Bereich. Durch das Tor gehen kann auch mit einem Geburtsvorgang verglichen wer-

den: das Lebewesen muß durch eine enge Pforte von einer Welt in eine andere. In manchen Kirchen oder Taufkapellen gibt es bewußt kleine Türen, durch die man nur eintreten kann, wenn man sich kleiner macht, um sich dann wieder aufzurichten. Durch das Tor gehen kann auch bedeuten, sich von etwas Bisherigem trennen und in die Ungewißheit des Neuen eintreten. Tor ist also immer in irgendeiner Weise Übergang.

- Werden und Vergehen werden besonders deutlich in der Tanzform 1, Teil B, Takte 9 bis 16. Die Paare, die sich nach vorne tanzen, wachsen gleichsam wie an einem Stengel zu einer Blume, die dann aufblüht, sich entblättert und buchstäblich zurückgeht, um dann wieder neu zu beginnen. Dieser Vorgang kann auch mit den Jahreszeiten verglichen werden:
  - Frühjahr: das Paar am Ende der Dreier-Gruppe,
  - Sommer: in der Mitte und am Beginn der Gruppe,
  - Herbst: am Beginn der Gruppe, auswenden und zurückgehen wie der Saft in die Pflanze,
  - Winter: am Ende der Gruppe, Zeit zum Keimen und Sprossen im Dunkeln.
- Handstern rechts und links in der Tanzform 3 entspricht sowohl dem Radsymbol, dem Stern, wie der Tanzname sagt, der Mühle, dem Mühlrad, aber auch dem Baum, eventuell sogar dem Lichterbaum.

Heilende Elemente: Sie ergeben sich bereits aus den Symbolen und Schrittformen, wenn sie leiblich nachvollzogen und geistig-seelisch meditiert werden. Insgesamt hat der Tanz drei Schwerpunkte, die neben den Einzelformen heilende Elemente haben können und gleichsam die Teile zu einem Ganzen fügen:

- die Prozession, das Pilgern,
- das Werden und Vergehen,
- der Tanz als Fest.

10. HALLEL

Entwickelt nach Gabriele Wosien und aufgezeichnet von Hilda-Maria Lander. Hallel (hebr.) = Lob.

Zielgruppen: Ältere Kinder bis ältere Menschen, wenn die einfache Schrittform genommen wird auch für behinderte Menschen.

Schwierigkeitsgrad: Bei Gehschritten: leicht, bei Daktylus-Rhythmus: mittel.

Meditative Elemente: Spirale als Vergehen und Werden/Auferstehen; hinein – hindurch – hinausgehen.

Aufstellung: In Schlangenform, Hände in V-Fassung.

Musik: Jede langsame bis mittelschnelle Musik zum Gehen oder speziell Daktylus-Rhythmen,
zum Beispiel für Gehschritte und Daktylus-Schritte, obwohl keine Original-Daktylus-Musik

- Kaĉerac (aus Serbien), Folkraft 1567
- Lekha Dodi (mittleres Tempo) auf Schalom,
- Drur Yikra (mittel bis schnelles Tempo) Calig 30594

Dauer je nach Größe der Gruppe, muß von vornherein nicht festgelegt werden.

Tanzform

Schrittformen

- langsames Gehen, je nach Tempo der Musik oder
- Daktylus-Rhythmus: lang – kurz – kurz
  als Raumform:
  1. Schritt: rechter Fuß vorwärts (lang), linker Fuß vorwärts, rechter Fuß vorwärts (beide kurz – kurz),
  2. Schritt: linker Fuß vorwärts (lang), rechter, linker Fuß vorwärts (kurz – kurz), beide Schritte im Wechsel oder
- binnenkörperlicher Daktylus:
  rechter Fuß vorwärts, mit dem rechten Knie 2 × wippen, dabei linkes Knie anwinkeln,
  lang kurz – kurz
  linker Fuß vorwärts, mit dem linken Knie 2 × wippen, dabei rechtes Knie anwinkeln.

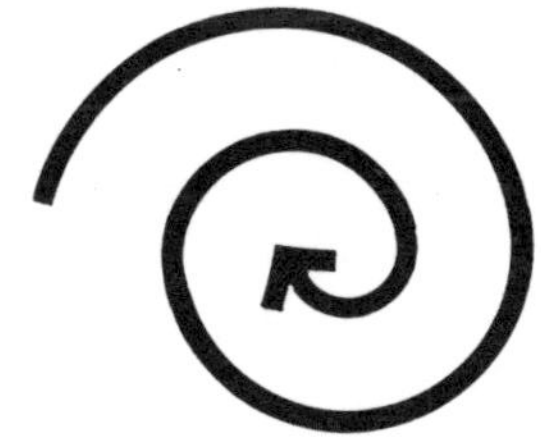

Raumweg des Tanzes: Rechter Fuß beginnt, mit-sonnen in die Spirale gehen, in der Mitte der Spirale dreht jeder einzelne für sich eine Ganzdrehung, erhebt dann die Hände zur gefaßten Orantehaltung und tanzt nunmehr in dieser Haltung mit den anderen aus der Spirale heraus, gegen-sonnen.

Eventuell kann als Abschluß im Kreis getanzt werden, mit halb erhobenen Händen und auf Zuruf eine Ganzdrehung am Platz mit zwei Schritten, um dann wieder gemeinsam im Kreis weiterzutanzen. Wird der Daktylus-Rhythmus genommen, kann für die Spirale die binnenkörperliche Form und für den anschließenden Kreis die raumgreifende Form gewählt werden.

Hintergrund: Die Idee des Ein- und Ausspiralens mit der Drehung in der Mitte soll angeblich auf den bulgarischen Tanz Pravo Oro zurückgehen, der allerdings in vielerlei Formen getanzt wird.

Symbolbedeutung: Vergehen und Werden ist das Symbol des Tanzes, verwirklicht mit dem Symbol Spirale. Der Tanz wird auch als Auferstehungstanz gedeutet. »Stirb und werde« signalisiert die Doppelspirale. Das Hineingehen in die Spirale entspricht dem Vergehen, dem Sterben, Hinabsteigen oder auch Eingehen. Die herunterhängenden Hände bis zur Mitte der Spirale deuten auf die Erdorientierung oder den Todesbereich unter der Erde. In der Mitte der Spirale löst sich jeder einzelne in seiner Handhaltung von den anderen und macht für sich allein eine ganze Drehung, um dann mit den anderen mit erhobenen Händen in das »Werden«, das Auferstehen zu tanzen. Der Wendepunkt oder auch Todespunkt wird zwar von den anderen begleitet, der einzelne muß ihn jedoch letztlich allein bestehen, (sich) umdrehen, ähnlich der Geburt und dem Tod.

Hat sich die gesamte Gruppe aus der Spirale herausgetanzt, kann im Kreis das Moment der Freude durch Drehungen und raumgreifende Schritte ausgedrückt werden.

Dieser Auferstehungstanz kann sowohl für den einzelnen Menschen gelten als auch, zumindest in der christlichen Religion, eine Andeutung auf Christus hin sein. Er, der freiwillig den Tod auf sich genommen hat, hinabstieg zu den Toten und auferstand. Der Name des Tanzes geht zurück auf das hebräische Wort »Hallel«, das Lob bedeutet und Ausgangspunkt des Wortes Halleluja ist, »was übersetzt ›Lobt den Herrn‹ heißt. Hallelu ist ›lobt‹ und ›jah‹ ist der ›Herr‹« (Weinreb, S. 71 f.). Halleluja wird besonders in der österlichen Zeit oft und ausdrücklich verwendet oder zu anderen Festzeiten, sowohl im christlichen, jüdischen und islamischen Bereich. So kann der Tanz Hallel auch ein österlicher Tanz sein, verbunden mit dem Karfreitagsaspekt.
Heilende Elemente: Sie sind in der Idee des Tanzes »Stirb und werde«, Auferstehung und Freude. Heilendes ist auch dem Daktylus-Rhythmus zuzuschreiben.

11. HASSAPIKO

Alter griechischer Tanz, nach Bernhard und Gabriele Wosien, aufgezeichnet von Hilda-Maria Lander.

Zielgruppen: Tanzform 1: für ältere Kinder, Jugendliche und Erwachsene, auch ältere und teilweise leichter behinderte Menschen; Tanzform 2: tanztechnisch für alle, inhaltlich eventuell verändern.

Schwierigkeitsgrad: Tanzform 2: leicht, Tanzform 1: mittelschwer.

Meditative Elemente: Kultischer Opfertanz oder Karfreitagstanz, Labyrinthwege, sich dem Sterben und der Umwandlung stellen.

Aufstellung: Geschlossener oder geöffneter Kreis oder Schlangenlinie, Hände sind in V- oder W-Haltung gefaßt, eventuell auch in T-Schulterfassung.

Musik: Jede mittelschnelle oder langsame Hassapiko-Musik, zum Beispiel Vari Hasapikos, Folkraft 1462.

Tanzform 1

Ausgangsstellung: rechten Fuß mit der Spitze vor linkem Fuß aufsetzen, ohne Gewicht.

Taktteile

1– 3 rechten Fuß vor linkem Fuß aufsetzen, mit Gewicht, linker Fuß zur Seite, mit Gewicht (Grapevine-Schritt), dies ingesamt 3 ×, dabei Bewegung nach links mitsonnen,

4– 6 linken Fuß von hinten nach vorn herumführen, dann linken Fuß vor rechtem Fuß aufsetzen, mit Gewicht, rechter Fuß zur Seite, mit Gewicht, insgesamt 3 × linken Fuß vor dem rechten Fuß aufsetzen, dabei Bewegung nach rechts, gegen-sonnen,

7– 8 rechten Fuß von hinten nach vorn herumführen, dann wie Takte 1–2, also 2 × die Grapevine-Bewegung,

9–10 wie Takte 4–5, also 2 × die Grapevine-Bewegung,

11–12 rechten Fuß von hinten nach vorn herumführen und vorwärts zur Mitte gehen, linker Fuß vorwärts zur Mitte gehen, beide Schritte sind langsam akzentuiert,

13–14 rechter Fuß Sprung nach vorn, dabei ins rechte Knie gehen, linker Fuß tippt hinten mit der Spitze auf, linker Fuß rückwärts, rechter Fuß rückwärts, linker Fuß rückwärts gehen; diese drei Schritte sind schnell,

15–16 rechten Fuß vor linken Fuß aufsetzen, also vorkreuzen, es kann (muß nicht) dabei das linke Knie den Boden berühren,
Gewicht zurück auf linken Fuß,
rechter Fuß nach rechts zur Seite (großer Schritt), mit Gewicht,
linken Fuß an rechten Fuß beistellen, mit Gewicht,

von vorne mit rechtem Fuß beginnen.

Ornamentik des Raumweges

Tanzform 2

Sie ist eine Übertragung der Tanzform 1 auf die Hände und Arme, zum Beispiel für Menschen im Rollstuhl oder als Tanz im Sitzen geeignet. Die Fußbewegungen werden als Gebärdensprache getanzt.

Taktteile

1– 3 rechter Arm 3 × Rauf-und-runter-Bewegung nach links,

4– 6 linker Arm 3 × Rauf-und-runter-Bewegung nach rechts,

7– 8 wie Takte 1–2, also nur 2×,
9–10 wie Takte 4–5, also nur 2×,
11–12 rechte Hand vorbewegen zur Mitte, linke Hand vorbewegen zur Mitte,
13–14 mit beiden Händen vorne nach unten (Sprung), eventuell klatschen, schnelle Handbewegung zurück, links, rechts, links,
15–16 rechte Hand über linke Hand kreuzen, beide Hände nebeneinander halten,

Hintergrund: Hassapiko ist in Griechenland und den Inseln gut bekannt; er wird jedoch recht unterschiedlich getanzt. Er wird, mißverständlicherweise, auch der Tanz der Metzger genannt. Auch wenn Metzger ihn als Tanz an bestimmten Orten oder Inseln tanzen, so kann doch nicht ohne weiteres von einem »Zunfttanz« gesprochen werden. Auch solche Tänze hatten hintergründige Bedeutung, wie die Webtänze vermutlich zu den Mondtänzen gezählt werden können, auch als eine Form der Fruchtbarkeit, der Vereinigung von weiblichen und männlichen Elementen. Der sehr viel jüngere Sirtaki, bekannt durch die Musik von Theodorakis und den Film »Alexis Sorbas«, hat als Vorläufer oder tänzerisches Vorbild den Hassapiko. Wie alt Hassapiko tatsächlich ist, wissen wir nicht. Wir vermuten, ähnlich wie Bernhard Wosien, daß er ursprünglich ein kultischer Tanz war oder Elemente davon kultischen Vorgängen dienten. Wir versuchen nachstehend zu begründen:

Symbolbedeutungen: Im Wort Hassapiko steckt das Wort »apis«, das ein ägyptischer Fruchtbarkeitsgott in Gestalt eines Stieres war, und das Wort »pikos« = stechen, das heißt den Stier stechen.

Der Stierkult war weitverbreitet in Ägypten, Griechenland, Kreta, Nordafrika und Kleinasien, siehe Anbetung des Stieres, sprich Goldenes Kalb, auf dem Sinai. Bekannt sind die Stierspiele auf Kreta, in etwa zu vergleichen mit den heutigen Stierkämpfen in Spanien, bei denen jedoch weitgehend der religiöse Hintergrund verlorengegangen ist. Stierspiele bedeuten über den Stier springen oder sich vom Stier selbst über ihn werfen lassen durch Festhalten an den Hörnern, wobei er seinen Kopf nach oben warf. In späteren Zeiten endete das Stierspringen damit, daß der Stier getötet, das heißt geopfert wurde. Er war bei vielen Völkern ein besonders wertvolles Opfertier. Der Stier ist Symbol der Kraft, der Wildheit; er ist bei den Kretern eine Elementargottheit (Schachenmeyr, 156). Er steht wegen seiner Aktivität mit der Sonne, wegen seiner Fruchtbarkeit auch mit dem Mond in symbolischem Zusammenhang. Auch die Hörner waren wegen ihrer an den Sichelmond erinnernden Form ein Mondsymbol. Zuweilen sieht man die Sonnenscheibe oder Doppelaxt zwischen seinen Hörnern. In den Heilszeichen jener Zeit ist er als Amulett vorzufinden.

Der Stierkult hatte verschiedene Formen, die auch dem Tanz Hassapiko unterlegt werden können:

– Dem Stier als Gottheit wird geopfert: Menschen, Tiere, Gaben; es wird ihm gehuldigt, siehe auch Tanz der Israeliten um das Goldene Kalb in der Wüste.

– Der Stier soll überwunden werden, damit er keine zerstörerische Macht über den Menschen hat. Hieraus haben sich die Stierspiele, besonders auf Kreta, entwickelt.

– Der Stier selbst wird geopfert. Oft sind es die Stiere von den Stierspielen, die dann getötet wurden. Er wurde zum Opfertier. Der Stier in Gestalt des Minotaurus wurde nach der Mythologie vom Held Theseus getötet und besiegt. »Tod und Begräbnis des jeweils zum heiligen Apis-Stier erklärten Stieres wurden stets feierlich begangen und mündeten in eine ›Auferstehung‹, das heißt Auswahl eines neuen Stier-Kalbes« (Heinz-Mohr). Der Stier und das Kalb als Opfertier legen sogar eine Beziehung zu Christus, dem geschlachteten Opferlamm, nahe (Heinz-Mohr, 277).

Auf den Tanz bezogen gibt es unterschiedliche Deutungen:

– Als Opfertanz symbolisiert er das Umtanzen des Opfers (Gottheit, Tier), schließlich sein Töten (siehe Sprung) und Auferstehung durch Neubeginn.

– Nachvollzug des Opfertodes Christi, der getötet wurde und später aufersteht. Hassapiko wird auch als Karfreitagstanz bezeichnet, der von Kultdienern um den Altar getanzt wurde (wird?).

– Wir tanzen uns selbst; der Stier, der in uns getötet werden soll, entspricht unseren negativen Eigenschaften und Handlungen, sie sind der Minotaurus, das zerstörerische Tier in uns, das besiegt werden soll.

– Das Sinken geschieht um des Steigens willen (Talmud).

Die Takte 1 bis 10 sind die labyrinthischen Umwege zum Ziel. Die Takte 11 bis 13 bedeuten: auf das Opfer zuschreiten, bewußt, aufrecht, und ihm im Sprung den Todesstoß versetzen. Der Sprung wird nach unten mit gebeugtem Oberkörper getanzt, der Stier (in uns) wird in die Knie gezwungen, die rechte Hand symbolisiert den Todesstoß und gleichzeitig die Bitte beim Tier um Vergebung wegen dieses Tuns, das jedoch unumgänglich ist. Das schnelle und meist halbgebeugte Rückwärtsgehen kann das

Stierschädel mit Doppelaxt. Flachzylinder aus Achat von Knossos (aus: Schachermeyr, Die minoische Kultur des alten Kreta)

rinnende Blut, den Lebenssaft bedeuten, der wegfließt. Das Opfer bricht schließlich im Takt 15 völlig zusammen, wenn im Tanz das linke Knie bis zum Boden gebeugt wird, um am Ende jedoch die Auferstehung, den Fortschritt anzudeuten.

Das ritualisierte Sterben, entweder einer Kultgestalt, zum Beispiel Christus, oder eines gewalttätigen »Minotaurus« in uns, kann dramatisierenden Charakter bekommen, sei es, daß ich etwas in mir symbolisch abtöte (auch Sünden), sei es der Nachvollzug des Tötens eines anderen.

Bis zu einem gewissen Grad kann Hassapiko auch als Labyrinthtanz bezeichnet werden, neben dem christianisierten Karfreitagsaspekt.

In der Regel wird an den Hassapiko ein lebhafter Tanz angeschlossen, beispielsweise Zervikos (Auferstehungstanz), um die Freude über neues Leben, auch die eigene Wandlung, zu tanzen. Der einzige Schritt, der als »Fortschritt« in Tanzrichtung bezeichnet werden kann, ist gegen-sonnen, also der Sonne, vielleicht der Ostersonne entgegen.

Heilende Elemente: Sie sind unterschiedlich, je nach Symboldeutung. Sie können ausgehen vom Labyrinthgedanken bis zum Töten, Abtöten oder Nachvollzug des Getötetwerdens, um dann der Sonne entgegenzugehen (Prinzip Hoffnung). Sich geistig-seelisch dem Sterben und der Umwandlung zu stellen, dramatisiert im Erleben durch die körperliche Gestaltung, kann Katharsis = Reinigung sein und reinigende Wirkung haben, die zwar nicht einfach ist, jedoch heilsam sein kann. Das Sterben ist Sieg, der Tod ist neues Leben.

12. HYMNOS AKATHISTOS

Das Geheimnis der Gottesmutter

Tanzgebärdenform entstanden durch eine Lehrgangsgruppe; in diese Fassung gebracht und aufgezeichnet von Hilda-Maria Lander und Maria-Regina Zohner.

Zielgruppen: Jugendliche, Erwachsene, ältere Menschen, teilweise behinderte Menschen.

Schwierigkeitsgrad: Tanztechnisch leicht; die Fülle der Symbole und Inhalte ist anspruchsvoll.

Meditative Elemente: Annäherung an die Gestalt Marias, der Gottesmutter, oder des weiblichen Anteils Gottes; Symbole: Kreis, Rose/Rosette, Stern, Krone, Hexagramm.

Aufstellung:
– Kleine Kreise zu je 6 Teilnehmer *oder* großer Kreis; bei einem zu großen Kreis geht die Wirkung und Erfahrung verloren,

– die Tanzenden stehen eng nebeneinander, ohne sich anzufassen.

Musik: Hymnos Akathistos von Eberhard Maria Zumbroich, Nr. 7000, Tabor-Verlag, Gaildorf; Textbüchlein vom selben Verfasser und Verlag.

Abwarten, bis das erste »Sei gegrüßt« gesungen wird, dann folgende Symbole synchron mit dem Text tanzen:

Tanzform

Text	*Symbol*
Sei gegrüßt, durch dich leuchtet das Heil hervor; sei gegrüßt, dunkel wird das Unheil vor dir.	Kreis
Sei gegrüßt, den gefallenen Adam richtest du wieder auf; sei gegrüßt, von ihren Tränen erlösest du Eva.	Rose/ Rosette
Sei gegrüßt, allem menschlichen Überlegen hoch überlegen bist du; sei gegrüßt, so abgrundtief erschauen dich die Engel nicht einmal	Stern
Sei gegrüßt, von Uranfang des Friedensfürsten Thron; sei gegrüßt, denn du trägst den, der alles erträgt.	Krone
Sei gegrüßt, du Stern, der offenbart die Sonne; sei gegrüßt, aus deinem Leib wird Gott der Menschensohn.	Hexagramm
Sei gegrüßt, aus dir wird die Schöpfung neu geboren; sei gegrüßt, durch dich wirkt der Schöpfer ungeboren als Kind.	Kreis
Sei gegrüßt, du jungfräuliche Mutter! So ganz ihres lauteren Wesens inne bekannte sie vor Gabriel: Das Wunder deiner Rede vermag ich nicht wahrzuhaben; denn mit Jauchzen kündest du mir die göttliche Erwählung an:	im Kreis stehen bleiben
Halleluja! Halleluja! Halleluja!	Krone

Tänzerische Gestaltung der Symbole

1. Kreis:
- Eng beieinander stehen, mit 4 Schritten rückwärts auseinander, rechter Fuß beginnt;
- Hände, die bei Beginn in V-Fassung sind, werden jetzt auf Schulterhöhe erhoben (Orantehaltung).

2. *Rose/Rosette:*
– Hände nach vorne, dann nach oben nehmen, dabei Oberkörper nach rückwärts beugen;
– Hände zur Mitte vorne nehmen und nach unten absenken.
3. *Stern:*
– Hände nach vorne nehmen, dabei 4 kleine Schritte vorgehen;
– Hände absenken, dabei 4 kleine Schritte rückwärts zurückgehen.
4. *Krone:*
– Hände nach oben nehmen, Handflächen nach oben strecken, dabei Fassung lösen;
– Hände seitlich absenken, so daß sie vor der Körpermitte des Nachbarn enden.
5. *Hexagramm:*
Je drei Tanzende sind gefaßt, das heißt, der übernächste wird angefaßt; beim großen Kreis wird jeweils der übernächste angefaßt.
– Gruppe 1 Hände nach oben nehmen, dabei Gruppe 2 die Hände nach unten,
– Gruppe 1 Hände nach unten auf halbe Höhe, Gruppe 2 Hände nach oben, halbe Höhe, so daß sich die Hände von Gruppe 1 und 2 berühren.
6. *Kreis:*
– Wieder zum Kreis durchfassen in der Orantehaltung,
– mit 4 kleinen Schritten zur Kreismitte, die Handhaltung bleibt,
– in dieser Fassung stehen bleiben und nach rechts und links leicht hin- und herwiegen bis zu
7. *Krone zu Halleluja:*
– Hände nach oben nehmen, Blickrichtung nach oben, dabei im Körper drehen (Spirale) nach rechts, links, rechts, links.

Hintergrund: Eine Teilnehmergruppe entwickelte im Rahmen eines Lehrgangs des Frankfurter Tanzkreises 1982 die tänzerische Form der Symbole zu diesem Hymnos. Der Hymnos Akathistos gilt als die älteste und schönste Mariendichtung und wird seit über 1200 Jahren in der Ostkirche gebetet und gesungen. Dieser Hymnos wird nicht im Sitzen gesungen, wie üblicherweise, sondern im Stehen. Zur Bildmeditation eignen sich besonders gut die Ikonen der »Gottesmutter vom unverbrennbaren Dornbusch«. Inhaltlich ist es eine Annäherung an das Bild und die Gestalt Marias, der Gottesmutter, an das Weibliche im Göttlichen.

Symbolbedeutung: Als Symbole sind gestaltet:

1. Kreis (siehe Symbolbeschreibung).

2. Rose/Rosette: Im Abendland ähnlich bedeutend wie der Lotos in Asien. Die Rose ist auch ein Mariensymbol, die mystische Rose; allgemein ist sie ein Symbol göttlicher Liebe. Die Fenster-Rosetten der mittelalterlichen Kirchen stehen in engem symbolischen Zusammenhang mit der Rose, dem Kreis und dem Rad. Sie gehen auf mesopotamische Vorbilder sowie auf syrische und koptische Modelle zurück. Die Rose ist begehrt wegen ihrer Schönheit und ihres Duftes; sie gilt heute fast ausschließlich als ein Liebessymbol, vor allem in ihrer roten Farbe.

3. Stern: Als Licht am dunklen Nachthimmel ist er Symbol für das die Finsternis durchdringende geistige Licht und Bringer des Lichtes. Maria wird gelegentlich mit einer Sternenkrone auf dem Haupt dargestellt. Die Vielzahl der Sterne symbolisiert die Verheißung Gottes an den alten Abraham, seine Nachkommenschaft werde zahlreich sein wie die Sterne am Himmel.

4. Krone: Ausdruck der Würde, der Macht und Weihe, der Freude. Sie hat transzendente Bedeutung. Gekrönt werden bedeutet Überhöhung. Die Krone des Lebens und der Unsterblichkeit versinnbildlicht den Zustand des ewigen Heils. Im Orient wie im Abandland findet man die Brautkrone als Hochzeitsbrauch. In der Ostkirche gehört die Hochzeitskrone zum festen Ritual (vgl. Hoheslied 3,11). Wir kennen die Krönung Mariens, verbunden mit dem Namen Maria-Regina = Maria-Königin.

5. Hexagramm: Ein sechszackiger Stern, gebildet durch zwei übereinanderliegende oder verschlungene Dreiecke. Wesensmerkmal ist die Vereinigung von Gegensätzen, zum Beispiel die Vereinigung von Feuer und Wasser, von Erde und Himmel, von weiblich und männlich, die Durchdringung von sichtbarer und unsichtbarer Welt. Das Salomonssiegel, auch Davidsstern genannt, entspricht diesem Symbol; es ist das Kennzeichen der Juden.

Heilende Elemente: Erfahrung verschiedener Symbole im Hinblick auf die weiblichen Anteile im Menschen und im Göttlichen. Die Bewegungen sind ruhig, konzentriert und betonen besonders die Gebärdensprache, das heißt alles ausdrückend, sie leben von Polaritäten und vereinigen sie gleichzeitig. Die Symbole können subjektive Identifikationsprozesse bewirken. Es ist auch der Nachvollzug religiöser Inhalte und die Annäherung an die Gestalt Marias möglich, also eine geistig-seelisch-leibliche Auseinandersetzung.

13. IRISH WASHER-WOMAN

Einfache Form, verändert und aufgezeichnet von Hilda-Maria Lander; Original ist gedruckt in: Tanzen will ich, von Hilda-Maria Lander, München 1983.

Zielgruppen: Für alle, auch behinderte Menschen.

Schwierigkeitsgrad: Leicht, auch im Sitzen tanzbar, wenn die Gehbewegungen auf die Hände übertragen werden.

Meditative Elemente: Gehen – innehalten, gehen (erdhaft) und hüpfen (loslösen, erlösen); Kreis in der Zentrifugalkraft der Bewegung, insbesondere wenn in mehreren konzentrischen Kreisen getanzt wird, Mitteverdichtung; bei Spiralweg Verdichtung und Ausdehnung, Stirb und werde.

Aufstellung: Im geschlossenen Kreis, Hände gefaßt in V-Haltung; es können auch kleine Tücher in den Händen gehalten werden.

Musik: The Irish washerwoman, RCA, SP 23018.

Tanzteile

Taktteile

1– 8 gehen in Tanzrichtung, 16 Schritte, rechter Fuß beginnt,

9–16 wiegen, im Wechsel rechts/links, 8 ×, dabei können die Hände nach unten hängen oder erhoben werden; anstelle des Wiegens kann auch gehüpft werden, das heißt, rechter Fuß hüpft und linker Fuß schwingt über rechtem Fuß, dann: linker Fuß hüpft und rechter Fuß schwingt über linkem Fuß, dies im Wechsel. Arme dabei erheben, eventuell Handhaltung lösen und über dem Kopf klatschen. Es können auch aus dem großen Kreis mehrere konzentrische Kreise entstehen, dadurch Verdichtung der Mitte, oder Spiralwege, oder Tor.

Hintergrund: Dem Originaltanz liegt die Geschichte irischer Waschfrauen zugrunde. Wenn sie ihre Wäsche am Bach gewaschen haben, tanzen sie und zeigen im Tanz die gewaschene Wäsche oder ein Wäschestück, das sie hochhalten. In der vereinfachten Form können Reste dieser Geschichte übernommen werden. Die Tanzenden können kleine Tücher in die Hände nehmen, bei den Takten 9 bis 16 die Arme und somit auch die Tücher erheben, auch schwenken. Wenn im Sitzen getanzt wird, kann das Tuch bei den Takten 1 bis 8 zusammengeknüllt und bei den Takten 9 bis 16 auseinandergefaltet und gezeigt werden. Dies ist eine günstige Form bei schwerer behinderten Menschen.

Symbolbedeutung: Durch die einfachen Tanzschritte ist eine ideenreiche Raumform, eine getanzte Architektur möglich. So ist der Tanz ein ausgesprochener Wegetanz mit Gehen, Vorwärtskommen, aber auch Innehalten, Verweilen. Das Verweilen kann erdorientiert durch Wiegen, hin und her, intensiviert werden oder durch Hüpfschritte, losgelöst von der Erde, himmelorientiert sein. Die Betonung der Längsachse des Leibes, des Eingespanntseins zwischen Erde und Himmel, ist in beiden Tanzformen enthalten, mit je unterschiedlichem Akzent. Die Längsachse ist auch Symbol für Zeit: der Mensch, der eingespannt ist in das Maß der Zeit. Die Symbole der Raumwege sind vielfältig und in ihren Wiederholungen fast unerschöpflich, verschiedene Kreise, Spirale, Labyrinth, Mäanderformen, durch das Tor gehen, das in diesem Bereich dem Symbol des Nadelöhrs oder dem Häuten der Schlange entspricht.

Heilende Elemente: Die Gleichgewichtsbalance wird durch das aktive Gehen und Innehalten angestrebt. Das Wiegen hat beruhigenden Charakter, vor allem auch, wenn Erwachsene diese Urbewegung bei sich wieder zulassen. In den Raumwegen können verschiedene Situationen gleichsam bewegend eingeübt, einverleibt werden:
- verdichten und ausweiten,
- zentrieren zur Mitte und ausdehnen in Weite und Breite,
- Spiralformen von »Stirb und Werde«,
- unendliche Mäanderwege mit ihren Umwandlungen und Umwenden,
- verdichtete Labyrinthform,
- Tor als Nadelöhr oder Häuten der Schlange.

Dieses Einüben in spielerischer Weise trägt in sich die Chance, diese Lebensthemen auf den Alltag zu übertragen.

14. JAKOBS TRAUM

Entwickelt und aufgezeichnet von Hilda-Maria Lander auf dem Hintergrund des Alten Testaments (Gen 28, 11–15).

Zielgruppen: Kinder bis ältere Menschen, auch behinderte Menschen; wenn die Zeit für die Schritte verdoppelt wird, auch für Rollstuhlfahrer.

Schwierigkeitsgrad: Leicht.

Meditative Elemente: Wiegen – innehalten, vorwärts – rückwärts, Kreisform, Traum als Sehnsucht und Beziehung zu etwas, was in und außer mir ist.

Aufstellung: Geschlossener oder geöffneter Kreis, Hände sind durchgefaßt, hängen nach unten, V-Haltung.

Musik: Jede getragene Musik, die »wiegende« Elemente hat, zum Beispiel Andante aus Concerto G-Dur für Salterio, Streicher und Cembalo von Paolo Salulini, Tudor Nr. 73017.

Tanzform

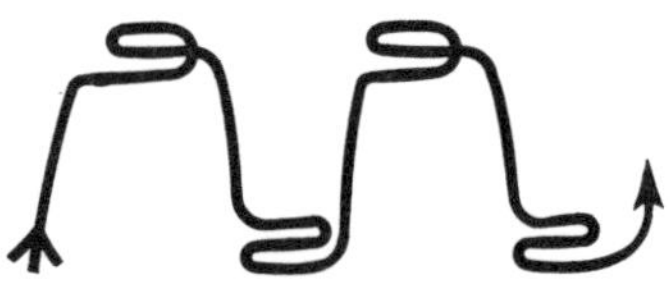

Ornamentik des Raumweges

Taktteile

1–2	Rechter Fuß schräg vorwärts zur Mitte linker Fuß schräg vorwärts zur Mitte	Hände dabei allmählich erheben
3–4	Wiegeschritt seitlich rechts, links, das heißt rechten Fuß zur Seite stellen, mit Gewicht, Gewicht auf linken Fuß zurückverlagern	mit erhobenen Händen
5–6	rechter Fuß rückwärts zurück linker Fuß rückwärts zurück	Hände allmählich senken
7–8	Wiegeschritt seitlich, wie bei Taktteilen 3–4; jedoch hängen Hände nach unten.	

Variante: Der Wiegeschritt (eventuell auch die Vor- und Rückwärtsschritte) kann verdoppelt werden, dadurch entsteht noch mehr Ruhe. Die Rückwärtsschritte können auch schräg rechts gesetzt werden.

Der Tanz kann auch in zwei oder mehreren konzentrischen Kreisen getanzt werden. Dabei kann der innere Kreis mit den Rückwärtsschritten beginnen.

Hintergrund: Gedanklicher Hintergrund ist die alttestamentliche Schilderung in Gen 28, 11–15, von Jakob, der sich bei seiner Wanderung abends hinlegte, mit einem Stein unter dem Kopf, und träumte. Er sah eine Leiter oder eine Treppe, auf der Engel auf- und niederstiegen, oben stand der HERR selbst und redete zu Jakob. Er stellte sich als sein Gott dar und versprach ihm Land, Nachkommen, seinen Beistand, ja daß er ihn nicht im Stich lassen wolle. Dieser Traum stärkte Jakob auf seiner Lebensreise. Es geht hier nicht um die theologische Deutung des Traums oder was Engel sind. Sie, die Engel, werden hier gesehen als Sinnbilder, die die Sehnsucht des Menschen nach Leben und Heil in die Korrespondenz bringen zu Gott oder einer Situation, die außerhalb des Menschen liegt, beispielsweise in Natur und Kosmos. Ob diese Engel reale Wesen oder gedankliche Gebilde sind, soll dahingestellt sein. Hier geht es um die Vermittlung, um den Dialog zwischen dem Menschen und dem, was außer ihm ist und von woher er Kraft und Sinn bekommt. Dieses »außen« kann auch in ihm selbst liegen.

Die Schilderung des Alten Testaments hat bereits einen Tanz aus Israel entstehen lassen, nämlich die Jakobsleiter (Sulam Yakov), auf Tänze aus Israel, Fidulafon 1282. Er ist anders als der vorliegende Tanz mit Musik und Bewegung gestaltet.

Symbolbedeutung: Im Tanz wird das Hin und Her, das Hinauf und Herunter sowohl im Tanzweg als auch in den Handhaltungen und Armbewegungen sichtbar. Die Hände, zunächst noch unten, sind erdorientiert, erheben sich allmählich, schwingen über den Menschen hinaus und senken sich wieder ab.

Durch den Tanzweg im Kreis wechselt ständig die Verdichtung zur Mitte und wieder das Weiten zur Peripherie. Verdichtung und Erweiterung des Kreises sind aufeinander bezogen, gleichsam als Verbindung von Gegensätzen, als ein Dialog.

Jakobs Traum, seine Vision mit dem Symbol der Leiter, wird teilweise auch in Zusammenhang mit Himmelsleiter, Weltberg, Stufenturm gebracht (Schwabe, 376). Sie sind Symbole, die eine Verbindung zwischen Mensch und Gott oder Göttern, der Transzendenz, auch dem Weg seiner Seele darstellen. Die Verbindung zu kosmischem Geschehen ist deutlich, zum Beispiel die Planeten, die an der Himmelsleiter auf- und absteigen, oder die Sonne, die den Weltberg, den Weltbaum, täglich erklettert (ebd. 377). Der Lebensbaum gilt vielfach auch als Leiter der Schamanen bei Krankheitsbeschwörung. Der Opferpfahl entspricht der Ahnenleiter, auf der die Ahnen zu Gott aufstiegen (ebd. 376). Es wird greifbar, sichtbar, spürbar der Beziehungsweg des Menschen zu Bereichen außerhalb von ihm – dies ist nicht nur dem magischen Denken zuzuordnen, sondern findet sich, wenn auch meist versteckt, tagtäglich in unseren seelischen Vorgängen wieder. Der Traum, die visionäre Vorstellung schaffen Bilder und Symbole unseres absteigenden, aufsteigenden, übersteigenden Lebens, die wir oft verleugnen, uns verbieten.

Der Faden der Ariadne wird auch als Seil gesehen, das Sicherheit und heilende Rückkehr bedeutet. Das Seil kann sich zur Leiter wandeln, die sich Jakob in seiner Vision geschaffen hat, als er am Rande der Wüste (!) lag. Der Mensch in seiner Einsamkeit, mit seinen Wünschen, mit seinen Wahnvorstellungen, mit seinem immer wieder enttäuschten Verlangen nach Liebe, mit seinen Träumen, in der fliehenden Bewegung nach vorn, entlang dem Seil, an dem er sich festhält, um nicht zu ertrinken – für diesen Menschen wird das Seil zur Jakobsleiter (n. Bejart): Jakobs Traum, das Seil, die Leiter in uns.

Heilende Elemente: Wiegende Schritte wirken sich harmonisierend aus. Dazwischen sind die eher dynamischen Schrittformen der Annäherung an Mitte, an Aufsteigen, an Transzendenz und auch wieder Distanzierung aus der Mitte, an Absteigen, an Annäherung der Peripherie, an die Erde. Es ist Spannung und Ausgleich im Wechsel, wahrhaft heilend.

Der weitere heilende Aspekt liegt in dem gedanklichen Hintergrund: dem aktiven Element der Sehnsucht, der Hoffnung nachgehen, ihm Bewegungsgestalt verleihen und dem Moment des Empfangens, sich »Gnade« schenken lassen, an die Verheißung glauben, etwas geschehen lassen, in Beziehung zu etwas treten – zur Mitte gegangen werden. Das Absteigen und Aufsteigen, Übersteigen, das Seilwandeln zur Leiter, das Zulassen von Träumen und Visionen kann zur Katharsis werden, zur schmerzhaften Reinigung, die neue Kräfte schafft.

15. KALAMATIANOS

Bekannter Tanz aus Griechenland, aufgezeichnet nach Bernhard Wosien von Hilda-Maria Lander.

Zielgruppen: Ältere Kinder bis ältere Menschen und leichter behinderte Menschen.

Schwierigkeitsgrad: Mittel; die Variationen sind leicht bis mittel.

Meditative Elemente: Daktylus-Rhythmus; symbolischer Nachvollzug der vier Jahreszeiten, Rückschritt – Fortschritt, Rücksicht – Vorsicht, Einsicht, Abstieg und Aufstieg, über sich hinausgehen, drehen und wenden.

Aufstellung: Im geschlossenen oder geöffneten Kreis oder in Schlangenform, Hände sind in V-Form gefaßt.

Musik: Jede Kalamatianos-Musik, zum Beispiel Kalamatianos (Samiotisa) auf: Greek Dance Party, Tikva 131, oder Kalamatianós auf: Greek Dances, Nevofoon 15021, oder andere griechische Musiken im Daktylus-Rhythmus (Pogonisios, Folkraft 1469).

Tanzform

Im Daktylus-Rhythmus: lang – kurz – kurz

Taktteile		Rhythmus
1–2	in Tanzrichtung rückwärtsgehen,	
	rechter Fuß rückwärts,	lang
	linker Fuß rückwärts,	kurz
	rechter Fuß rückwärts,	kurz
	auf dem rechten Fuß im letzten Moment eine halbe Drehung, so daß Front in Tanzrichtung,	
3–4	in Tanzrichtung vorwärtsgehen,	
	linker Fuß vorwärts,	lang
	rechter Fuß vorwärts,	kurz
	linker Fuß vorwärts,	kurz
	eventuell kann zu Beginn bei Takt 3 auf dem rechten Fuß ein kurzer Aufhüpfer gemacht werden,	

5–6	in Tanzrichtung eindrehen, rechter Fuß vorwärts,	lang
	linken Fuß vor dem rechten Fuß kreuzen,	kurz
	leichte Drehung, Gewicht auf rechten Fuß zurück,	kurz
	bei beiden »kurzen« Schritten gebeugter Oberkörper mit gebeugtem Knie,	
7–8	linker Fuß gegen Tanzrichtung in halber Drehung, ↺	lang
	rechten Fuß vor linkem Fuß kreuzen, linken	kurz
	Fuß an oder hinter rechten Fuß stellen.	kurz
	Diese Schritte können erhöht auf dem Ballen getanzt werden; die Arme werden nach oben gestreckt, bleiben jedoch gefaßt.	

Variation 1:
Takte 1–4 im Daktylus-Schritt vorwärts in Tanzrichtung,
Takte 5–6 im Daktylus-Schritt seitlich nach rechts,
Takte 7–8 im Daktylus-Schritt seitlich nach links, also ohne Ein- und Ausdrehen.

Variation 2:
Die Tanzform nur mit Gehschritten, also ohne Daktylus-Rhythmus tanzen.

Hintergrund: Kalamatianos ist in ganz Griechenland bekannt und beliebt. Er soll eine Variante des alten Kulttanzes Syrtos sein, allerdings wird er in der Regel etwas schneller getanzt. Vermutlich stammt Kalamatianos aus Kalamata, einer Stadt auf dem Peloponnes, und geht auf den Liedtext zurück: Wenn du nach Kalamata gehst.

Der Tanzanführer kann Sprünge und sonstige Improvisationen tanzen; er ist mit einem Tuch mit der gesamten Gruppe verbunden.

Symbolbedeutungen: Es gibt verschiedene Deutungsmöglichkeiten.
Jahreszeiten: Taktteile
1–2 Frühling, trotz oder gerade der Rückschritte wegen, der Sonne entgegen;
3–4 Sommer, mit freudigem Auftakt, die Körperfront der Sonne zugewandt;
5–6 Herbst, eindrehen, die Säfte der Pflanzen gehen zurück, insgesamt Rückzug in die Erde, zur Ruhe kommen;
7–8 Winter, in der äußeren Ruhe wächst viel Leben im Dunkeln empor, drängt nach oben und wartet auf die Frühlingssonne; Hoffnung, daß im dunklen, kalten Winter schon Leben wächst.

Insgesamt Wechsel von Aktivität und Ruhe; Rhythmen der Natur beachten und die eigenen Rhythmen darauf einstellen.

Andere Lebenszusammenhänge: Taktteile

1–2 Rückschritt/Rücksicht, dabei geht die Bewegung in Tanzrichtung, also vorwärts, der Sonne entgegen, es geht auch mit Rückschritten vorwärts;

3–4 Fortschritt/Vorsicht/Voraussicht, aktives Vorwärtsgehen;

5–6 Eintritt/Einsicht/Eindrehen/Einstieg/Abstieg; in die Erde absteigen durch drehende Spiralbewegung, eine Form von Eintauchen, um verwandelt, neu, geheilt emporzutauchen;

7–8 Übersicht/Übertritt/Auftritt, über sich hinaustanzen, hinaufdrehen in aufsteigender Spirale in die Transzendenz.

Heilende Elemente: Daktylus-Rhythmus als raumgreifender Schritt. Erfahren und Gestalten verschiedener Lebenssituationen, die auf das eigene Leben übertragen und zu einem Ganzen eingebunden werden können. Überdenken, wie weit wir mit den eigenen Rhythmen im Einklang mit den Naturrhythmen sind.

16. KARAWANE

Verändert und aufgezeichnet von Hilda-Maria Lander auf der Grundlage des israelischen Tanzes »Ahavat Hadassah« (Kamel).

Zielgruppen: Kinder, aber auch Jugendliche bis ältere und behinderte Menschen.

Schwierigkeitsgrad: Leicht; wenn die schaukelnde Kamelbewegung für manche etwas schwierig ist, kann sie auch nur »ungefähr« getanzt werden, zum Beispiel ein Rollstuhlfahrer nur durch eine Handbewegung.

Meditative Elemente: Ruhiges Gehen, wiegend-schaukelnde Form; die Vorstellung, in der Wüste zu gehen, in einer Karawane (uralter Pilgergedanke), unter teils schwierigen Bedingungen, auf die Hilfe der anderen angewiesen sein; Begrüßungsformen – sich öffnen, Gutes wünschen.

Aufstellung: In Reihen, keine zu große Gruppe; Hände sind gefaßt nach unten hängend (V-Form), oder die reizvollere Form: die linke Hand liegt auf dem eigenen Rücken und wird von der gestreckten rechten Hand des hinteren Tanzenden gefaßt, die eigene rechte Hand nach vorn gestreckt, um die linke Hand des Vordertanzenden auf seinem Rücken zu erfassen. Diese Fassung entspricht mehr dem Karawanengedanken.

Musik: Worldtone WT 10004; oder: Tanzchuchi Zyt 233 (Schweiz), Tanzen in Schule und Freizeit, Musiktitel: Ahavat Hadassah; oder: Silkroad (Seidenstraße) von Kitaro. Dies ist keine Originalmusik der israelischen Melodie, jedoch sind Rhythmus und Klang dem Charakter der Wüste und dem Gehen der Kamele abgelauscht und abgeschaut.

Tanzform

Taktteile	
1	Rechten Fuß in Tanzrichtung setzen und dabei vorwiegen, von oben her; auf den linken Fuß zurückwiegen, von unten her, dabei bleiben beide Füße stehen;
2	rechter Fuß in Tanzrichtung gehen, bedächtig aufsetzen linker Fuß in Tanzrichtung gehen, bedächtig aufsetzen
3–8	wie 1–2, das heißt insgesamt 4 × tanzen
9–10	Handfassung lösen zur Begrüßung: jeder erhebt die Hände, Handfläche nach vorne, ungefähr auf Augenhöhe (langsam),
11–12	beide Hände kreuzen vor der Brust, rechte Hand über der linken Hand, leichte Verneigung des Oberkörpers,
13–16	wie Takte 9–12.

Ornamentik des Tanzweges

Variante: Der Begrüßungsteil kann weggelassen und statt dessen können die Takte 1 bis 8 ständig weiter gegangen, oder es kann der Begrüßungsteil nur hin und wieder eingeblendet werden, wenn sich zwei Karawanen begegnen oder wenn sie in einer Oase eintrifft. Wenn der Begrüßungsteil reduziert wird, wirkt die Tanzform ruhiger; Kinder mögen jedoch eher die schnellere Abwechslung. Es kann also variabel mit den beiden Teilen umgegangen werden, entsprechend den Bedingungen der Wüste.

Hintergrund: Wer einmal in der Wüste, im Sand oder Fels und Sand gelaufen ist, erahnt die Bedingungen des Gehens, des langsamen, unaufhörlichen Gehens, des Umgangs mit sandigem und steinigem Untergrund, mit Wind, Sonne, Sandsturm, nächtlicher Kälte, nur den Horizont als Ziel. Beeindruckend deutlich werden hier die anderen Gesetze im Umgang mit sich und der Natur. Das Kamel, der treue und unentbehrliche Reisegefährte der Menschen, hat sich vermutlich seine Gangart über Jahrtausende durch die Naturbedingungen in dieser Weise entwickelt. Der Mensch, der auf dem Kamel seine Reiseroute »ging«, mußte sich in dieses Gehen des Kamels hineinwiegen oder selbst als Gehender diesem Rhythmus und dieser Gehart sich anpassen – auf seine Weise. Der Mensch wußte und weiß, daß ihm das Kamel bei solchen Wüstenreisen überlegen ist mit seinem Wasserspeicher, seiner hervorragenden Hitze-Kälte-Regulierung, oder wie es einfach seine Nasenlöcher verschließen kann, was bei Sandsturm äußerst komfortabel ist.

Der erste Teil des Tanzes (Takte 1 bis 8) stilisiert in seinen tänzerischen Bewegungen das Gehen der Kamele. Die einzelnen Gruppen versinnbildlichen die Karawanen. Der Begriff Karawane stammt aus dem Persischen und meint eine Reisegesellschaft, einen Kaufmanns- oder Pilgerzug, vor allem durch Wüstengebiete, um mit gegenseitiger Hilfeleistung die Reise durchzustehen. Die Weggefährten, sowohl Tiere wie Menschen, waren und sind buchstäblich lebensnotwendig. Dies ist auch ein wichtiger Aspekt beim Tanz. Die Begrüßungsform im Tanz ist noch heute üblich unter den Beduinenstämmen im Sinai-Gebiet (Israel–Ägypten).

Symbolbedeutung: Dieser Tanz symbolisiert das Leben oder Abschnitte des Lebens als Reise, als Pilgern, als langsames Vorwärtskommen, mit stetiger Ausdauer. Die Bedingungen sind oft hart, zugleich ist aber auch beeindruckend, wie die Wüste sich faszinierend und tödlich zugleich dem Wandernden zeigt. Die Schaukelbewegung im Tanz ist ein Vorwärts-rückwärts-Bewegen, ein erdorientiertes Innehalten und lösendes Aufwärts, es entspricht gleichsam dem Ein- und Ausatmen. Das Ziel wird nur langsam erreicht, oft lange nicht sichtbar, Geduld und Ruhe sind notwendig, die Hoffnung im Herzen. Leistungsorientierte Hetze ist hier tödlich.

Die Begrüßungsform – noch heute teilweise praktiziert und nicht nur in der Wüste – der erhobenen Hände bedeutet: Ich komme in friedlicher Absicht, ich habe keine Waffe in der Hand, ich bin dein Freund, du kannst mir vertrauen, meine verletzbaren Körperteile, mein Herz und meine Eingeweide, sind ungeschützt. Diese Handhaltung entspricht dem Orante, einer uralten Gebetshaltung, die in manchen Religionen noch heute praktiziert wird. Sind die Hände vor dem Körper und nicht seitlich gehalten, kann es eine Schutzhaltung sein. Die überkreuzten Hände schließen sich an die offene Handhaltung an, eventuell mit leichter Verneigung des Oberkörpers. Sie können vieles bedeuten: meine Hochachtung und Ehrerbietung für den anderen, der Anruf Gottes, Allah, Jahwe, als Gruß und Segen; ich nehme dich in mein Inneres; ich schütze mein Herz, meine Gefühle mit der rechten Hand, dem Sinnbild der Aktivitäten, der Ratio, und nehme den anderen in diesen Schutz mit hinein. Möglicherweise hat sich die Umarmung als Begrüßung aus diesen beiden Handgesten entwickelt.

Die heilenden Wirkungen dieses Tanzes sind bereits aus den symbolischen Bedeutungen abzulesen:
- den Lebensweg gehen, auch wenn es durch die faszinierend-tödliche Wüste geht;
- das Ziel oft nicht sehen, es zu wissen und doch nicht immer zu wissen;
- immer und immer wieder gehen, einem Anruf folgend, einer Hoffnung nachgehen;
- diese Gehform hat ausgesprochen beruhigende Wirkung, ausgleichend, ins Gleichgewicht bringend;
- die Begrüßung bedeutet Kommunikation mit den anderen, sich öffnen, sich wehrlos (ohne Gewehr) machen, dem anderen vertrauen;
- die Begrüßung bedeutet aber auch in Beziehung zu etwas kommen, was außerhalb von mir ist, einem Gott, mit der Welt, den anderen mittels dieser »transzendenten« Beziehung begegnen;
- nach der Begrüßung gilt es immer wieder Abschied zu nehmen, weiter seine Wege zu ziehen, ein Gleichnis für Lebenssituationen, der Bewältigung, der Ängste, der Freude des Ankommens;
- die Begrüßung hat zwei gegensätzliche Bewegungsformen, die harmonisierend wirken: nach außen öffnen, ausbreiten und sich nach innen falten, mit verschränkten Händen, sich auf innen beschränken, die Hände in der Form des Andreaskreuzes.

17. KYRIE ELEISON

Gebärden und Tanzschritte entwikkelt und aufgezeichnet von Hilda-Maria Lander und Maria-Regina Zohner nach einer volkstümlichen russischen Melodie.

Zielgruppen: Alle, jung bis alt, auch behinderte Menschen, zumindest in der Bewegung.

Schwierigkeitsgrad: Gebärdenform: leicht,
Tanzform 1: leicht,
Tanzform 2: leicht, bei freiem Ausdruckstanz mittelschwer,
Bittprozession: leicht.

Meditative Elemente:
- sich sammeln, von außen bewegend/kommend sich zur Zentrierung der Bitte finden;
- in der Zentrierung die Bitte dramatisieren, von sich weggehen, über sich hinausgehen, emporstrebende Kraft;

– sich öffnen, empfangen, sich preisgeben;
– eine Bittbeziehung herstellen zu sich, zu anderen, zu Gott, zum Universum;
– mit seiner Bitte umgehen, sie durchstehen, bewegen, den Stein zum Singen bringen.

Melodie und Text:

Gebärdenform

1. Zentrierte Bittform
Beide Hände sind nach außen gestreckt, ungefähr in Höhe der Leibmitte; sie bewegen sich von außen nach innen, bis sich die Handinnenflächen berühren oder fast berühren; diese Gebärde ist in verschiedenen Religionen auch eine Gebetsgestik.

2. Dramatisierte Bittform
Die sich (fast) berührenden Handinnenflächen werden in dieser geschlossenen Form langsam nach vorne und/oder oben bewegt; der Oberkörper oder der gesamte Leib bewegt sich den Händen nach.

3. Geöffnete Bittform
Die Hände bewegen sich langsam auseinander, breiten sich aus und senken sich seitlich allmählich zur Ausgangshaltung. Wenn die Teilnehmer dicht nebeneinander sitzen oder stehen, überkreuzen sich die Hände mit dem Nebensitzenden.

Der Weg der Hände entspricht einem romanischen Bogen oder einem gotischen Spitzbogen, je nach Ausführung.

Die drei Kyrie-Rufe werden 3 × wiederholt (siehe Bedeutung der Zahl Drei und Neun), dramatisierend bewegt und gesungen.

Ähnlich den alten russisch-orthodoxen Liturgiegesängen kann der Kyrie-Ruf mehrfach wiederholt, in urgründiges Flehen gesteigert werden,
zum Beispiel:

→ 3 × die Kyrie-Rufe wiederholen, mit Gebärde,
→ 3 × die Kyrie-Rufe summen (nicht singen), eventuell ohne Gebärden, dazu könnten Bitten gesprochen werden,
→ 3 × die Kyrie-Rufe singend wiederholen, mit Gebärden, dramatisierend, bestürmend abschließen.

Tanzform 1

Aufstellung im Halbkreis, ähnlich der Art und Funktion des »Chorus« im antiken griechischen Theater. Es kann auch im Kreis getanzt werden. Jeweils Beginn mit dem rechten Fuß:
1. alle gehen 4 Schritte nach rechts in Tanzrichtung,
2. alle gehen 4 Schritte vor zur Mitte und erheben dabei die Hände,
3. alle gehen 4 Schritte rückwärts zurück, wiegen am Platz nach rechts, links, rechts, links, beim Rückwärtsgehen Hände ausbreiten und mit ausgebreiteten Händen wiegen.

Der Halbkreis bewegt sich langsam nach rechts weiter; damit kann in einen Raum hineingetanzt werden. Die Melodie und der Tanz können beliebig lang wiederholt werden oder 3 × oder 9 × wiederholen wie bei der Gebärde.

Tanzform 2

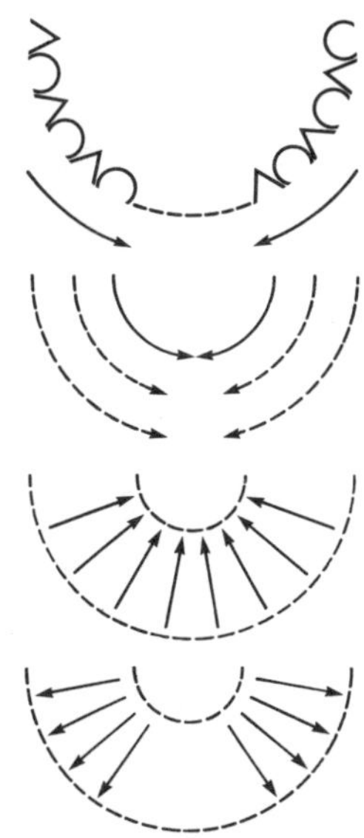

Die Tanzform entspricht in etwa der Gebärdenform, auf das Im-Raum-Gehen übertragen.
Aufstellung: zwei gerundete Reihen als geteilter Halbkreis, Hände sind gefaßt in V-Haltung.

1. Zentrierte Bittform
Die beiden Reihen gehen mit 4 langsamen Schritten aufeinander zu, rechter Fuß beginnt; es können auch mehr Reihen hintereinander sein.

2. Dramatisierte Bittform
Alle wenden sich nach vorne (Mitte), gehen mit 4 langsamen Schritten nach vorne und erheben dabei ihre Hände.

3. Geöffnete Bittform
Alle gehen mit 8 langsamen Schritten schräg rückwärts zum Ausgangsplatz zurück; Hände dabei öffnen und seitlich absenken.

Diese Tanzform kann auch als Ausdruckstanz in freier Form getanzt werden. Die Tanzenden sind im Raum verteilt und kommen bei 1. zu einer dichten Gruppe zusammen. Bei 2. geht diese Gruppe nach vorne, erhebt die Hände, und bei 3. gehen die einzelnen wieder auseinander, senken dabei die Hände.

Die Tanzform 2 kann auch mit der Gebärdenform verbunden werden, das heißt, einige tanzen diese Form, andere vollziehen gleichzeitig die Gebärde im Sitzen (Einbezug einer großen Gruppe möglich). Melodie und Tanz können wiederholt werden wie bei der Gebärdenform oder beliebig oft.

Bittprozession

Aufstellung: paarweise hintereinander für einen Prozessionsweg; Hände sind gefaßt.

1. 4 Schritte vorwärts, rechter Fuß beginnt,
2. stehenbleiben, Handfassung lösen, die Arme erheben wie bei der Gebärde Nr. 2;
3. stehenbleiben oder zwei Schritte rückwärts zurück, die Arme öffnen und absenken wie bei Gebärde Nr. 3; am Ende wieder Handfassung mit Partner.

Die Prozession nähert sich nur langsam dem Ziel.

Die Idee der Bittprozession erinnert an frühere Formen von Bittprozessionen in ländlichen Bereichen, bei denen durch die Felder und Wiesen gegangen wurde. Dies mag die tänzerische Umsetzung einer solchen Bittprozession sein – buchstäblich mit seiner Bitte umgehen. Melodie und Tanz so lange wiederholen, bis die Prozession am Ziel ist.

Pilgertanz: (siehe Seite 171) Diese Melodie kann auch nach dem Schrittmuster des Pilgertanzes getanzt werden.

Hintergrund: Das Lied ist eine russische volkstümliche Melodie, die an alte russisch-orthodoxe Liturgiegesänge erinnert. Einen Originaltanz dazu gibt es nicht.

Die Gebärden, Tanzformen und Bittprozessionen wurden für den Weltgebetstag der Frauen 1987 entwickelt und erstmals bei einer ökumenischen Tagung des Weltgebetstags der Frauen, Deutsches Komitee, im Juli 1986 in Stein bei Nürnberg mit Teilnehmerinnen in Bewegung umgesetzt.

Symbolbedeutungen: Bitten, flehen, seufzen, weinen, schreien ist eine von vielen Formen, in Beziehung zu *treten,* zu sich, zu anderen, zu Gott. Bitte im Tanz, in der kultischen Handlung ist gleichsam die Verdichtung der Alltagsbitten, das Zusammenwerfen der vielen kleinen und großen Nöte, Konflikte, die dann in Bewegung, auf einen Weg gebracht werden.

Die Ausgestaltung der Gebärden, Tanzformen und Bittprozession rankt um drei Wesensschwerpunkte:

1. Die *zentrierte Bittform,* bei der die Bittenden sich auf das Wesentliche zentrieren (um was will ich warum bitten?), darauf zugehen, sich einsammeln und Unwesentliches zurücklassen.

In der zentrierten Form treten die Bittenden, sich ihres Selbst bewußt, als Geschöpf dem Schöpfer gegenüber.

2. Die *dramatisierende Bittform* geht weniger davon aus, um jeden Preis die Erfüllung seiner Bitte in der jetzigen Vorstellung zu erzwingen, als vielmehr, sich ganz in die Bitte hineinzubegeben, selbst Bitte zu werden, sich in und durch die Bitte aufrichten, von sich weggehen, die eigenen Allmachtsphantasien übergeben.

3. Die *geöffnete Bittform* ist ein Leerwerden, um gefüllt werden zu können. Ich gebe meine »Verteidigungsinstrumente« (auch im geistigen Sinne gemeint) weg, öffne Hand, Leib, Seele, biete mich in meiner Verletzbarkeit an, um so Segen, Kraft, Liebe in mich aufnehmen zu können. Die drei Bewegungsformen entsprechen einem romanischen oder gotischen Bogen, je nach Ausführung. Bekannt ist, daß die Baumeister jener Zeit für die Architektur von Gotteshäusern die Maße des Menschen genommen haben. Vielleicht haben sie auch die tanzenden Bewegungen des Menschen in Stein umgesetzt. Der Mensch als lebendiger Tempel schafft sich einen Tempel aus fester Materie, um ihre Wirkweise wieder in sich aufzunehmen. Es wird davon ausgegangen, daß die romanischen, gotischen Bauweisen entsprechende Wirkweisen auf den Menschen ausüben, sich von den Gesetzen der Harmonik ergreifen lassen. Die dynamisch emporstrebende Kraft der Gotik und die ruhende erdorientierte der Romanik finden sich auch in den Bewegungen wieder.

Wiederholendes Bitten ist wie ein Pilgern auf einen Berg, an eine Quelle – Schritt für Schritt, Schrei für Schrei –, um den heilenden Geist zu erfahren. Es geht von solchen bewegenden Bittformen eine leiblich-seelisch-geistige Wirkung auf den Menschen aus. Geschieht die Bitte mit anderen Bittenden, kann sich die Wirkung vervielfachen.

Heilende Elemente: Das Singen trägt wie eine Art Klangteppich den bewegenden und schreitenden Bittenden. Sich auf Wesentliches in seiner Bitte konzentrieren, entscheiden kann bereits heilende Wirkungen haben, verstärkt durch Bewegungen. Die Bewegungen entsprechen der pulsierenden Herztätigkeit, zusammenziehen – ausstoßen und ausströmen, verströmen und wieder einsammeln. Der Mensch in seiner Verfaßtheit ist das Maß der Bewegungen, auch wie er seine Bitten bewegt, bündelt und losläßt, dreht und wendet – ein heilsamer Vorgang.

Bitte ist auch Suche, ungewiß im Ausgang, jedoch bergend im Tun, in der Erfahrung.

18. MENOUSSIS

Tanz aus Nord-Griechenland (Epiros), ursprünglich ein Männertanz; aufgezeichnet von Hilda-Maria Lander nach der Fassung von Anneliese Schmolke. Es gibt verschiedene Formen von Menoussis; diese Form ist schlicht und vermutlich eine der ältesten Formen.

Zielgruppen: Jugendliche bis ältere Menschen; für leicht behinderte Menschen; für Kinder nur bedingt, sie müssen etwas tanzerfahren sein; die Vermittlung des Inhaltes bedarf für sie einer eigenen spezifischen Weise.

Schwierigkeitsgrad: Mittelschwer; erfordert ein wenig Tanzerfahrung und methodische Vorübungen.

Meditative Elemente: Wirkung des Halbkreises als Element des Tanz-Chorus; rückwärts – vorwärts; hoch – tief, Kreuzschritt als Schließen; Trauer und Trauerverarbeitung.

Aufstellung: Halbkreis nach Art des Chorus im antiken griechischen Theater oder in mehreren kleinen Gruppen; Hände in W-Fassung auf Augenhöhe oder Hände auf den Schultern des Nebentanzenden (Männerhaltung); Ausgangsposition: Rechter Fuß kreuzt ohne Gewicht über linkem Fuß.

Musik: Jede Menoussis-Musik; es gibt schnellere und langsamere Musiken. Eine mittelschnelle Musik ist Menoussis auf Greek Dances, Ansambl Recija, Nevofoon 15021.

Tanzform

Taktteile

1	Rechter Fuß vorwärts in Tanzrichtung
2	linker Fuß vorwärts in Tanzrichtung
3	rechter Fuß vorwärts in Tanzrichtung
4	linken Fuß vor rechtem Fuß überschwingen
5	linker Fuß gegen Tanzrichtung gehen
6	rechter Fuß gegen Tanzrichtung gehen
7	linken Fuß an rechten Fuß setzen, mit Gewicht, Körperfront zur Kreismitte
8	beide Fersen heben und senken
9–10	Wiegeschritt rückwärts und vorwärts, das heißt, rechten Fuß rückwärts setzen, Knie beugen, dann Gewicht nach vorne auf linken Fuß nehmen
11–12	rechten Fuß über linken Fuß kreuzen und auftippen, ohne Gewicht

Der Tanz soll aufrecht, ruhig und selbstbewußt mit kleinen Schritten getanzt werden.

Ornamentik des Tanzweges

Variante: Die Taktteile 1 bis 3 können auch als Linksdrehung getanzt werden, dabei wird notwendigerweise kurz die Handhaltung gelöst, die Hände werden jedoch während der Drehung in Augenhöhe belassen.

Hintergrund: In dem alten Lied »Menoussis« wird ein dramatisches Ereignis erzählt, das sich in Epiros (Nordgriechenland)

19. TANZ DES MONDES

Entwickelt von Bernhard Wosien, aufgezeichnet und gedeutet von Hilda-Maria Lander.

Zielgruppen: Jugendliche, auch ältere Kinder, Erwachsene, ältere Menschen und leichter behinderte Menschen.

Schwierigkeitsgrad: Mittel bis leicht.

Meditative Elemente: Polaritäten durch das Symbol Mond erfahren und vereinen, wie Fülle und Leere, Werden und Vergehen, Hin und Her als wiegendes Element, Verdichten und Weiten des Kreises, Wachstumsrhythmen der Natur.

Aufstellung: Geschlossener oder offener Kreis, eng nebeneinander stehend, Hände in V-Fassung oder untergehakt, dabei die Hände nach oben richten.

Musik: Jede langsame, getragene Musik, zum Beispiel Concerto D-Dur für Gitarre und Streicher, Andante largo, von Antonio Vivaldi auf Galakonzert in Venedig, Deutsche Grammophon 2535 630.

Tanzform

Ornamentik des Raumweges

Taktteile

1–2 Linker Fuß schräg vorwärts mit Gewicht,
rechten Fuß nachziehen an linke Ferse, mit Gewicht,
linker Fuß schräg vorwärts, mit Gewicht,
rechten Fuß an linke Ferse stellen, ohne Gewicht,

3–4 rechten Fuß nach rechts seitlich stellen,
linken Fuß hinter rechtem Fuß kreuzen, mit Gewicht,
dabei Körper leicht nach links drehen,
rechten Fuß nach rechts seitlich stellen,
linken Fuß an rechten Fuß stellen, ohne Gewicht.

Symbolbedeutungen: Mondtänze und Mondkult gab es vorwiegend im Matriarchat. Elemente davon finden sich allerdings auch später und in der Symbolik bis heute. Sämtliche Religionen befassen sich sowohl mit der Sonne als auch mit dem Mond. Wie die Mondtänze aussahen, können wir nur vermuten. Entsprechend den Tanzelementen lassen sich eine Reihe von Tänzen lunar deuten (Sachs, 88), bis in die Gegenwart. Die Mondtänze führten oft zu Ekstase, Trance und völliger Erschöpfung (Göttner-Abendroth). Es ist gleichzeitig die Teilnahme am Tod des Mondes oder der Mondin. Es war »eine heilige Sache, mit dem Geschick des nächtlichen Gestirns mitzuleiden« (Hugo Rahner). Bei Vollmond gab es Freudentänze, die oft in Erotik übergingen. Ursprünglich tanzten nur Frauen die Mondtänze, da nur sie die Kraft besitzen, menschliches Leben dauernd wiederkehren zu lassen, ähnlich den Zyklen des Mondes. Der Mond symbolisiert sowohl den biologischen Rhythmus wie auch die vergehende

Zeit, die an ihm gemessen wird. Der Mondkalender hat sich vor dem Sonnenkalender entwickelt.

Bei vielen Völkern wurde der Mond als Gott oder Göttin verehrt, zum Beispiel bei den Römern als Luna, bei den Griechen als Selene. Wegen seines Vergehens und Wachsens und seiner Einflüsse auf die Erde, zumal auf den weiblichen Organismus, steht er seit jeher in engem Zusammenhang mit der weiblichen Fruchtbarkeit, mit dem Regen. – Nach Sachs ergeben sich folgende Hauptmotive für bildhafte Mondtänze:

- Mondbahn mit Kreisform, vor- und zurücktreten,
- Mondphasen mit Zu- und Abnahme, beispielsweise gebücktes Hocken zu Beginn, dann allmähliches Aufrichten, Heben und Senken der Arme, Gegenbewegung der beiden Reihen, helle und dunkle Kleidung, Kreisform für den Vollmond, oval für den Halbmond.

Elemente von Mondtänzen haben sich bis heute erhalten.

In diesem Tanz wird die Mondsichel nachgetanzt, das Hin und Her. Durch die Kreisverdichtung und Weitung wird der abnehmende und zunehmende Mond spürbar, die Fülle und Leere, die sich beide bedingen. Die Takte 1 bis 2 sind eine Art Hinkschritt, Wachsen und Gedeihen, also Fruchtbarkeit ist in diesen Bewegungen eingeschlossen. Die eingehakte Armhaltung symbolisiert Licht (Form einer Kerze). Dieser Tanz kann auch mit brennenden Kerzen getanzt werden, so daß der Mondtanz dann zum Lichtertanz werden kann.

Heilende Elemente: Die Bewegungen sind ruhig und doch durch das mondsichelförmige Tanzen bewegt, wiegend. Der Mond als weibliches Symbol enthält die immer wiederkehrende Hoffnung auf Leben, Wachstum, aber auch das Erfahren des Vergehens. Das eine bedingt das andere.

20. WIE EINE PALME IM WIND

Vereinfachte Form des israelischen Tanzes »Tzadik Katamar«, verändert und beschrieben von Hilda-Maria Lander und Maria-Regina Zohner.

Zielgruppen: Ältere Kinder bis ältere Menschen; leichter behinderte Menschen; die Variante ist für alle, auch schwer behinderte Menschen tanzbar.

Schwierigkeitsgrad: Leicht bis mittel; die Variante ist leicht.

Meditative Elemente: Gehen – Verweilen, Wiegen, Kontakt zur Erde und zum Himmel (in Spiralform); Wesenselemente der Palme: elastischer, haltbarer Stamm, Lebensbaum und Baum des Lichtes.

Aufstellung: Geschlossener oder offener Kreis, Hände in V-Fassung

Musik: Tzadik Katamar, Tikva Records, T 147, auch auf anderen Schallplatten.

Tanzform

Teil I, Taktteile

1–2 Zwei langsame Gehschritte in Tanzrichtung, rechter Fuß, linker Fuß,

3–4 zwei langsame (oder 4 schnelle) Wiegeschritte, Front zur Kreismitte, nach rechts, nach links, dabei die Arme über den Kopf erheben und hin- und herschwingen (der Wind in den Palmen),

5–8 Takte 1–4 wiederholen.

Teil II

1–2 Die Arme sind auf Augenhöhe erhoben und in Form einer Schale oder Lotosblüte ausgebreitet; die Schritte sind langsam:
rechter Fuß zur Seite, nach rechts, mit Gewicht, linken Fuß vor dem rechten Fuß kreuzen, mit Gewicht, der Oberkörper dreht sich in Spiralform nach unten mit,

3–4 auf rechten Fuß Gewicht zurückverlagern, mit Gewicht, linker Fuß zur Seite, nach links, mit Gewicht,

5–6 rechten Fuß vor linkem Fuß kreuzen, mit Gewicht, Gewicht auf linken Fuß zurück, mit Gewicht,

7–8 rechter Fuß rechts zur Seite, mit Gewicht, Gewicht auf linken Fuß zurückverlagern, mit Gewicht, Arme sind erhoben, } seitlicher Wiegeschritt

9–16 Takte 1–8 von Teil II wiederholen
von vorne mit Teil I beginnen.

Variante: Sämtliche Bewegungen werden im Sitzen auf Stühlen (auch Rollstühlen) ausgeführt; die Armhaltungen bleiben gleich, die Fußbewegungen werden weggelassen oder im Teil I auf die Hände und Arme übertragen.

Hintergrund: Der Originaltanz ist insgesamt schneller und hat eine Reihe von Schrittkombinationen. Dem Tanz (Original und Veränderung) liegt der Psalm 92,13 zugrunde: »Der Gerechte wird grünen wie ein Palmbaum, er wird wachsen wie eine Zeder auf dem Libanon.« Der Originaltanz gehört zu den chassidischen Tänzen. Die Chassidim, fromme Juden, feiern ihre Gottesdienste mit Musik, Bewegung, Tanz und Gesang, sie beten zu Gott »mit Leib und Seele«. Sie sprechen auch nicht von einer Gebets*haltung*, sondern von der Gebets*bewegung*.

Symbolbedeutung: Grundlage dieses veränderten Tanzes ist die Symbolbedeutung der Palme und die Beziehung des Menschen zu diesem Baum. Die Palme kann bis zu zwanzig Meter hoch werden, sie hat einen elastischen Stamm, den der Wind nicht brechen kann; sie kann bis zu 300 Jahre alt werden. In verschiedenen Kulturen galt die Palme als Gottesbaum (Babylonien) oder Lebensbaum (Ägypten), Baum des Lichts (Griechenland). Palmzweige sind Symbol für Sieg, Freude, Frieden. Die immergrünen Blätter sind Sinnbild für das ewige Leben. In Ägypten, jedoch auch in anderen Kulturen ist die Palme häufig Vorbild für die Gestaltung von Säulen. Bäume sind ohnehin Vorbild für die Säulengestaltung. Aus dem heiligen Hain der Bäume, in dem Gott wohnte, wandelte, sind die Tempel mit ihren Säulen entstanden, die zu Holz oder Stein geronnenen Lebensbäume. Die Säulen sind die Verbindung zwischen Himmel und Erde, Symbol für Festigkeit und tragende Kraft. Sie können Sinnbild der Bäume, Lebensbäume sein mit Wurzel, Schaft/Stamm, Kapitell als Laub. Zuweilen sind Säulen auch die Verkörperung der menschlichen Gestalt (capitellum = Köpfchen). So wie die Bäume sind auch Säulen – auch alleinstehende – Sinnbild der Weltachse. Im Märchen stehen Bäume immer dort, wo sich Entscheidungen vollziehen (Gerichtsbaum) oder wo von Glück berichtet wird (Schliephacke, 13). Die Verbindung von Baum-Säule-Mensch sehen wir in der Korenhalle der Akropolis in Athen: Menschengestalten sind die haltenden und wandelnden Baumsäulen.

Im Tanz selbst wird symbolisiert:

Teil I: Bewegen und Wiegen im Wind, Festigkeit, Standfestigkeit und Nachgiebigkeit zugleich, die Verbindung zwischen Himmel und Erde. Der Bezug zur menschlichen Wirbelsäule wird deutlich. Kraft steckt in der Elastizität, im situativen Nachgeben als Gegensatz zur Konfrontation: widerstehen im Nachgeben und schließlich sich aufrichten, über sich hinauswachsen.

Teil II: Hier wird der letzte Gedanke von Teil I vertieft durch die Drehung in der Wirbelsäule, das seitliche Herunter- und Hinausspiralen mit den geöffneten Armen und einem Wiegen am Ende. Das Aufrichten, Emporspiralen ist ebenso wichtig wie das harmonische Herunterspiralen, sich der Erde zuneigen, sich ganz in die Bewegung hineinfallen lassen, ohne hinuntergezogen zu werden. Diese Spiralform zeigt sich auch in manchen Säulen eingraviert oder in einer bestimmten Flechtart des Bändertanzes.

Heilende Elemente: Sie zeigen sich bereits in den Symbolbedeutungen, sowohl im bewegungstechnischen Anteil als auch im geistig-emotionalen Hintergrund von Baum und Säule. Der Bewegungsbereich enthält in rhythmisch-harmonischem Wechsel Gehen und Wiegen (Teil I), erd- und himmelorientiert, das vorkreuzende Abspiralen und aufrichtende Aufspiralen (Teil II). Es gibt eine Reihe von Bewegungsübungen in der Eutonie, im T'ai Chi, die diese heilenden Bewegungen bewußt und gezielt anbieten. Insbesondere Teil II enthält wertvolle Gleichgewichtselemente, die in gesonderter Weise vertieft werden können.

Im geistig-seelischen Bereich bestehen durch den Symbolhintergrund Identifikationsmöglichkeiten der Stärke durch elastische Beweglichkeit, körperlich-geistig-seelisch gleichermaßen gemeint, der Zähigkeit und des »Sich-Hängenlassens« in ganz besonderer Weise. Stärke und Kraft in betont weiblicher Gestaltungsform – nach unserer derzeitig männlich-konfrontierenden Kraftvorstellung – könnten die Einseitigkeit verringern und die Balance von weiblich-männlich darstellen. Kraft schöpfen hat seine Entsprechung im Wasser – aus dem Brunnen schöpfen: Kraft und Druchstehvermögen, Beweglichkeit und Zähigkeit, aus denen sich bewegliche Anmut = Grazie = Gnade entwickeln können.

21. PILGERTANZ

Alter Kulttanz aus verschiedenen Ländern und Kulturen, aufgezeichnet von Hilda-Maria Lander nach Bernhard Wosien.

Zielgruppen: Kinder bis alte Menschen, auch behinderte Menschen; ohne Rückschritt auch für kleinere Kinder.

Schwierigkeitsgrad: Leicht.

Meditative Elemente: Vorwärts – rückwärts gehen im Wechsel, aktiv sein – innehalten, wiegender Schritt (Urbewegung), Verdichtung in der Gruppe, sich gegenseitig halten, Wegetanz, Pilgergedanke.

Aufstellung: Im Kreis, Hände sind durchgefaßt, *oder* die rechte Hand liegt auf der linken Schulter des Vordertanzenden; kann auch in Schlangen getanzt werden oder im offenen Kreis.

Musik: Jede ruhige, tragende Musik verschiedener Richtungen, z. B. Barock-Musik: Kanon von Pachelbel, auf Soul Symphonie, Lefevre RLP 16027.
Modern: Kitaro, Silkroad, LC 2090.
Folklore: langsamer Titel auf: 12 Sirtakis von Mikis Theodorakis, RCA Cl 30055.

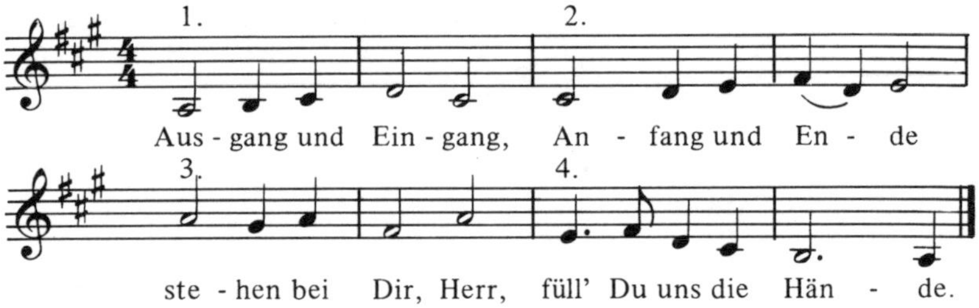

Text und Melodie von Joachim Schwarz (1962), allerdings in C-Dur.

Tanzform

Ornamentik des Raumweges

Taktteile

1 Rechter Fuß nach rechts in Tanzrichtung
2 linker Fuß nach rechts in Tanzrichtung
3 rechter Fuß nach rechts in Tanzrichtung } Wiegeschritt
4 Gewicht auf linken Fuß zurückverlagern }

Mit dieser Tanzform können auch markierte Symbole wie Spirale, Labyrinth begangen werden, sei es in einem Raum oder im Freien, zum Beispiel Rasen-Labyrinth oder mit Steinen ausgelegte Spirale oder Labyrinth. Dabei kann die Tanzhaltung aufgelöst werden, so daß jeder allein geht, ungefähr in 2–3 Meter Abstand. Während der ganzen Zeit kann auch gesungen werden.

Ist die Gruppe größer, kann dieses Begehen 20 bis 60 Minuten dauern – ein sehr beeindruckendes Erlebnis. Die erste und letzte Tänzerin halten emotional die Gruppe, für die Tanzenden beruhigend.

Hintergrund: Dieser Pilgertanz ist in unterschiedlichen Ländern und Kulturen anzutreffen:

– Vermutlich ist dies ein alter griechischer Hochzeitstanz, der vom Brautpaar mit dem Priester, vielleicht noch einigen anderen, um den Altar getanzt wurde. Die symbolische Bedeutung: Werden und Vergehen. In abgelegenen Gebirgsdörfern gilt dieser Tanz noch heute als Hochzeitstanz, der in der Kirche um den Altar getanzt wird.

– Bei einem Stamm in Afrika (nach mündlicher Information) wird dieser Tanz noch heute, ebenfalls als Hochzeitstanz, um den Altar getanzt.

– Im alten Inka-Reich, heutiges Peru in Südamerika, wurde dieser Tanz zu Ehren des Herrschers getanzt. Die Tanzenden schritten paarweise in Form einer Prozession dem Herrscher entgegen, auf seinen Thron zu.

– In Äthiopien wird dieser Tanz am Epiphaniefest von Priestern in einer kultischen Handlung getanzt.

– Als Variante ist diese Tanzform auch in unserer Echternacher Springprozession zu finden, drei Schritte vor, zwei Schritte zurück; sie wird noch heute gesprungen, das heißt springend getanzt.

Der Tanz dürfte eine Urform (archaische Form) sein, die ohne direkte Beeinflussung in verschiedenen Ländern, Zeiten und Kulturen entstanden ist.

Symbolbedeutung: Die Aufstellung im Kreis und die Tanzschritte werden verglichen mit einer Perlenschnur oder einer Gebetsschnur, oder einem Rosenkranz. Die Tanzenden bilden die Perlen. Die Zwischenräume, ausgefüllt durch die Armhaltung, stellen die Schnur dar, auf der die Perlen aufgereiht sind. Durch das ständige Wiederholen der einfachen Tanzschritte, dem Vorwärts und Rückwärts, gleicht der Tanz einem Mantra, einer Litanei, einer bewegten Gebetsschnur, einem Rosenkranzgebet oder der beschwörenden Wiederholung einer Bitte, eines Dankes, eines Vorsatzes, einer zärtlich-liebenden Aussage. Es ist gleichsam die Ekstase in der Innerlichkeit (Enstase). Diese Tanzform dürfte in ihrer Schlichtheit und vielschichtigen Eindeutigkeit einem Urbedürfnis des Menschen entsprechen, auch in seinen ständig sich wiederholenden Elementen, ähnlich dem Rhythmus der Gezeiten des Meeres. So gesehen ist es auch ein kosmischer Tanz. Der Pilgertanz enthält Entwicklungen nach innen (Enstase) und nach außen (Ekstase) – durch rhythmisierte, wellenartige Ruhe in Ekstase geraten. Zugleich ist es eine Grundform des Maßnehmens, des Besinnens auf die Grundstruktur jeglichen Lebens. Tobias Brocher meint (bezogen auf die Echternacher Springprozession): »Es gibt auch Stillhaltemomente, die notwendig sind. Zum Beispiel glaube ich, daß Menschen in einem Nullwachstum oder einer Nullsituation leben müssen, weil sie vor einer bestimmten Entscheidung stehen. ... Das ist Angst vor Verantwortung, Angst vor Neuem, Angst vor Änderung, die einfach ein Stück Ruhe oder Rückschritte braucht, so wie das Anlaufnehmen vor einem (schwierigen) Sprung« (aus »Dienstagsgespräche mit Zeitgenossen, hrsg. von G. Rein, Stuttgart 1976).

Das Stillhalten ist auch zu vergleichen mit Fastenzeiten, mit dem Fasten vor wichtigen Situationen, Entscheidungen und Festen.

Heilende Elemente: Die Schrittform ist im Wechsel aktiv und innehaltend, verbunden mit einem Wiegeschritt (Urbewegung), in den meisten Fällen eingebunden, gehalten in der Gruppe. Die einzelnen werden mitgetragen und tragen die anderen mit.

Der geistige Inhalt des Pilgerns, der Pilgerstraßen, der Prozession, der Wege auf ein Ziel hin, ohne dieses Ziel immer genau zu wissen, enthält die tragende Hoffnung der Lebensbewältigung, das Umgehen damit – die Hoffnung und der Glaube, die heilend wirken können.

22. SHABBAT-RUF

Mit Erzieherinnen entwickelt und aufgezeichnet von Hilda-Maria Lander nach einer israelischen Melodie. Der Text, der diesem Tanz und der Musik zugrunde liegt: »Ich will singen, liebliche Hymnen und Lieder dichten, denn meine Seele verlangt nach Dir.« Ein Lied nach einem im 1. Jahrhundert nach Chr. entstandenen Text; Teil des Mussaf-Gebetes am späten Morgen des Shabbats.

Zielgruppen: Kinder bis ältere, auch behinderte Menschen.

Schwierigkeitsgrad: Leicht.

Meditative Elemente: Inhalt und Sinn: den Shabbat betanzen; Kreise erfahren (Solokreis und Kreis der Gruppe); Verdichtung zur Mitte, sich einpendeln und sich wieder auf den Weg machen.

Aufstellung: Geschlossener Kreis, Hände in V-Fassung.

Musik: An'im Zmirot, auf: Shalom, Calig 30594.

Tanzform

Taktteile	
1– 4	Rechter Fuß beginnt, 8 Schritte in Tanzrichtung,
5– 8	mit 8 Schritten eine Rechtsdrehung am Platz, jeder für sich; zu Beginn der Drehung sind die Hände unten, die sich während der 8 Schritte erheben und am Ende erhoben sind; der Vorgang ist eine aufsteigende Spirale, die rechte Hand ist führend,
9–16	wie Takte 1–8,
17–20	rechter Fuß beginnt, 8 Schritte zur Mitte, dabei allmählich die Hände erheben nach vorne und oben,
21–24	am Platz 4 seitliche Wiegeschritte nach rechts, links, rechts, links,
25–28	8 Schritte rückwärts zurück, die Arme allmählich senken,
29–32	am Platz 4 seitliche Wiegeschritte nach rechts, links, rechts, links, Hände hängen nach unten.

Ornamentik des Raumweges

Hintergrund: Der Tanz ist sowohl für Kinder wie für Erwachsene, ältere und behinderte Menschen gleichermaßen geeignet.

Symbolbedeutungen: Die Tanzelemente symbolisieren das Wesen des Shabbats mit den Aspekten: innehalten, die Schöpfung an diesem Tag an den Schöpfer zurückgeben, die Seele erneuern, die Ruach (Geist, Odem) ausstreuen (Takte 5 bis 8 und 12 bis 16). Der Tanz ist letztlich ein Lobgesang auf den Shabbat, auf den Schöpfer, die gesamte Schöpfung, er ist Gebet.

Heilende Elemente: Innehalten, sich rückbesinnen und rückbesingen durch den bewegenden Leib auf etwas, was außerhalb unseres Begreifens ist.

Die Bewegungen vereinen das Umkreisen der Mitte; verdichten zur Mitte hin, in der Mitte sich bewegen (lassen).

23. SHALOM VON JERICHO

Entwickelt und aufgezeichnet von Hilda-Maria Lander und Maria-Regina Zohner.

Zielgruppen: Ältere Kinder bis ältere Menschen und leichter Behinderte; die Variante ist für alle geeignet.

Schwierigkeitsgrad: Leicht bis mittel; die Variante ist leicht.

Meditative Elemente: Kreis, gehen – innehalten, (Gebets)Gebärden der Himmel-Erd-Beziehung, ausgreifende Drehbewegung um die eigene Achse, Lotos in den Händen, in den Shalom kommen, umwandeln, umdenken, erneuern, innehalten, gewaltlose Umwandlung.

Aufstellung: Geschlossener oder geöffneter Kreis, auch mehrere konzentrische Kreise sind möglich; Hände sind in V-Haltung gefaßt.

Musik: Likrat Shabat (Willkommen Shabbat), auf: Chassidic Dances, Tikva 147; Lekha Dodi, auf: Shalom, Calig 30594.

Tanzform

Taktteile

1– 4 In Tanzrichtung ↗ mit dem rechten Fuß beginnen, drei Schritte vorwärts gehen, das heißt rechter, linker, rechter Fuß, linken Fuß an rechten Fuß beistellen, ohne Gewicht,

5– 8 linker Fuß vorwärts zur Mitte ↑, rechtes Knie beugen, rechten Fuß an linke Ferse heranziehen, gebeugtes Knie, ohne Gewicht,
rechter Fuß rückwärts zurück zum Ausgangsplatz, Knie strecken, ↓

linker Fuß an rechten Fuß, tip, ohne Gewicht,
linker Fuß vorwärts zur Mitte ↑, rechtes Knie beugen, rechten Fuß an linke Ferse heranziehen, gebeugtes Knie, ohne Gewicht,
rechter Fuß rückwärts zurück zum Ausgangsplatz, linken Fuß an rechten Fuß beistellen, *mit* Gewicht ↓ (da Takt 1 mit rechtem Fuß beginnt).
Jeweils beim Vorwärts-Schritt Hände nach oben nehmen und beim Rückwärts-Schritt Hände nach unten absenken, dabei Oberkörper leicht verneigen.

9–16 Takte 1–8 wiederholen,

17–20 mit 8 schnellen Schritten (oder 4 langsamen), rechter Fuß beginnt, einen Kreis mit-sonnen gehen ↻, dabei ist die rechte Hand führend von unten nach oben (Spirale durch Körperdrehung), so daß am Ende die rechte Hand erhoben ist. Zu Beginn der Bewegung ist die rechte Hand geschlossen, allmählich beginnt sich die Hand während der Drehung zu öffnen, so daß am Ende die »Lotos-Hände« geöffnet sind.

21–24 Wie Takte 5–8,

25–32 wie Takte 17–24.

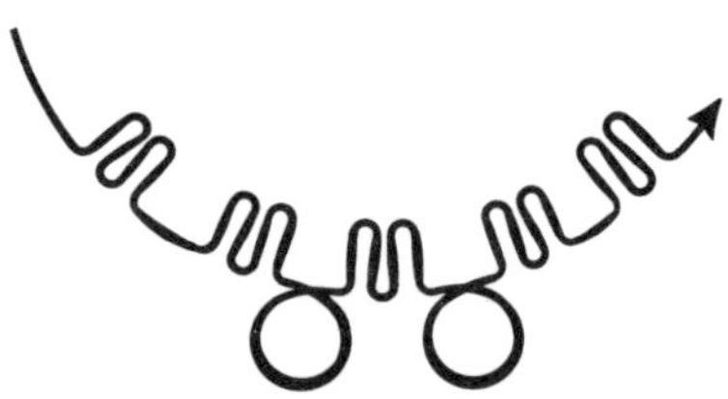
Ornamentik des Raumweges

Variante: Im Sitzen tanzbar; die einzelnen Bewegungsformen werden auf die Hände, Arme, den Oberkörper übertragen, das Gehen wird mit den Händen angedeutet.

Hintergrund: »Shalom von Jericho« ist eine Neuschöpfung nach alten Bewegungsmotiven und symbolhaltiger Gebärdensprache. Vorläufer dieses Tanzes war »Jericho« (Lander), der in seiner tänzerischen und hintergründigen Ausdruckskraft erweitert wurde.

Symbolbedeutungen: Drei verbindende Gedanken liegen dem Tanz zugrunde. Shalom/Friede, die gewaltlose Umwandlung von Jericho und Shabbat in hebräischer Tradition.

Shalom: Die griechische Bibelübersetzung verwendet 25 verschiedene Worte, um den je verschiedenen Sinn von Shalom wiederzugeben. Zwei Bedeutungen möchten wir herausstellen:

– Shalom im ursprünglichen Sinne ist das glückliche Gedeihen aller Lebensbereiche, sowohl des einzelnen als auch der Gemeinde. Shalom ist das Glück aus dem menschlichen Miteinander und der engagierten Bindung an Gott.

– Shalom in einer alten, meist vergessenen Deutung heißt im Gleichgewicht sein, ins Gleichgewicht kommen, mit sich, mit den anderen, mit seiner Umgebung, mit Gott, mit einem anderen Sein. Gleichgewicht heißt auch in Beziehung sein, im Dialog, in der Begegnung.

Beide Auffassungen bedeuten Friede, wie Shalom gewöhnlich übersetzt wird.

Die Umwandlung von Jericho: Jericho im Alten Testament (Josua 3) wird unter anderem auch mit dem Labyrinth in Verbindung gebracht, mit zwei verschiedenen Vorstellungen: Jericho als Labyrinth und Jericho in der Mitte des Labyrinths. Die Umwandlung dieser Stadt, deren Mauern dann einstürzen, kann je nach ursprünglicher Bedeutung als Schutzfunktion gesehen werden oder als Umwandlung einer heilsbedürftigen Stadt. Nehmen wir den Gedanken der heilsbedürftigen Situation, so kann und soll diese gewaltlos umwandelt werden. Neues soll allmählich geschaffen werden – siebenfache Umwandlung, die Mauern sollen gewaltlos überwunden werden. Vorrangig war nicht das Geschrei, der Lärm, der die Mauern einstürzen ließ, sondern die Umwandlung in konzentrierter Stille. Der Schutzgedanke zeigt sich ebenfalls bei der Umwandlung einer Stadt als Ort des Shalom. Ähnlich ist das Umtanzen eines Baumes im Gedanken des Shalom zu sehen. Der Baum als Lebensbaum ist schutzbringend, aber auch schutzbedürftig. In diesem Sinne treten wir in Beziehung zu ihm, tanzen um ihn.

(Nachzeichnung aus: Labyrinthe, v. Hermann Kern, Prestel Verlag, 1982)

Die Schöpfung zurückgeben am Shabbat: Shabbat (hebr.) bedeutet unter anderem: innehalten, aufhören. Mit dem Innehalten ist gemeint: dem Schöpfer seine Schöpfung am siebten Tag »wieder zu Füßen legen« (De Vries, 63). Shabbat bedeutet nicht einfach Ruhetag. Innehalten ist die Chance, seinen Umgang mit der Schöpfung, mit sich, mit dem Schöpfer neu zu bedenken. Die Seele erneuert sich.

Diese drei Gedanken als zusammengefaltete Deutung:
- in den Shalom kommen;
- Shalom mit mir gehen lassen;
- mit Shalom wandeln, umwandeln (Schutz und Erlösung),
- immer wieder innehalten, neu bedenken und
- die Schöpfung loben.

Auf den Tanz, die Bewegungsformen bezogen:

Die Takte 1 bis 4 (auch in ihren Wiederholungen) enthalten wandeln mit dem Ziel im Herzen, innehalten;
die Takte 5 bis 8 sind Shalom = Gleichgewicht mit mir, im kosmischen Bezug, Dialog nach oben, unten, hinabtauchen;
die Takte 21 bis 24 können bedeuten:
– Das Ausstreuen der Ruach (hebr.), des Odems, des Geistes in der Drehbewegung mit aufsteigender Spirale. Ruach bedeutet der Geist, der die Beziehung ist zwischen dem, was in Erscheinung tritt (Leib), und dem, was nicht in Erscheinung tritt (Seele), also eine Verbindung herstellt.
– Das allmähliche Öffnen der Hände bis zu »Lotos in den Händen« kann ein winziger Augenblick vorweggenommener Hoffnung der Erfüllung, der Blüte des Shalom, der Umwandlung durch konzentrierte Stille sein. Mit diesem tausendblättrigen Lotos in den Händen wird in den nachfolgenden Bewegungen Dank, Verneigung, Bitte, Glück ausgedrückt – offen, zielgerichtet, verborgen, konzentriert. Lotos ist auch Symbol für Vollkommenheit, Ganzheit, ein heiliges Sonnensymbol.

24. SONNENSTRAHLENTANZ

Nach Bernhard Wosien aufgezeichnet von Hilda-Maria Lander.

Zielgruppen: Jugendliche, auch ältere Kinder, Erwachsene, ältere und leichter behinderte Menschen.

Schwierigkeitsgrad: Leicht

Meditative Elemente: Sonne und Kreis als Sonnensymbol, Sonnenrad, rückwärts – vorwärts und allmählich weiterziehen, immer zur Mitte zentriert, ausdehnen und zusammenziehen.

Aufstellung: Geschlossener oder geöffneter Kreis, Hände in W-Fassung.

Musik: Jede langsame, getragene Musik, z. B. Kanon von Pachelbel auf Soul Symphonies oder Kitaro, Silk road (modern).

Tanzform

Taktteile

1 Rechter Fuß rückwärts zurück } Hände senken sich
2 linker Fuß rückwärts zurück }
3 rechter Fuß vorwärts und Gewicht vorverlagern
4 linken Fuß mit Gewicht rückverlagern Wiegeschritt
5 rechter Fuß vorwärts und Gewicht vorverlagern

6 linker Fuß vorwärts 7 rechter Fuß nach rechts zur Seite 8 linker Fuß schließt an rechten Fuß mit Gewicht	Hände erheben sich allmählich zur W-Fassung

Ornamentik des Raumweges

Symbolbedeutung: Die Sonne ist bei allen Völkern eines der wichtigsten Symbole, sie wird auch als Gott verehrt. Sie verkörpert das Licht, das Feuer, also lebenspendende Elemente. Ihre Strahlen machen die Dinge erkennbar, deshalb wird sie auch mit Gerechtigkeit verbunden – »die Sonne bringt es an den Tag«. Christus wird auch die Sonne der Gerechtigkeit genannt. Die Sonnenscheibe erscheint als Nimbus über dem Haupt Gottes oder als »Heiligenschein« bei den Heiligen der christlichen Religion.

Das älteste Sonnenzeichen ist ein Kreis oder ein Kreuz, das von einem Kreis umschlossen wird, der Vorläufer des Sonnenrades. Sonnen- oder Feuerräder kennen wir auch heute noch beim Brauchtum an Sonnwendfeiern. Die Sonnentänze waren gestalterisch anscheinend nicht so vielfältig wie die Mondtänze. Unser Sonnenstrahlentanz symbolisiert natürlich die Sonnenstrahlen, die Wärme und die Helligkeit, die sie spenden. Vielleicht veranschaulicht dieser Tanz auch die große Sehnsucht nach Licht, selbst noch inmitten der Nacht (Mitternachtssonne).

Heilende Elemente: Der Kreis in seiner »strahlenden« Erweiterung und im Zurückkommen; Licht und Sonne als Symbol des Lebens erfahren, meditierend ergehen.

25. TANZ MIT TÜCHERN

Enwickelt und aufgezeichnet von Hilda-Maria Lander nach einer lettischen Tanzidee.

Zielgruppen: Ältere Kinder bis ältere, auch leicht behinderte Menschen. Die Variation ist auch für schwerer behinderte Menschen, auch Rollstuhlfahrer geeignet.

Schwierigkeitsgrad: Mittel, die Variation ist leicht.

Meditative Elemente: Nehmen und Geben, Symbol Kreis, Wiegen, sich durch das Tuch darstellen, sich weitergeben.

Aufstellung: Geschlossener Kreis, jeder hat ein Tuch, ungefähr Kopftuchgröße, in der linken Hand; die Hände sind in V-Fassung.

Musik: Jede langsame, tragende Musik, zum Beispiel Zemer Atik.

Tanzform

Taktteile

1– 4	In Tanzrichtung, mit dem rechten Fuß beginnend 4 langsame Schritte, Wiegeschritte nach rechts, links, rechts, links,
5– 8	wie Takte 1–4,
9–12	mit dem rechten Fuß beginnend 8 langsame Schritte in einer Rechtsdrehung gehen, dabei das Tuch zwischen beiden Händen halten und zeigen,
13–16	wieder am Ausgangsplatz stehen und wiegen, dabei Tuch nach rechts schwenken, langsam Tuch nach links schwenken, langsam Tuch nach rechts schwenken, langsam, dann Tuch nach rechts weitergeben mit der rechten Hand, dabei die linke Hand nach links ausstrecken um das neue Tuch von links zu empfangen.

Anstelle des Tuches können auch Blumen oder andere Dinge, Geschenke weitergereicht werden. Die Tanzhaltung kann in den Takten 1 bis 8 auch folgendermaßen sein: Die rechte Hand ruht auf der linken Schulter der Vordertanzenden; die eigene linke Hand mit dem Tuch ist in die Kreismitte gestreckt. Der Kreis ist bei dieser Form insgesamt dichter und bei den Wiegeschritten, die nach außen und innen gehen, schwingender.

Variation: Als einfache Tanzform:

Taktteile

1– 4	8 langsame Schritte in Tanzrichtung gehen,
5– 8	4 × langsam wiegen, nach rechts, links, rechts, links,
9–12	Tuch über den Kopf herumführen, oder eine Drehung mit 8 Schritten gehen,
13–16	Tuch langsam hin- und herschwenken, jedoch nicht weitergeben.

Hintergrund: Die lettische Tanzidee, auf die sich diese Tanzschöpfung bezieht, ist folgende: Wenn Mädchen in Lettland Tücher für den Liebsten gestickt haben, tanzen sie damit, um ihr Tuch den anderen zu zeigen und das der anderen zu sehen. Die Tücher werden so lange weitergegeben, bis sie wieder zu den Eigentümerinnen zurückkommen. Anstelle der bestickten Tücher können in unserem Tanz die eigenen Lieblingstücher oder selbst gemachte Batiktücher gezeigt und herumgereicht werden. Eine Frauengruppe kam auf die Idee, daß jede ein Batiktuch anfertigt, um es zu verschenken. Diejenige, die am Ende des Tanzes das Tuch hat, darf es behalten.

Es können auch einfarbige Tücher genommen werden, die in der Reihenfolge des Farbkreises im Kreis verteilt sind. Es wird dann ein wandernder Farbkreis.

Symbolbedeutungen: Dieser Tanz hat drei Schwerpunkte:
- mit einem Medium, hier das Tuch, im Tanz umgehen;
- dieses Tuch, als ein Stück von mir, den anderen zeigen, vielleicht auch bewundern lassen;
- dieses Tuch, diesen Teil von mir weitergeben und gleichzeitig ein neues Tuch bekommen – geben und nehmen.

Das Tuch, vielleicht mein Lieblingstuch oder ein selbst gemachtes, ist ein Teil von mir. Diesen Teil gebe ich weg, lasse ihn los und vertraue ihn den anderen an. Gleichzeitig bekomme ich ein Tuch von der Nachbarin, das ich anschauen kann und mit meinen Wünschen, Gefühlen, Ideen weitergebe. Das Tuch der anderen geht durch mich durch. Es hat sich gewandelt, ehe ich es weitergebe. Wenn am Schluß jeder wieder sein Tuch hat, bekommt er es mit vielen Gefühlen und Gedanken der anderen zurück. So ist das Tuch des einzelnen auch ein Stück »Gruppentuch« geworden.

Heilende Elemente: Das Schwingen der Tücher, das Mitschwingen, Mitwiegen mit unserem Leib wirkt beruhigend. Es ist wichtig, daß ich mich, hier über das Symbol Tuch, präsentiere, selbstbewußt mich durch das Tuch den anderen zeige und die anderen mit ihren Tüchern wahrnehme. Der Wechsel von Geben und Nehmen, das Weitergeben, trägt zum inneren Gleichgewicht bei.

26. TRATTA

Tanz aus Griechenland, ursprünglich ein Frauentanz, aufgezeichnet von Hilda-Maria Lander nach Antzaka, Evangelia (Tanzform 1), Sachs Curt (Tanzform 2), Weege (Tanzform 3).

Zielgruppen: Jugendliche bis ältere Menschen, für Kinder, die etwas Tanzerfahrung haben, für behinderte Menschen, soweit sie nicht stark körper-, geistig- oder mehrfachbehindert sind.

Schwierigkeitsgrad: Leicht bis mittelschwer, wenn er ohne Daktylus-Rhythmus getanzt wird, ansonsten mittelschwer, weniger geeignet für gehbehinderte Menschen und Rollstuhlfahrer, da für sie der Wechsel von Vorwärts- und Rückwärtsschritten relativ schnell ist, es sei denn, daß eine sehr langsame Musik genommen wird. Die Tanzform 1 ist leichter, die Tanzform 2 schwieriger, die Tanzform 3 ist leicht.

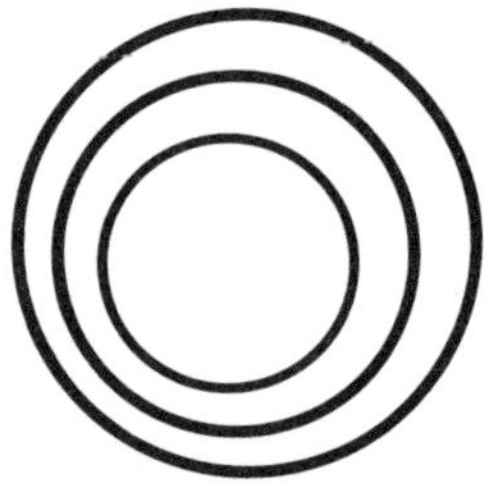

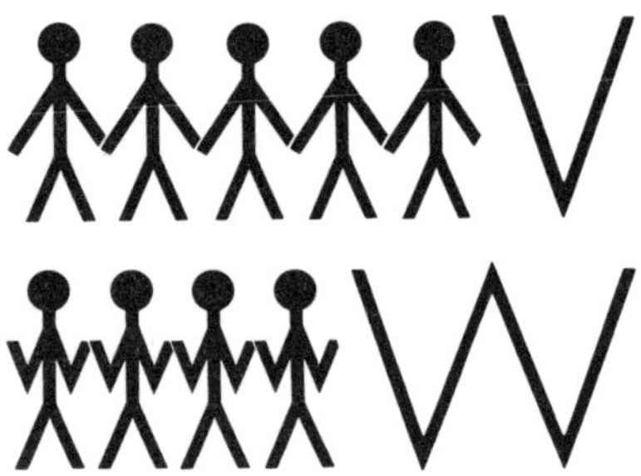

Meditative Elemente: Kreis, verstärkt, wenn in konzentrischen Kreisen getanzt wird; zur Mitte verdichten – zur Peripherie weiten (Atemvorgang), Wellenform, vorwärts – rückwärts, werden – vergehen.

Aufstellung: Geschlossener oder geöffneter Kreis, mehrere konzentrische Kreise erhöhen die Wirkung; Hände sind durchgefaßt, entweder nach unten hängend (V-Fassung) oder am kleinen Finger einander festhaltend auf Augenhöhe (W-Fassung). Die Tanzenden können auch ein kleines Tuch in ihre Hand nehmen.

Musik: Die Originalmusik ist derzeit im deutschen Handel nicht erhältlich; als Ersatz kann jede mittelschnelle oder langsame griechische Musik genommen werden, zum Beispiel

- für Daktylus-Rhythmus: Pogonisios, Folkraft 1469,
- für 4/4-Rhythmus: »Die kleine Schwalbe« (mittleres Tempo) oder »Ich habe die Liebe gesehen« (langsames Tempo) auf: 12 Sirtakis aus Griechenland von Theodorakis, CL 30055.

Tanzform 1 (nach Antzaka):

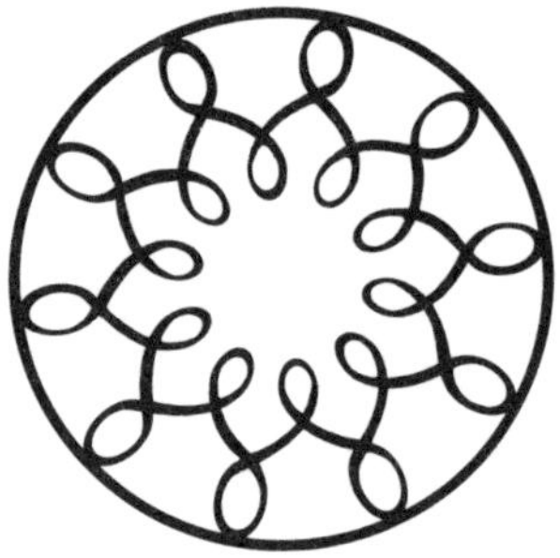

Ornamentik des Tanzweges

Taktteile

1 Linker Fuß vorwärts schräg nach rechts,
2 rechter Fuß vorwärts schräg nach rechts,
3 linker Fuß vorwärts schräg nach rechts, dabei im letzten Moment eine kleine 1/4 Linksdrehung, so daß Körperfront zur Mitte steht,
4 rechter Fuß gerade (oder schräg) rückwärts zurück,
5 linker Fuß gerade (oder schräg) rückwärts zurück,
6 rechter Fuß gerade (oder schräg) rückwärts zurück, dabei im letzten Moment eine kleine 1/4 Rechtsdrehung.

Der Tanz kann auch mit dem rechten Fuß begonnen werden.

Tanzform 2 (nach Sachs):

Taktteile

1 Linker Fuß kreuzt vor rechtem Fuß, beide Knie leicht beugen,
2 rechten Fuß zur Seite stellen nach rechts,
3 linken Fuß an rechten Fuß stellen, Füße leicht anheben,
4 rechter Fuß rückwärts zurück,
5 linker Fuß rückwärts zurück,
6 rechten Fuß an linken Fuß stellen, Füße leicht anheben.

Die Körperfront bleibt während des Tanzes weitgehend der Mitte zugewandt.

Taktteile
1 Linker Fuß vorwärts in Tanzrichtung,
2 rechter Fuß vorwärts in Tanzrichtung,
3 linker Fuß vorwärts in Tanzrichtung,
4 rechten Fuß an linken Fuß stellen, mit Gewicht,
5 linken Fuß am Platz aufsetzen,
6 rechter Fuß rückwärts zurück.

Die Kolonnenform kann sich auch in eine Kreisform umwandeln, dann wird entsprechend die Tanzform 1 genommen.
Alle drei Tanzformen werden mit kleinen Schritten getanzt. Vom Rhythmus her kann sowohl der 4/4-Rhythmus, aber auch der Daktylus-Rhythmus genommen werden, der reizvoll, jedoch etwas schwieriger ist. Die Rhythmisierung beim Daktylus-Rhythmus:

1 lang	3 kurz	5 kurz
2 kurz	4 lang	6 kurz

Hintergrund: Tratta ist ein sehr alter Tanz, zeitlich jedoch nicht bestimmbar. Er wurde und wird noch immer am Montag nach Ostern in Megara (bei Antzaka heißt es am Dienstag nach Ostern), zwischen Athen und Korinth, nur von Frauen getanzt. Von der näheren und weiteren Umgebung kommen die Frauen und tanzen Tratta. In neuerer Zeit dürfen diesen Tanz auch Männer mittanzen, allerdings nicht am Montag nach Ostern. Es gibt noch einige kleine andere Orte Griechenlands, wo Tratta am Ostermontag getanzt wird. Als Tratta kommt er auch in Süditalien vor; er wird dort meist zum Begräbnis getanzt. Einen ähnlichen Frauentanz soll es auf der Insel Korfu geben, allerdings nicht als Begräbnistanz. »Die Frauen ordnen sich zum Tanz in dicht aufgeschlossener Kolonne zu mehreren nebeneinander. Sie fassen sich an den bis zur Brusthöhe erhobenen Händen, die kleinen Finger ineinandergehakt, während in den rückwärtigen Reihen eine oder die andere das Ende eines Taschentuches in der Hand hält, das in den Gürtel der vorher Schreitenden eingehakt ist. Die Musik beginnt, der Vortänzer, der einzige Mann, ladet durch Gruß mit dem leichten Osterpanama und durch leichte Verbeugung die Frauen ein. Die Kolonne setzt sich in Bewegung und schreitet in langsamem Rhythmus im Kreise herum: drei Schritte voraus, zwei auf der Stelle, einen zurück ... Ganz ebenmäßig und einheitlich bewegt sich diese so wirksame und fesselnde Frauenkolonne. Den Blick nach vorn oder zu Boden gesenkt, niemals jedoch dem Beschauer zugewendet, die Gesichter in tiefem Ernst, schreiten sie dahin. Es liegt

Tanzform 3 (nach Weege): in Kolonnenform nebeneinander, gefaßt

Vornehmheit, Anstand und auch eine gewisse Grazie darin. ... Es ist ein ungemein interessantes und reizvolles Bild, besonders durch die Weihe, die in Ausdruck und Haltung sich kenntlich macht. Ich bin der Ansicht, daß dieser Tanz aus der antiken Zeit stammt und dem alten Tempel- oder Kulttanz nachgebildet ist, der einst um den im Freien vor dem Tempel stehenden Altar ausgeführt wurde« (Weege).

Die Schritte sind klein, leicht und doch erdhaft, nichts soll übersprungen werden. Meditativ verinnerlichte Wirkung entsteht erst durch die kleinen Schritte, die zudem erlauben, daß der Tanz stundenlang ohne Unterbrechung getanzt werden kann (Ansätze zu Versenkung, Trance, kollektiver Schwingung). Wenn in mehreren konzentrischen Kreisen getanzt wird, tanzen die älteren Frauen in der Mitte, die jüngeren in den äußeren Kreisen.

Symbolbedeutung: Nachweislich konnte bislang keine eindeutige Symbolbedeutung gefunden werden. Zwei Möglichkeiten der Deutung bieten sich uns an, die in der heutigen Praxis vermutlich ineinander verschmelzen:

1. Der Tanz entstammt aus vorchristlicher Zeit dem Mondkult. Der Mond, Symbol der Fruchtbarkeit, wird den Frauen zugeordnet. Die Frauen tanzen hier die Verbindung zu kosmischen Ereignissen, den Rhythmus der Natur in stetem Wechsel von Kleiner- und Größerwerden (hier Kreisverdichtung – Kreiserweiterung). Vielleicht war Tratta ursprünglich sogar ein Fruchtbarkeitstanz. Der Tanz beginnt nach der alten Fassung mit dem linken Fuß. Dies entspricht der Betonung des Weiblichen, des Gefühlsmäßigen. Die linke Körperhälfte wird dem Gefühlsbereich, auf der Seite des Herzens, zugeordnet, längst ehe die moderne Gehirnforschung den menschlichen Körper in rechte und linke Hälften einteilte.

2. Christliche Bedeutung: Ostern als Auferstehung Christi wird in verschiedenen Kulturen zur Sonne in Beziehung gebracht. Der Sonnenkult entwickelte sich nach dem Mondkult und ist weitgehend männlich orientiert. Christus wird mit der Sonne verglichen, die Licht, Wärme, Kraft, Leben bringt, Leben ist. Frauen waren es, die zuerst das leere Grab Christi entdeckten, denen Christus erschien und die die Kunde von der Auferstehung verbreiteten. Vielleicht soll auch dies durch den Tanz am Osterdienstag ausgedrückt werden, verbunden mit dem Sterben am Karfreitag (Beziehung zum Mondkult). Auch ein Mann kann nur durch eine Frau geboren werden und muß in den Schoß

der Mutter Erde zurückgehen. Verstärkt wird das Element des Werdens – Vergehens – Werdens im Tanz auf eine dynamische und dramatische Weise, wenn die älteren Frauen in der Mitte tanzen, die jüngeren weiter außen. Die älteren Frauen sind bereits näher dem Zentrum, sie sind näher dem Tod als Umwandlung, werden jedoch von den jüngeren begleitet. Sie gehen also nicht allein den Weg des Sterbens, den Weg des Auferstehens, sondern dies ist eine bewegende Sache der ganzen tanzenden Gemeinschaft, auch als eine Form der Trauerbewältigung. Je dichter am Zentrum getanzt wird, desto kleiner müssen die Schritte und Bewegungen sein, desto stärker tritt das »Drehen und Wenden« hervor; vorwärts – rückwärts schauen, senkrecht im Lot tanzen als Symbol für Zeit und Ewigkeit.

Heilende Elemente sind zu sehen
- im Eingebundensein in kosmisches, auch religiöses Geschehen, der einzelne ist nicht allein, isoliert;
- im Kreis mit seinem Gehaltenwerden darin und Geborgenheit;
- in dem Verdichten und Weiten im Kreis, entsprechend dem Atemvorgang;
- in den kleinen Drehungen, Wendungen;
- in der Handhaltung, die V-Haltung und W-Haltung haben unterschiedliche Auswirkungen;
- im ständigen Wiederholen der kleinen Schritte, die ein »engelsgleiches Schweben« erzeugen;
- in den wellenförmigen Bewegungen mit dem Bezug zum Wasser, aber auch den wellenartigen Rhythmen und Schwingungen;
- in dem Vorwärts-Rückwärts, dem Werden und Vergehen, dem Gegenwärtigsein durch Hereinnahme von Vergangenheit und Zukunft.

27. TSAKONIKOS

Alter Tanz aus Griechenland, aufgezeichnet von Hilda-Maria Lander nach der englischen Beschreibung von Beverley Bernes.

Zielgruppen: Ältere, tanzerfahrene Kinder, Jugendliche bis ältere Menschen, bedingt auch für behinderte Menschen, soweit sie nicht stark körper-, geistig- oder mehrfachbehindert sind.

Schwierigkeitsgrad: Mittelschwer bis leicht-schwer, je nach Tanzerfahrung. Es ist für uns ungewohnt und nicht ganz einfach, sich den 5-Rhythmus des Tanzes einzuverleiben.

Meditative Elemente: Verschiedene Wege mit ihren Windungen, Spirale, vor allem der Labyrinth-Gedanke; innehalten und sich (kurz) erheben, Erfahrung des 5-Rhythmus, langsames Vorwärtskommen; Rolle des Wegweisers am Beginn einer Gruppe und gleichzeitig die Verbindung innerhalb der Gruppe.

Aufstellung: Geöffneter Kreis oder Linie, Arme sind untergehakt, Hände nach oben gerichtet als Lichtsymbol, darin kann auch eine Kerze gehalten werden.

Musik: Tsakonikos, Folkraft 1462

Tanzform

Teil I, Taktteile

1 Rechter Fuß schräg rechts vorwärts ↗
2 linker Fuß kreuzt über rechten Fuß, mit Gewicht ↷
3 rechten Fuß rückwärts zurücksetzen ↓
4 linken Fuß an rechten Fuß stellen, mit Gewicht ↓
5 Pause, das heißt bewußt stehen.

Dieser Teil wird insgesamt 8 × getanzt.

Ornamentik des Tanzweges

Teil II, Taktteile

1 Rechter Fuß vorwärts in Tanzrichtung, →
2 linker Fuß vorwärts in Tanzrichtung, →
3 rechter Fuß vorwärts in Tanzrichtung, →
4 auf rechtem Fuß kleiner, verhaltener Hüpfer, ohne den Fuß vom Boden wegzunehmen, dabei linken Fuß leicht anheben,
5 linker Fuß vorwärts in Tanzrichtung. →

Dieser Teil wird insgesamt 8 × getanzt.

Ornamentik des Tanzweges: Der Schritt 4 ist eine Art Loslösen von der Erdenschwere.

Hintergrund: Tsakonikos gilt als *der* Labyrinthtanz. Ihm liegt, wie fast allen Labyrinthtänzen, der griechische Mythos von Theseus zugrunde, der das Ungeheuer Minotaurus im Labyrinth tötet, mit Hilfe des Fadens und des Lichts der Ariadne kommt er heil aus dem Labyrinth und erlöst die anderen, die im Labyrinth waren.

Der Tanz symbolisiert die lange Reise durch das Labyrinth. Die Handhaltung deutet auf die Lichter, die den Weg durchs Labyrinth weisen. In den Händen können auch Tücher gehalten werden als Symbol des Ariadnefadens. Curt Sachs, wohl auch andere Tanz-Historiker meinen, daß dieser Labyrinthtanz auf den uralten Kranichtanz, auch »Geranos« genannt, zurückgeht. Die konkrete Entstehung des Tsakonikos aus dem Geranos ist letztlich jedoch nicht geklärt. Die symbolische Vielfalt des Kranichs und Kranichtanzes kann jedoch Hinweise geben.

Symbolbedeutungen: Ungewöhnlich ist der 5-Rhythmus, meist als magische, aber auch heilende Zahl gesehen. Jeder Teil des Tanzes wird 8 × getanzt, das dürfte kein Zufall sein. Die liegende Acht ∞ gilt als Zeichen der Unendlichkeit, der Ewigkeit, des ewigen Lebens mit dem Kreuz im Schnittpunkt. Die achtmalige Wiederholung jedes Teiles mit je 5 Taktteilen ergibt 40 Taktteile (8 × 5). Die Zahl 40 hat in Israel, aber auch in anderen Kulturen große Bedeutung, zum Beispiel 40 Tage dauert die Fastenzeit vor Karfreitag und Ostern. Fasten bedeutet auch heute noch im Grunde Heilfasten, Regenerierung (meist nach dem Winter), erhöhte geistige Klarheit. Vor Festen oder wichtigen Entscheidungen zu fasten ist auch heute noch in verschiedenen Kulturen oder bei einzelnen Menschen üblich und gewinnt allmählich auch wieder Bedeutung in unserem übersättigten Kulturbereich.

Bedeutend sind die Lichter oder die symbolische Handhaltung dazu, die enge Tanzhaltung, das Zusammenhalten auf dem schwierigen Weg und die Tücher als Festhalten am »roten Faden«. Vielleicht kommt die Redewendung »den roten Faden sehen« oder »den Faden verlieren« letztlich aus dem griechischen Mythos.

Heilende Elemente:
- Das Sicheinlassen auf den umständlichen Lebensweg, die Angst davor angehen, damit umgehen;
- einem Ziel, einem Sinn nachgehen, auch wenn es nicht immer sichtbar, nicht immer sinnvoll erscheint;
- das Hineingehen in das Labyrinth bedeutet auch Vergehen und Neuwerden;
- die magische und heilsame Zahl 5 hat vermutlich komplexe Ein- und Auswirkungen, die jedoch nur erfahren, geahnt, nicht analysiert werden können;
- interessant sind bei den Schritten das »Vorkreuzen«, die erfüllte Pause des Innehaltens und der loslösende Schritt als Hüpfer, der jedoch der Erde verbunden bleibt.

28. TSIRIGOTIKOS

Pilgertanz aus Griechenland, Kythera, aufgezeichnet von Hilda-Maria Lander nach Evangelia Antzaka.

Zielgruppen: Der Teil I ist für alle Zielgruppen geeignet, Kinder bis ältere Menschen, auch behinderte Menschen; bei Rollstuhlfahrern muß vereinfacht werden. Der Teil II ist für ältere Kinder, Jugendliche, Erwachsene, ältere Menschen geeignet und für leichter behinderte Menschen nach einiger Übung.

Schwierigkeitsgrad: Teil I ist leicht; Teil II leicht bis mittel, je nach Tanzerfahrung und Beweglichkeit.

Meditative Elemente: Vorstellung des Pilgerns: Pilgerweg, Pilgergefährte, Pilgerziel, Erfahrungen, auch Glaubenserfahrung, Problemüberwindungen auf diesem Weg (s. auch Allgemeines zu Pilgertänze, Pilgerstraßen),
– vorwärts – innehalten – rückwärts (Teil I)
– tief – hoch (Teil II)
– Zahlen-Rhythmus 6 (s. Zahlen-Symbole).

Aufstellung: Geschlossener oder offener Kreis, auch Aufstellung in Kleingruppen, die jedoch in der Geschlossenheit des Kreises beginnen; Hände sind durchgefaßt, hängen nach unten (V-Haltung).

Musik: Tsirigotikos auf traditioneller griechischer Schallplatte, zum Beispiel Margo 8114 (derzeit im deutschen Handel nicht erhältlich); ansonsten verwendbar jede griechische mittelschnelle Musik wie »Boot auf dem Meer« auf: 12 Sirtakis aus Griechenland von Theodorakis, CL 30055.

Tanzform

Es können beide Teile auf Zuruf miteinander kombiniert werden, jedoch ist auch jeder Teil nur für sich tanzbar.

Teil I Körperfront in Tanzrichtung, leicht federnd tanzen mit kleinen Schritten.

Taktteile

1 Rechter Fuß vorwärts in Tanzrichtung,
2 linker Fuß vorwärts in Tanzrichtung,
3 rechter Fuß vorwärts in Tanzrichtung, leicht abbremsen durch nach hinten geneigten Oberkörper,
4 linken Fuß an rechten Fuß setzen, ohne Gewicht,
5 linker Fuß rückwärts gegen Tanzrichtung, mit Gewicht, dabei kann der Oberkörper leicht vorgeneigt werden,
6 rechten Fuß an linken Fuß stellen, ohne Gewicht.

Die Taktteile 3–6 sind eine Art Wiegeschritt, jedoch federnd, leicht, schwingend, dabei können die Arme erhoben werden.

Ornamentik des Raumweges

Teil II Körperfront zur Kreismitte; kleine Schritte, geerdet.
Taktteile
1 Rechten Fuß nach rechts zur Seite stellen, mit Gewicht,
2 linken Fuß an rechten Fuß stellen, ohne Gewicht,
3 linker Fuß vorwärts zur Kreismitte, mit Gewicht, dabei Knie etwas beugen, eventuell auch nach vorn gebeugter Oberkörper,
4 rechte Fußspitze an linken Fuß tippen, ohne Gewicht,
5 rechter Fuß rückwärts zurück an Platz, mit Gewicht,
6 linken Fuß rückwärts zurück an rechten Fuß stellen, mit Gewicht.

Ornamentik des Raumweges von Teil I und Teil II

Hintergrund und Symbolbedeutung: Der Tanz ist ein alter Pilgertanz aus Nordgriechenland, wobei Teil I als eigentlicher Pilgerschritt bezeichnet wird. Er symbolisiert das aktiv-freudige Element des Pilgerns, voller Hoffnung, mit kurzem Innehalten am Platz. Die erhobenen Hände deuten auf die Beziehung zum kosmischen Bereich und/oder auf die Transzendenz, etwas, was »über« dem Menschen ist. Teil II kennzeichnet Verweilen. Der Bezug zur Erde ist stärker, das tanzende Erfühlen der Erde ist wichtig. Eventuell werden damit auch die Unebenheiten auf dem Weg ausgedrückt, das Auf und Ab, das langsame Vorwärtskommen, das Mittanzen mit den Wasserwellen, die den Weg zeitweilig begleiten.

Bei der Originalmusik kommt am Schluß ein schneller Teil, bei dem komplizierte Sprünge getanzt werden. Manche Pilgertänze enden tatsächlich mit einem schnellen Teil, der die Freude ausdrückt, nach der langen Pilgerreise heil am Ziel zu sein.

Wird beim Tsirigotikos der geschlossene Kreis geöffnet, was den Pilgertänzen entspricht, kann der/die Tanzende, der die Gruppe anführt, als Symbol seiner wegweisenden Funktion ein Tuch in seiner rechten Hand schwingen. Er wird es auch sein, der den möglichen Wechsel der beiden Teile ankündigt. Dazu bedarf es einiger tänzerischer Sicherheit. Diese Leitfigur kann nach einiger Zeit ihren Platz verlassen und an das Ende der Gruppe tanzen, so daß der nächste Tanzende die Leitrolle übernimmt (Rollenwechsel). Im übrigen können alle Mittanzenden ein Tuch in ihre Hand nehmen, auch wenn sie sich angefaßt haben. Werden keine Tücher verwendet, kann der Ersttanzende seine rechte Hand auf sein Herz oder seine linke Schulter legen. Es bedeutet die Bindung an die Gruppe, an das gemeinsame Ziel, also Religion im eigentlichen Sinne des Wortes, nämlich re-ligio = Rückbindung. Der/die erste muß nicht allein die Energie für den Pilgerweg aufbringen, sondern die Gruppe mit ihren

Schwingungen, erzeugt durch die Bewegungen und Luftverdrängung, gestaltet ebenso die Pilgerwegsituation mit. Wichtig ist sowohl das Aktivsein als auch das Vertrauen in das Geschehenlassen, in das gemeinsame Durchstehen, auch wenn es nur langsam vorwärtszugehen scheint wie beim Teil II.

Heilende Elemente: Sie sind zu sehen im Grundgedanken des Pilgerns: Jeder Tag ist ein Pilgerweg, das ganze Leben ist ein Pilgern. Oft wird das Ziel sichtbar, leuchtet, ebensooft verschwindet es, gibt es Hindernisse. Dennoch ist es wichtig, weiterzugehen, das Ziel im Herzen.

Hilfreich ist die Gruppensituation. Der einzelne ist nicht allein, nicht isoliert, auch dann nicht, wenn, wie im Teil II, das Verweilen, das kurze Hinuntergehen, das geringe Vorwärtskommen, das Hingehen zur Mitte und Entfernen sich wiederholen. In der Körperspannung durch das Beugen und das folgende Aufrichten als Entspannung sind auch wichtige seelische Bereiche angesprochen.

Heilend ist, wenn die Gedanken, der Geist, ganz beim leiblich-seelischen Tun sind, wie bei allen meditativen Tänzen; sich konzentrieren auf das, was getanzt wird und was an mir geschieht, die vielen anderen Gedanken gehen lassen und gleichsam nur mit dem Pilgergedanken leiblich umgehen.

29. D'WOAF

Festlicher Tanz, der in Bayern und Österreich beheimatet ist; aufgezeichnet von Hilda-Maria Lander und Maria-Regina Zohner.

Zielgruppen: Jugendliche, Erwachsene, ältere und leichter behinderte Menschen.

Schwierigkeitsgrad: Mittel.

Meditative Elemente: Weben als Lebenssymbol, Vereinigung von Gegensätzen, Begegnung und lebensspendende Mondelemente.

Aufstellung: Paarweise auf der Kreisbahn, Front in Tanzrichtung. Der rechts stehende Partner steht etwas hinter der links von ihm stehenden Partnerin. Er hat seine Hände ausgebreitet, Handinnenflächen nach oben, sie legt ihre Hände in die seinen. Ihre Arme sind angewinkelt, während seine Arme ausgestreckt sind.

Musik: D'Woaf auf verschiedenen Schallplatten mit bayrischer Musik, zum Beispiel Bairische Tanzmusi von Wastl Fanderl, Ariola 75 599 IT.

Taktteile

Tanzform

Beide Partner schauen nach rechts, die rechten Arme sind gestreckt, die linken Arme angewinkelt.

1– 2 Für beide Partner:
rechter Fuß schräg vorwärts nach rechts,
linker Fuß schräg vorwärts nach rechts,
an die rechte Ferse heranziehen, beide Fersen leicht anheben;
rechter Fuß schräg vorwärts nach rechts,
linken Fuß an die rechte Ferse heranziehen,
beide Fersen leicht anheben;

3– 4 beide Partner schauen nach links, die linken Arme sind ausgestreckt, die rechten Arme angewinkelt; der Partner steht links hinter der Partnerin;
linker Fuß schräg vorwärts nach links,
rechten Fuß an die linke Ferse heranziehen, beide Fersen leicht anheben;
linker Fuß schräg vorwärts nach links,
rechten Fuß an die linke Ferse heranziehen, beide Fersen leicht anheben;

5– 8 gegenläufige Drehungen der beiden Partner am Platz und Ganzdrehung der Partnerin, das heißt, die Partnerin dreht 1/4 Rechtsdrehung mit dem Gesicht zum Partner, sie wendet sich ihm zu, der Partner dreht 1/4 Linksdrehung mit dem Gesicht zur Partnerin, sie wenden sich auf der rechten Seite zueinander;

dasselbe nach links;
die Partnerin macht eine Rechtsdrehung ganz herum unter den erhobenen linken Armen der beiden bis zur Ausgangsstellung;

9–12 wie Takte 1–4;

13–16 die Partnerin wendet nach links aus, geht um den Partner herum an seine linke Seite, am Rücken vorbei an seine rechte Seite und dreht sich vor ihm mit einer Linksdrehung in die Ausgangstanzhaltung. Während dieses Umkreisens bleiben die Hände der Partner locker gefaßt und erhoben; der Partner führt mit seinen erhobenen Händen einen kleinen Kreis aus.

Bei jedem zweiten Durchtanz ist Partnerwechsel, das heißt, bei den Takten 12–16 geht die Partnerin an der linken Seite des Partners vorbei nach hinten und geht zum nächsten Partner, der hinter diesem Paar stand; sie dreht sich vor dem neuen Partner in die Ausgangsstellung.

Hintergrund: D'Woaf ist in Bayern und Österreich beheimatet. Sie wird meist bei Festen als Abschlußtanz zur Mitternacht getanzt als Beendigung des Festes, des vergangenen Tages und Neubeginn des neuen Tages: der Tag, der bereits mitten in der Nacht geboren wird. D'Woaf wird auch Webertanz genannt, woaf = weben.

Symbolbedeutung: Die Takte 1 bis 4 entsprechen den Baum-Motiven wie bei den Takten 1 bis 4 des Festtanzes. Die Nachziehschritte entsprechen den Hinkschritten, die als Mondsymbole gedeutet werden. Die Raumwege rechts/rechts und links/links entsprechen der Mondsichelform. Das Baum-Motiv und die Mond-Elemente lassen auf Bestandteile eines Fruchtbarkeitstanzes schließen, auch im kosmischen Bereich. Mitten in der Nacht wird der Tag geboren.

Die Takte 5 bis 8 enthalten wieder die Hin- und Herbewegungen des Mondes, gleichzeitig die Begegnung beider Partner durch die gegenläufigen Bewegungen einschließlich der Drehung der Partnerin (abnehmender und zunehmender Mond aus der Sicht des Partners). Die Webelemente, das Hin und Her des »Schiffchens« vereinen sich mit anderen Bewegungen.

Die Takte 13 bis 16 sind ein »magisches« Umkreisen, ein Herumführen. Dies kann den Sonnenlauf symbolisieren (nach den alten Ägyptern ging die Sonne bei Nacht unterm Nil durch) wie auch erotische Werbeaspekte enthalten, also unterschiedliche Deutungen haben. Ob die beiden Partner Planeten darstellen, die sich umkreisend anziehen, kann vermutet, jedoch nicht mit Sicherheit gesagt werden. Der Partnerwechsel kann ganz einfach ein gesellschaftliches Element sein: möglichst viele Partner kennenzulernen, ihren Geruch wahrzunehmen (»ich kann dich riechen« oder »der stinkt mir«). Der Partnerwechsel begünstigt die Partnerauswahl.

Weben und Flechten bedeutet nicht nur die Darstellung des handwerklichen Tuns. Das Handwerk selbst ist seinerseits mit Sinnbildern versehen. »Weben ist ... gleichbedeutend mit zeugen« (Sachs, 115). Zum Flechten des Seiles, das sinnbildlich in die Nähe des Webens kommt, ist bei Sachs nachzulesen: »In dem Zusammenwirken zweier Fäden konnte man die Duplizität der Kraft und die zu jeder Generation erforderliche Durchdringung beider Geschlechtspotenzen erkennen« (115). Hier vereinen sich Fruchtbarkeitsgedanken bei den Mondtänzen mit Web- und Flechtbewegungen, die ebenfalls der Fruchtbarkeit zugeordnet werden. Weben ist aber auch häufig das Symbol für das

Wirken der Schicksalsmächte, im Islam werden Struktur und Bewegungen des gesamten Universums mit einem Gewebe verglichen.

Heilende Elemente: Anziehungskraft erfahren, ob als Mond-, Web- oder Partner-Begegnungselement. Die Schritte sind ausgewogen zwischen Hin und Her, Fülle und Leere, Spannung und Entspannung, flach und erhebend, drehend und »standhaft«. Der Tanz hat besinnliche, beruhigende Wirkungen.

30. WÜSTENBAUM

Leben in der Faszination der Wüste

Entwickelt und aufgezeichnet von Hilda-Maria Lander und Maria-Regina Zohner.

Zielgruppen: Ältere Kinder, Jugendliche, Erwachsene, ältere Menschen, leichter behinderte Menschen.

Die Variante im Sitzen kann von fast allen, auch schwerer behinderten Menschen, getanzt werden; bei stark geistig behinderten Menschen sind Vereinfachungen sinnvoll.

Schwierigkeitsgrad: Mittel bis schwer; die Variante ist leicht bis mittel.

Meditative Elemente: Wesentliche Elemente des Baumes ertanzen als Naturerscheinung, als Symbolbedeutung in der Kunst, im religiösen Brauch und Identifikation mit den Wesensmerkmalen des Baumes.

Teil I: erdorientierte Bewegung, wurzeln, Raum nehmen,

Teil II: wachsen, ausgreifen nach rechts und links, die Wurzeln suchen ihren Weg (eventuell auch die Äste),

Teil III: Baum in der Weite und Drehung, er ist allseitig, verbindet sich mit allen Himmelsrichtungen,

Teil IV: Orientierung zur Höhe, die Baumkrone als Gegenstück zur Erdwurzelung im Teil I, in der Drehung allseitiges Danken, Segnen, Loben, Verkünden, Die-Früchte-Preisgeben.

Der Tanz bedarf einiger Übung, bis er meditierend getanzt werden kann, nicht nur in technischer Abfolge.

Aufstellung: Im Kreis, in der Reihe oder paarweise gegenüber im Kreis, in der Reihe ohne Handhaltung.

Musik: Mi Li Yiten, Worldtone WT 10032, israelische Musik (Rückseite von Ki Eshmera, Dank-Tanz).

Tanzform

Einsatz bei Gesang

Taktteile

I. 1– 8 Mit vier Seit-Schluß-Schritten in einen Kreis treten, mit-sonnen: rechter Fuß zur Seite, linker Fuß schließt an rechten Fuß, dies insgesamt 4 ×, Hände sind nach unten orientiert. ↻

II. 1– 4 schnelle Schritte
rechter Fuß nach rechts, linken Fuß an rechten Fuß beistellen, mit Gewicht, →
rechter Fuß nach rechts, linken Fuß an rechten Fuß beistellen, ohne Gewicht,
die rechte Hand dabei auf Brusthöhe nach rechts ausstrecken;
dasselbe nach links, mit linkem Fuß beginnen, dabei die linke Hand ausstrecken; ←

5–12 Takte 1–4 wiederholen, so daß insgesamt 3 × nach rechts und 3 × nach links getanzt wird.

III. 1– 4 Beide Hände sind ausgestreckt in Kreuzeshaltung, rechte Handinnenfläche schaut nach oben, linke Handinnenfläche schaut nach unten;
rechter Fuß nach rechts, linken Fuß an rechten Fuß beistellen, mit Gewicht;
rechter Fuß nach rechts, linken Fuß an rechten Fuß beistellen, ohne Gewicht;
linker Fuß nach links, rechten Fuß an linken Fuß beistellen, mit Gewicht
linker Fuß nach links, rechten Fuß an linken Fuß beistellen, ohne Gewicht, dabei dreht der linke Fuß 1/4 Rechtsdrehung;
neue Raumstellung;

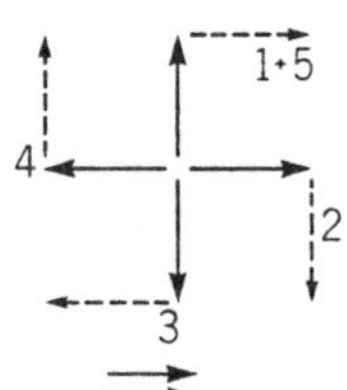

5–20 Takte 1–4 wiederholen, so daß dieser Teil insgesamt 5 × getanzt wird, dabei jedesmal 1/4 Rechtsdrehung im Uhrzeigersinn, jedoch keine Drehung mehr bei 5. Wiederholung, so daß wieder Ausgangsstellung erreicht ist.
⟶ = Körperfront
----→ = Schrittweg

IV. 1– 8 4 langsame Schritte nach vorne, rechter Fuß beginnt, ↑ akzentuiert, dabei Hände allmählich erheben;
4 langsame Schritte rückwärts zurück, rechter ↓ Fuß beginnt, akzentuiert, die Hände senken sich allmählich;

9–16 Takte 1–8 wiederholen;

17–24 4 langsame Schritte im Kreis, mit-sonnen, dabei Hände auf halber Höhe, Handflächen nach vorne;

25–32 Takte 17–24 wiederholen, jedoch Kreis gegen-sonnen, Hände auf halber Höhe;
die Takte 17–32 können auch paarweise getanzt werden im rechten Handstern und linken Handstern, die freien Hände sind halb erhoben.

Alle Schritte dieses Teils können auch verändert getanzt werden: rechter Fuß gehen, linken Fuß an rechten Fuß beitippen, ohne Gewicht; linker Fuß gehen, rechten Fuß an linken Fuß beitippen, ohne Gewicht; dies im Wechsel. Ebenfalls kann die Handhaltung verändert werden.

Variante: Kann auch im Sitzen getanzt werden: sämtliche Bewegungen werden auf die Arme und Hände übertragen, bei Teil III nur nach rechts/links – vor/zurück – vor/zurück – links/rechts – rechts/links.

Hintergrund: Der Tanz ist eine Neuschöpfung nach uralten Symbolen des Baumes, verdichtet auf einige Wesensmerkmale. Der Originaltanz auf diese Musik ist ein israelischer Paartanz, der eine andere Thematik zum Inhalt hat.

Symbolbedeutung: Es gibt unzählige Bedeutungen in allen Kulturen und zu allen Zeiten. Die wenigen Aspekte, die wir aufgreifen können, bleiben fragmentarisch und sind als Impulse gedacht. Der Baum wird einerseits mit dem Menschen verglichen und umgekehrt, andererseits reicht der Baum weit hinaus als Verbindung zu kosmischen, zu göttlichen Bereichen. Der Wüstenbaum hat seine besondere Bedeutung in seinem Standort und seinen Wesensmerkmalen der tiefen Wassersuche, des bergenden Schutzes für Mensch und Tier.

»Die Akazien der Sahara, Bäume der lebensabweisenden Trokkenzonen, strecken ihre Wurzeln bis zu achtzig Meter tief in den wasserlosen Sand, um dort unten in fossiles Regenwasser einzutauchen ... Er greift in Vorzeit hinab ... und saugt sein Leben aus ihr ... Die Macht der Wüstenbäume spendet auch jenen Lebewesen Überlebensraum, die sich dicht bei ihrem Wachstumsplatz aufhalten ... Hier findet Leben Schutz« (Höhler, 11). Der Mensch darf hoffen, dort selbst Wasser zu finden. »Erde und Wasser, jene beiden den Baum nährenden Mächte ..., werden von den naturverbundenen ... Kulturen als mütterliche Elemente verstanden ... Bäume sind dem Weiblichen enger verbunden als dem Männlichen: Erde und Wasser nähren sie, aber sie ragen hinauf ins Männliche und entfalten dort ihre Krone, ihre

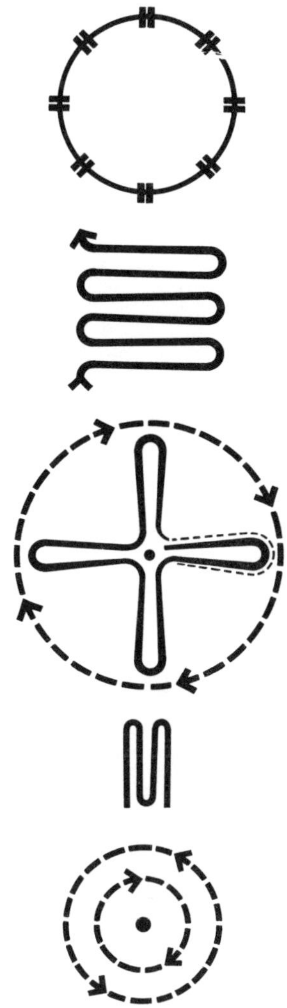

Ornamentik des Raumweges

Blüten... Der Baum hatte lebensumspannende Macht, er konnte als die Mutter alles Lebendigen erscheinen« (ebd., 143 f.). Der Stamm des Baumes selbst wurde meist dem Männlichen zugeordnet, teilweise auch die Früchte.

Im Tanz geht es um die Erfahrung der Kraft und Macht des Baumes und um die symbolhafte Identifikationsmöglichkeit des Menschen als Baum.

Teil I des Tanzes ist erdorientiert, er steckt zunächst den räumlichen Standort ab, betont mit den leicht stampfenden Fußbewegungen den Kontakt zur und die Durchdringung der Erde. Im übertragenen Sinne kann das Wort von Léopold Sédar Senghor gelten: »Wir sind die Menschen des Tanzes, deren Füße Kraft bekommen, wenn sie am Boden stampfen.« Gerade für uns Europäer ist die Verbindung zur Erde konkret und im übertragenen Sinne brüchig geworden. Es bedarf einer Wiederbelebung, ganz konkret. Die aberdenden Energien des Menschen überlassen sich der Erde, von der sie neue Energien aufnehmen.

Teil II symbolisiert den Vorgang des Wachsens, des Aufgreifens. Wurzeln sind gemeint, aber auch Äste. Als Wüstenbaum liegt die Vorstellung zu den Wurzeln, die nach Wasser suchen, näher. Stoßen zum Beispiel die Wurzeln des Wüstenbaumes Akazie auf Feuchtigkeit, krallen sie sich fest und ziehen den Baum nach. Er wandert auf der Suche nach dem lebenserhaltenden Wasser. Die Hoffnung auf immer neues Leben wird teilweise dem Wurzelwerk des Baumes zugeschrieben.

Teil III betont die Senkrechte und Waagerechte, das Kreuz im Schnittpunkt. Die Senkrechte des Baumes ist vergleichbar mit der Wirbelsäule des Menschen. Die Senkrechte verbindet Erde und Himmel in besonderer Weise. Sie steht für Zeit und für die Weltachse. Die ausgebreiteten Arme in der Horizontalen greifen in den Raum. Die Handhaltung verbindet Himmel und Erde (Derwisch-Handhaltung), nimmt und gibt weiter, ist weltumspannend. Die Drehung in dieser Körperhaltung verbindet Raum und Zeit; sie hat schützenden, segnenden Charakter, alle Himmelsrichtungen einbindend.

Teil IV ist schließlich die eindeutige Ausrichtung nach oben in aktiven Bewegungen des Raumweges und der Hände. Es ist gleichsam die bewegte Baumkrone, die sich mit dem Kosmos verbindet, Kräfte aus ihm holt, über sich hinauswächst.

Das Zurücknehmen der erhobenen Hände auf Schulterhöhe zeigt den Weg aus der Ausweitung zur eigenen Mitte zurück, die dennoch die Weite noch enthält. Mit dieser Haltung sind auch die Früchte des Baumes symbolisiert. Als »Früchte« werden in

Frühstadien vieler Kulturen auch die Himmelslichter gesehen, die Sonne, der Mond, die Sterne. In manchen Kinderliedern finden sich diese Vorstellungen noch. Ein solcher Lichterbaum zeigt sich in vielen Darstellungen (Höhler, 34).

Paarweise getanzt, wandelt sich diese Form in ein sich drehendes Rad, die gefaßten Hände sind die Radmitte. Werden Lichter in die Hände genommen (Kerzen), so entspricht diese Form dem Lichterbaum oder auch dem Feuerrad. (Beim Tanzen mit Lichtern müßten tanztechnisch die anderen Teile geändert werden.) Ob das Manna (Altes Testament) Früchte von Wüstenbäumen sind, ist nicht eindeutig nachzuweisen, denkbar ist es. Somit sind Früchte auch Lebensretter. Früchte in Form von medaillonförmigen Bildern finden sich in mittelalterlichen Baumdarstellungen. Sie stellen meist die Heilsgeschichte des Gottesvolkes in den Zweigen des Baumes dar – der Baum, von dem Heil ausgeht, der wieder Heil bringt, heilend ist.

Die einzelnen Teile des Tanzes können zwar nur nacheinander getanzt werden, gedacht werden müssen sie jedoch als Ganzes in der Gleichzeitigkeit. Vielleicht gelingt es im meditierenden Tanzen, nach längerem Üben, das Gesamte zeitlich gerafft zu erfahren, die Teile jeweils im Bezug zum Ganzen zu begreifen. Bedeutend ist die Ganzheit des Baumes jedoch auch in der Verflechtung zu seinem Umfeld, zu den Menschen. »Die altägyptische Religion, deren Spuren auch die christliche Überlieferung deutlich zeigt, hat einen Baum- und Pflanzenkult von großem Reichtum gepflegt; Leben und Tod des Menschen verlangten nach Sinnbildern, die sich in der Vegetation und im Reich der Tiere anboten ... Das philosophisch geprägte religiöse Denken der altindischen Kultur überliefert uns ebenfalls diese Vorstellung: Das Weltsystem gleich einem Baum, der an seinem Fuß den Tieren und Menschen Schatten spendet, mit seinen fruchttragenden Ästen in den Himmel reicht und dies alles aus einem Kraftzentrum nährt, von den Wurzelspitzen bis in die hohen Verzweigungen der kleinsten Äste ein einziger Lebenszusammenhang, der Erde, Luft und Himmelsraum verbindet« (Höhler, 34). So gesehen kann gleichsam ein Weltsystem ertanzt, tanzend meditiert werden.

Heilende Elemente: Von den Bewegungen her verbinden sich das Erdorientierte und Himmelorientierte, unten und oben, unter sich und ober sich. Gleichzeitig wechseln nach außen führende und nach innen gerichtete Bewegungen. Polare Bewegungen, rhythmisch verbunden im Wechsel, werden in einen »Dreh«

gebracht. Es ist ein umfassendes, heilendes Bewegungsrepertoire. Entsprechend im Wechsel werden die Yin- (zur Erde) und die Yang-Energien (zum Himmel) aktiviert, fließend gemacht und verbunden. Die inhaltliche Vorstellung sowohl im Nachvollzug als auch in der Identifikation bietet viele Impulse zur Lebensbewältigung, auch im Alltag. Sie nötigt allerdings auch eine Offenheit zu sich selbst auf, welche Bereiche fehlen oder dominant sind (die kopf- oder erdlastigen Menschen). Nicht zuletzt prüfen wir durch die Wesensmerkmale des Baumes unseren Umgang mit dem Baum, mit der Umwelt, mit uns, unsere Balance oder Nicht-Balance dazu.

3. *Blumenpredigt der Gebärden*

1. Bewegungsmeditation: BITTE UND DANK, KLAGE UND LOB

Entwickelt und aufgezeichnet von Hilda-Maria Lander; siehe auch die Tänze: Bittweg und Danktanz.

Zielgruppen: Jugendliche, Erwachsene, ältere und leichter behinderte Menschen, auch für Rollstuhlfahrer; für Kinder, wenn es entsprechend kindgerecht aufbereitet wird.

Schwierigkeitsgrad: Bewegungsmäßig leicht; geistig gefühlsmäßig erfordert es Konzentration.

Meditative Elemente: Leibliches Wahrnehmen, Erfahren und Ausdrücken von Bitt- und Dankformen; geistige Konzentration auf Inhalte von Bitte und Dank; Segen erfahren durch heilende Hände.

Aufstellung: Frei im Raum verteilt, sitzen, gehen oder stehen.

Musik: In der Regel erst ab Punkt 3. Ruhige Musik wie Deuter, Cicada, Kuckuck-Verlag, oder
- Albinoni, Concerto d-moll, op. 9,2, Adagio, oder
- Paolo Salulini, Andante aus Concerto G-dur für Salterio, Streicher und Cembalo.

Bewegungsabfolge

Bitte und Dank können jeweils mit unterschiedlichen Gebärden ausgedrückt werden, es kann ein- und dieselbe Gebärde unterschiedliche Inhalte ausdrücken. Wie die Symbole, so sind auch Gebärden nicht eindeutig, sondern vielschichtig. Wir haben einige wenige Formen ausgewählt, dabei ließen wir uns von Keel leiten. Bitte, Dank, Lob sind nicht isoliert zu sehen, sondern stehen in Verbindung zueinander. Ursprünglich waren Gebärden wie auch Tanz immer Formen des Gebets, eingebettet in religiöses Denken und Fühlen. Es waren keine Gebets*haltungen* im statischen Sinne, sondern Gebets*bewegungen.* Diese Bewegungsmeditation kann im zwischenmenschlichen, aber auch im religiösen Bereich angesiedelt werden. Jeder kann selbst über die eigenen Inhalte und Ziele entscheiden.

1. Bitten – flehen – klagen – schreien

Zwei wesentliche Formen fallen uns in den alten Gebärden und heutigen Alltagsgebärden auf: zentrierte und geöffnete Bittformen.

a) zentrierte Form
– Hände langsam ineinander legen, sie durchströmen lassen, die Einheit spüren, ähnlich den Eutonie-Übungen,
– Hände ausstrecken, seitlich, dann langsam zusammenführen und die Handinnenflächen aneinanderlegen; diese Bittform entspricht der Gebetshaltung in verschiedenen Religionen,
– in dieser geschlossenen Bittform die Hände langsam wegstrecken nach vorne, zur Seite, nach unten, oben, eventuell mit dem gesamten Leib diesen Bitt-Händen nachgehen, so entsteht eine dramatisierte Bitte des Flehens, Schreiens, auch Klagens,
– die Hände wieder zum Körper zurücknehmen und wie zu Beginn ineinander legen.

b) geöffnete Form
– geöffnete Handinnenflächen auf die Knie oder Oberschenkel legen,
– eine Hand langsam umdrehen und die Innenfläche nach oben richten,
– diese geöffnete Hand vom Körper langsam wegstrecken nach vorne, zur Seite, nach unten, oben, eventuell mit dem gesamten Leib nachgehen,
– die geöffnete Hand wieder zum Körper zurücknehmen, sie mit der Innenfläche nach unten auf das Knie legen,
– dieselben Vorgänge mit der anderen Hand,
– dieselben Vorgänge mit beiden Händen gleichzeitig; durch das totale Offensein Dramatisierung möglich.

2. Danken – loben – segnen

Dank steht in alten kultischen Formen nie allein, sondern immer im Zusammenhang mit Lob, Freude, Segen, auch Bitte.
– Eine geöffnete Handinnenfläche langsam nach vorne, nach oben heben und wieder zurückbewegen,
– dieselben Vorgänge mit der anderen Hand,
– dieselben Vorgänge mit *beiden* Händen langsam nach vorne, erheben, auf halber Höhe verweilen (ähnlich der Orantehaltung); die Handinnenflächen können auch nach oben gerichtet werden,
– Hände wieder zurücknehmen,
– bei erhobenen Händen können die Handinnenflächen auch nach unten schauen; die Hände langsam absenken (Segensgestus).

3. Bitte und Dank in der Begegnung

Paarweise Übung, ein Partner hat die Rolle des Bittenden, der andere die des Dankens und Segnens, danach Rollenwechsel.

Der Bittende streckt seine geöffneten Hände langsam nach vorne, dem anderen entgegen. Gleichzeitig erhebt der andere seine beiden Hände zur Dankgebärde und wandelt diese in eine Segensgebärde um; er legt seine Hände in die Hände des Bittenden, immer langsame Bewegungen. Die Hände eine Zeitlang beieinander ruhen lassen, dann allmählich lösen und zu sich zurückkommen. Dann Rollenwechsel.

Nach Möglichkeit versuchen, die Hände ganz langsam zu bewegen und sich nur darauf zu konzentrieren. Wenn die Partner es wünschen, können sie anschließend über ihre Wahrnehmungen und Erfahrungen reflektieren. An diese Übung können der Bittweg und der Danktanz oder auch andere Tänze angeschlossen werden. Es kann aber auch sinnvoll sein, mit dieser Übung abzuschließen oder eine Pause einzulegen.

Symbolbedeutung: Zur *zentrierten* Bittform ist Konzentration notwendig. Sie fordert die Klärung in mir, um was ich bitten, anrufen möchte: Was erscheint mir wesentlich? Nicht die Fülle der Bitten, sondern die Auswahl von Wesentlichem wird in die Hände eingeschlossen werden können. In der dramatisierten Form kann es auch bedeuten: »Aus Tiefen schrei' ich« – »rette, errette mich«. Bitte ist auch Anrufung, der Bittende ist ein Rufer, zu den Menschen, zu Gott – ein dialogisches Geschehen. In die *geöffnete* Bittform soll das Erbetene kommen, der Bittende ist ganz offen. Leere Hände sind ein Zeichen, unbewaffnet zu sein: »Ich gebe mich in deine Hände, und ich komme als Freund, auch wenn ich hadere oder klage.« Bitte ist aber auch eine selbstbewußte Form und als solche verbunden mit Lob und Dank. Nach Keel sind die ausgestreckten Arme Symbol für flehendes Bitten und Beten. »Die Hände sind beim Bittgebet ausgestreckt, weil sich der Betende in Not, das heißt in der Tiefe befindet. ... Ob der Beter in seine ausgestreckten Hände etwas erhalten oder an ihnen aus der Tiefe emporgezogen werden möchte, ist nicht so wichtig. Was er primär sucht ist der *Kontakt* mit dem lebendigen Gott, wie immer sich dieser konkretisieren mag« (Keel, 300). Einen ähnlichen Charakter kann die Bitte auch im zwischenmenschlichen Bereich haben. Nichtbeachtung ist noch schmerzhafter und existentieller als abgewiesen zu werden. Bitte steht immer in einer Beziehung, ob zu Menschen, zu einem Gott oder zum Universum. Die Bitten wurden in früheren kultischen Situationen in kniender, liegender oder verbeugender Form ausgedrückt. Bitte und Dank sind nicht voneinander zu trennen; so kann in einem Lob-Psalm die Bitte am Beginn stehen (Psalm 69), oder die Bitten erinnern an schon widerfahrenes Heil (Steffensky).

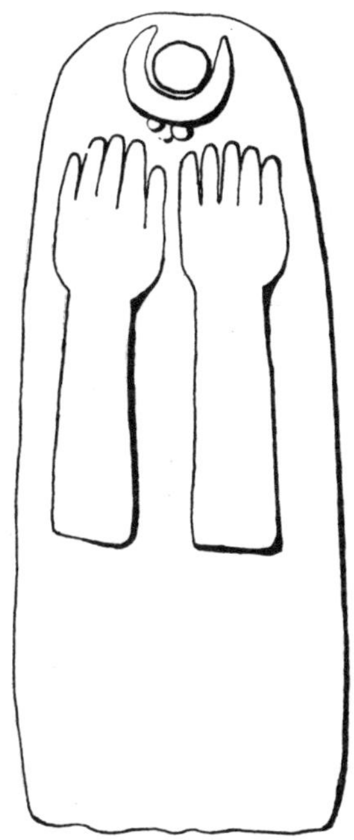

(aus: Othmar Keel, Die Welt der altorientalischen Bildsymbolik und das Alte Testament)

Dank wird mit vielerlei Bewegungsformen ausgedrückt (Danktanz). Es verbinden sich damit immer Lob, Jubel, Freude. In verschiedenen Kulturen hat die beschriebene Gebärdenform unterschiedliche Bedeutungen, wie Verehrung, Freude, Erregung, Wohlwollen, Segnen, Schützen, Handauflegen und Heilen, Lobpreisen, Danken, aber auch Bannen, Abwehren. Dieser Dank- und Gebetsgestus dürfte in Ägypten ursprünglich beschwörenden Charakter gehabt haben. In der Folgezeit bekam er einen je nach den Umständen abwehrend-bannenden oder schützend, segnend-lobpreisenden Sinn (Keel, 290).

Als weitere Dank-, Lob-, und Freudenform sind zu sehen klatschen, singen, Freudenschreie ausstoßen, jauchzen, wie auch die Bedeutung von Halleluja im Tanz Hallel. Das Danklied und der Danktanz erfüllen und ersetzen die frühere Form des Opferns (Menschen- und Tieropfer). Die Dankesformen werden vorwiegend in sitzender, stehender, gehender, schreitender oder tanzender Weise ausgedrückt.

»Du hast meine Klage in Tanz verwandelt. Du hast mein Sackgewand gelöst und mich mit Freude umgürtet.«
(aus »Keel, die Welt der altorientalischen Bildsymbolik und das Alte Testament, Benziger Verlag)

Danken kann auch gesehen werden als Form, dem anderen Segen, also etwas ganz Gutes zu wünschen, besonders wenn eine Bitte vorangegangen ist. Den anderen segnen ist und war nicht nur Priestern vorbehalten, sondern allen. So kennen wir sehr wohl, daß einer den anderen segnet, den Segen weitergibt auf horizontaler Ebene und nicht nur von oben nach unten, also hierarchisch. Die leibliche Zuwendung beim Segnen und seine heilende Auswirkung werden wohl direkt und am eindrücklichsten spürbar beim »Handauflegen«. Rational aufgeklärte Menschen verweisen diese Gebärde in die Zone dunkler Magie, nicht gefährlich, aber auch nicht nützlich. Jedoch entdecken wir zunehmend die guten Auswirkungen konkreter heilender Berührung, angefangen von der indischen Baby-Heilmassage bis zum Übers-Haar-Streichen, auch bei Erwachsenen. Genau da, wo meist die Hand aufgelegt wird, befindet sich der höchste Akupunkturpunkt, also eine Eingangsstelle für Energien. Die Hand selbst kann, besonders von der Innenfläche aus, Energien weitergeben. Handauflegen hat konkrete leibliche Einwirkungen, verbunden mit seelisch-geistigem Hintergrund. Es ist Behandlung, auch in der Segensgestik, Segen ist nicht abstrakt.

Heilende Elemente: Sie sind bereits aus den Symbolbedeutungen und den Tänzen Bittweg und Danktanz herauszulesen. Die wohltuenden Wirkungen dieser Meditationsübung wurde uns oft mitgeteilt.

2. Bewegungsmeditation: HALTEN – LOSLASSEN – DAS SAMENKORN

Zielgruppen: Jugendliche, auch ältere Kinder, Erwachsene, ältere Menschen, auch behinderte Menschen, soweit sie das Gedicht oder ein ähnliches verstehen.

Schwierigkeitsgrad: Bewegungsmäßig leicht, inhaltlich nicht ganz einfach.

Meditative Elemente: Symbol Samenkorn, halten und lassen.

Aufstellung: Sowohl im Sitzen als auch im Stehen möglich, Teilnehmer frei im Raum verteilt.

Musik: Ohne Musik oder nach dem Gedicht ruhige Musik
– Deuter, Cicada, Kuckuck-Verlag, oder
– Albinoni, Concerto d-moll, op. 9,2 Adagio.

Bewegungsabfolge

1. Eine Hand ganz langsam *schließen,* geschlossen lassen, dann ganz langsam *öffnen;*
2. die andere Hand schließen und öffnen, wie Punkt 1;
3. beide Hände gleichzeitig langsam schließen, geschlossen halten und langsam öffnen;
4. noch einmal beide Hände gleichzeitig schließen, dann *geschlossen* halten, solange das Gedicht gesprochen wird:

»Ich halte ein Samenkorn in der Hand.
Mein einziges Korn.
Sie sagen, ich soll das Korn in die Erde legen,
ich muß mein Korn schützen,
mein einziges Korn.
Ich habe nie erlebt, daß es Frühling gibt.
Sie sagen, es wächst neues Leben aus dem Korn.
Ich verliere mein Korn,
mein einziges Korn.
Ich habe nie erlebt, daß es Frühling gibt.
Sie sagen, ich muß mein Korn riskieren,
mein einziges Korn.
Aber ich habe nie Frühling erlebt.
Mein Geliebter sagt: Es gibt Frühling!
Ich lege mein Korn in die Erde.«
(Reiner Kunze)

5. Nach diesem Gedicht die Hände langsam *öffnen,* eventuell dazu Musik spielen lassen.
Damit ist die Bewegungsmeditation zu Ende.

Variationen: Andere Gestaltung des Endes: Nach Punkt 5 können die geöffneten Hände langsam ausgebreitet werden, zu den anderen hin, und deren Hände berühren. Wenn alle im Kreis sitzen, miteinander auch wiegende Bewegungen.

Nach Punkt 5 ist auch möglich: in einer Hand ein normal großes, dünnes Viereckstuch (Chiffontuch) zusammendrücken (fest drücken), dann ganz langsam die Hand öffnen. Das Tuch entfaltet sich, »blüht« aus der Hand.

Anschließend kann der Tanz mit Tüchern getanzt werden.

Ist die Bewegungsmeditation abends, wenn es schon dunkel ist, kann ein Licht in der Raummitte (Kerze) für die Meditation ausreichen. Anschließend Zeit lassen zum Nachdenken, falls gewünscht sprachlicher Austausch mit den anderen. Vorsicht, daß nichts zerredet wird.

3. LOTOS IN DEN HÄNDEN

Bewegungsmeditation eines Schöpfungs- und Sonnensymbols. Entwickelt und aufgezeichnet von Hilda-Maria Lander, angeregt durch die Darstellungen von György Doczi.

Zielgruppen: Jugendliche bis ältere Menschen, leichter behinderte Menschen; wenn entsprechend kindgerecht eingeführt, auch für ältere Kinder.

Schwierigkeitsgrad: Bewegungstechnisch leicht; die meditative Erfahrung und Aneignung der Thematik fordert, sich darauf einzulassen, die Ergebnisse im Weg suchend – also nicht für jeden leicht!

Meditative Elemente:
- Hand-Wahrnehmung und Gestaltung,
- Erfahrung sich schließender und öffnender Hände,
- Wirkweisen verschiedener Bewegungs- und Handformen,
- Leben und Tod in den Händen spüren, begreifen und in größere Zusammenhänge einbinden,
- seine eigenen »lehrenden« und »Lotos-wirkenden« Anteile erfahren, danach handeln,
- Verbindung von Hand- und Bildmeditation.

Musik: Grundsätzlich wenig oder gar keine Musik; eventuell erst gegen Ende der Bewegungsmeditation Musik einsetzen. Die Eigenwahrnehmung soll so wenig wie möglich von außen gesteuert werden; für andere wiederum ist Musik hilfreich.
Eventuelle Musik:
- Salulini, Paolo, Concerto G-Dur für Salterio, Streicher und Cembalo, Andante, 1751,
- Chants Liturgiques orthodoxes Russes, 30983 SM 37.

Ausgangssituation: Aufrecht und bewußt auf dem Stuhl sitzen, frei im Raum verteilt oder im Kreis.

Bewegungsmeditation

Der zeitliche Rahmen muß auf die jeweilige Gruppe eingestellt sein.

Beide Hände liegen mit der Handinnenfläche nach unten auf den Knien oder Oberschenkeln. Die Bewegungen so langsam wie möglich ausführen.

1. *Geschlossene Hand*
Eine Hand schließt sich langsam zur lockeren Faust, der Daumen ist außen, keine Kraftanwendung.

2. *Lehrende Hand*
Die Faust ganz allmählich öffnen, in der Reihenfolge: kleiner Finger, Ringfinger, Mittelfinger; Zeigefinger mit Daumen verbinden – die gesamte Hand wahrnehmen.

3. 4. wie 1. und 2., jedoch mit der anderen Hand,

5. 6. wie 1. und 2., jedoch mit beiden Händen gleichzeitig.

7. *Blühender Lotos in der Hand*
Eine Hand beginnt von der locker geschlossenen Faust zur »lehrenden Hand« zu kommen, dann die Hand öffnen, zuerst streckt sich der Zeigefinger, dann der Mittel-, der Ring-, dann der kleine Finger. Diesen Vorgang spüren, betrachten, Gedanken darüber wahrnehmen. Nach einiger Zeit die Hand wieder schließen.

8. Wie Nr. 7, jedoch mit der anderen Hand.

9. Wie Nr. 7, jedoch mit beiden Händen gleichzeitig.

10. *Lotos-Knospe – Lotos-Sonne*
Hände geschlossen halten, so daß sich die Finger und der Daumen berühren. Es gleicht ungefähr der Knospe des Lotos. Aus dieser Handhaltung langsam in die »blühende Lotos-Geste« übergehen, eventuell Hände leicht erheben;
mit den geöffneten Händen bewegend spielen, gestalten, drehen, wenden, formen. Nach einiger Zeit wieder in die Knospenstellung zurück. Bei diesem Übungspunkt kann ruhige Musik dazukommen.

Die Bewegungsgestaltung kann auch erweitert werden durch freies Tanzen am Platz oder im Raum, mit dem geistigen Impuls: Der gesamte Leib wird zur Lotos-Knospe, zur Lotos-Blüte, zum Eintauchen, Untertauchen, Emportauchen.

Anschließend an diese Übungsabfolge kann das Bild der lehrenden und geöffneten Hand betrachtet werden.

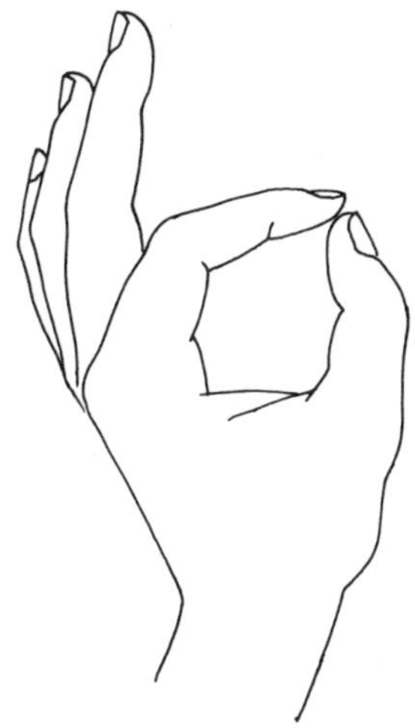

(aus: György Doczi, s. Literaturanhang)

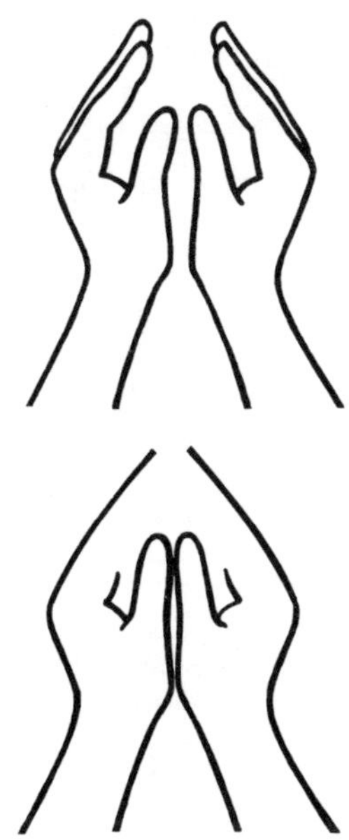

(Nachzeichnungen aus: Handbuch der Ornamentik v. F. S. Meyer, München 1983[6])

Der König öffnete die Türe... zum Allerheiligsten...

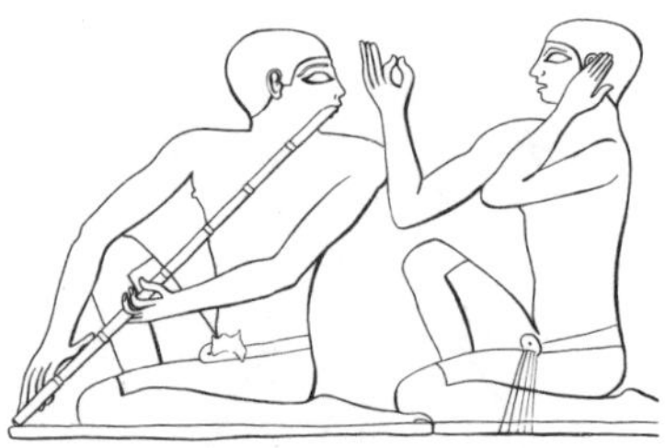

(Ausschnitte aus: Die Welt der altoriental. Bildsymbolik und des Alten Testaments v. O. Keel)

Hintergrund: Die Idee dieser Bewegungsmeditation entstand durch die Darstellung und Untersuchung von György Doczi, wie sie sich in der Abbildung zeigt. Es ist zu vermuten, daß unzählig viele Bewegungen des Menschen dem »Goldenen Schnitt« entsprechen, die harmonisch, harmonisierend und heilend wirken.

Es ist notwendig, sich für diese Meditation Zeit zu nehmen und sich darauf einzulassen.

Symbolbedeutungen: Zur Gestik des Lehrens. Die dargestellte Form, Daumen und Zeigefinger bilden einen geschlossenen Kreis, findet sich vorrangig in östlichen Kulturen. Es ist eine Form, die sowohl öffnet (3., 4. und 5. Finger sind in halber oder ganzer Streckung) als auch schließt. Wichtig ist auch der geschlossene Kreis, durch den der lehrende Inhalt, die Wahrheit hindurch gerundet wird und sich gleichsam in Spiralform, Trichterform in alle Welt hinaus eröffnet. Interessant ist, daß es im T'ai Chi Bewegungsmeditationen und Übungen gibt, in denen die Hände diese Form haben. Meist dienen diese Übungen neben dem spirituellen Ziel der Verbesserung der Sehschärfe, körperlich wie geistig gemeint. Erst wenn die »Wahrheit«, die existentielle Lehre sich rundet, kann sie weiterschwingen, und dies ist in dieser Handgestik wörtlich zu nehmen.

Zwei ähnliche Gebärdenformen fanden wir in der altorientalischen Bildsymbolik ägyptischer Kultur (Keel).

Beispiel 1: Der König öffnet die Tür zum Allerheiligsten, den Schlüssel in der Hand. Das Öffnen bedeutet gleichzeitig das Eröffnen. Auf die Lehre bezogen: Inhalte aufschlüsseln, aufschließen.

Beispiel 2: Der Sänger vermittelt dem Flötenspieler den Rhythmus; es ist ebenfalls ein Weitergehen, geöffnet, eröffnet und gleichzeitig im Kreis, im Resonanzfeld des Kreises der Hand gebündelt.

In unseren Alltagsgesten finden wir diese »lehrende« Form recht oft, insbesondere bei Menschen, die mit Nachdruck etwas eröffnen, vermitteln, aufschlüsseln wollen.

In griechischen, lateinischen, auch hebräischen Kulturen finden wir häufig die lehrende Gestik, die zur Segensgestik und Schwurhand wurde, in folgender Form: Der Daumen, der Ring- und der kleine Finger sind zusammengefügt (russischer Segensgestus) oder nur der Daumen und der Ringfinger (griechischer Segensgestus). »Es ist das Symbol für die zweifache Natur unseres Herrn. In der Antike wurde diese Fingerstellung als rhetorische Begleitgeste benutzt, um Anrede, Versicherung oder

Beteuerung zu begleiten« (Schmidt-Voigt, 128). Es gibt noch Detail-Unterschiede zwischen der griechischen und lateinischen Form.

Johannes der Täufer wird meist mit dem griechischen Segensgestus dargestellt. Angeblich ist diese Form auf die Erkrankung der Hand (Schrumpfung der Sehnenplatte in der Hohlhand) zurückzuführen (Schmidt-Voigt, 131).

Die feierlich-segnende Handhaltung aus dem religiösen Bereich wurde später in der Rechtspraxis als Schwurhand übernommen.

Zur Gestik »Lotos in den Händen«. Die Lotosblume ist eine der wichtigsten Pflanzen und Symbole in China, Indien, Ägypten, jedoch ebenso anzutreffen bei den Phöniziern, Assyrern, Babyloniern (Forstner). In unserer Kultur ist die Seerose mit der Lotosblume vergleichbar, und in der Heiligen Schrift wird die Lilie mit der Lotosblume verglichen. Die Lilie ist das Lichtgezeugte, der Lilienkelch das Lichtgebärende aus geheimnisvoller Tiefe (Schliephacke). Am Abend schließen sich die Blüten des Lotos, ziehen sich so tief ins Wasser zurück, daß man sie mit der Hand nicht mehr erreichen kann. Morgens streben sie, gen Osten gerichtet, allmählich empor, tauchen bei Sonnenaufgang aus dem Wasser und öffnen sich dem Licht. »Mythologisch ist die rote Seerose, der Lotos, die Blüte, die im Anfang entstand und aus dem Urwasser auftauchte, aber auch aus dem Licht hervor... Der aus dem Wasser auftauchende Lotos wird zum Sinnbild der aus der Nacht hervorbrechenden Sonne« (Lurker, Götter, 110). Es drängt sich der Vergleich zur Mitternachtssonne auf oder auch der Geburt Christi »mitten in der Nacht«. Der Lotos ist lebend im Wasser (Taufbeziehung), gelöst von der Erde, dem Sonnenlicht allein erschlossen, so spricht er von selbst und regt zur Betrachtung an.

Entsprechend ist die Blumenpredigt Buddhas zu sehen. Er spricht als Gleichnis vom Leben, das zur Erlösung emportaucht wie die Lotosblüten, die sich über dem Wasserspiegel erheben und ihre Kelche dem ungebrochenen Himmelslicht erschließen (Neumann 247). Die Lotos-Sutra ist die letzte Wahrheit Buddhas, rund und vollkommen; sie ist auch Sinnbild seiner Lehre.

Der sich öffnende Lotos entspricht der seelischen Entfaltung, Lotos als Erleuchtung: Die Blume wächst mit geschlossener Knospe auf und erschließt sich erst am Ende dem »ungebrochenen Himmelslicht« (Neumann, 312). Die Lotosblume ist aber auch, wie die Urschlange, Symbol für Geburt und Wiedergeburt des Lichtprinzips aus dem Ur-Ozean. Lotos wurde in Ägypten

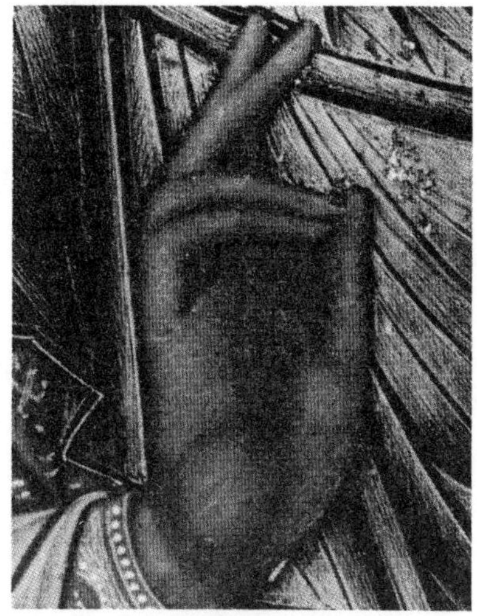

Russischer Segensgestus

Griechischer Segensgestus

(aus: Russische Ikonenmalerei und Medizin, v. Schmidt-Voigt)

Vom Lotos-Motiv bis zur griechischen Palmette (W. H. Goodyear, 1891)

Lotos auf einer Säule (aus: Gombrich, Ornament und Kunst)

auch als Totenschmuck verwendet und in der Tempelornamentik, besonders als Säulenkapitell. Dort galt er lange als die Verkörperung der Gottheit. Weibliche und männliche Gottheiten steigen aus der Lotosblume. Buddha wird auch dargestellt, wie er aus der Lotosblume geboren wird und emporsteigt. Gottheiten werden dargestellt, wie sie auf dem Lotos thronen. Selbst die Madonna wird auf einer Seerose (entsprechend dem Lotos) dargestellt.

Der Lotos ist Symbol

- der Reinheit (Indien), reine Blume aus dem schlammigen Wasser;
- der vollständigen Vereinigung (China);
- der Fruchtbarkeit (China), reicher Samenstand;
- der Einheit (China, Indien, abendländische Kultur);
- die geöffnete Blüte ist Sinnbild der Schöpfung;
- die achtblättrige Lotosblume ist ein Symbol aller Himmelsrichtungen und Sinnbild kosmischer Harmonie; sie wird auch als Meditationszeichen gebraucht.

Der Lotos ist, ähnlich der christlichen Deutung bei der Rose, in der Mitte des Kreuzes die ursprüngliche Einheit, aus der die Welt sich entfaltet. Auf indischen Spielkarten erscheint er als Symbol der Schöpfung und ihrer Gesetzmäßigkeiten.

Der Lotos ist auch ein Symbol der Unsterblichkeit, der Schönheit und Heiligkeit.

Interessant ist die Verbindung von Lotosblüte und Baum mit Licht, zum Beispiel Totenbaum des buddhistischen Kultes, der, mit Lichtern besteckt, bei Totenfesten verwendet wurde. »Zu jedem Licht des siebenstufigen Baumes, dessen Spitze ein vielblättriger Lotos bildet, gehört eine Lichtblüte, ein auf dem Lotos thronender Erleuchter und Erlöser« (Neumann, 234). Im ägyptischen Kult ist der Lotos auch ein Sonnensymbol, das – vermutlich von Ägypten aus – auch in Griechenland auftauchte, dort hauptsächlich in der dekorativen Form der Palmette sichtbar gemacht wurde. In der Ornamentik ist zum Beispiel eine Entwicklung vom Lotosmotiv bis zur Palmette zu verfolgen. Der Akanthus, der in der griechischen Kultur und Natur oft zu sehen ist, ist nichts weiter als eine in ein Blatt verwandelte alte Palmette (Gombrich, 196), letztlich also das Lotosmotiv. Trotz der Vielschichtigkeit der Lotosbedeutung bleibt letztlich ein Rest Geheimnis. Die Lotosblüte spricht selbst und regt zur Meditation an, auch in der Bewegung, sie bewegend entstehen zu lassen. Der Mensch in dieser Bewegung macht sich selbst zum Träger dieser Kraft, die dem Lotos innewohnt.

Heilende Elemente: Das trifft zwar auf alle meditierenden Bewegungen zu, ganz besonders jedoch auf den »Lotos in unseren Händen«: Der Mensch in dieser Bewegung, mit diesem Symbol macht sich selbst zum Träger dieser Kraft, die dem Lotos über Jahrtausende zugeschrieben wird.

Von der Bewegung her sind Schließen und Öffnen in ihrer Polarität nachdrücklich erfahrbar, Finger für Finger, Gelenk für Gelenk, rechts und links, außen und innen. Polarität als Vereinigung von Gegensätzen steckt auch in dem griechischen Wort harmos = Harmonie. Solche Harmonie kann heilend wirken, besonders wenn ihr der Grundsatz des »Goldenen Schnitts« innewohnt. Spürbar sinnfällig erfahren wir dies zum Beispiel in der Architektur, wenn wir uns in »golden« proportionierten Räumen befinden. Weltgesetze bewegen wir buchstäblich in unseren Händen – das Ergebnis zeigt uns Doczi in seinen Handbildern.

Im T'ai Chi – Bewegungsmeditationen – finden sich Übungen, die sowohl die »lockere Faust«, die »lehrende Hand« als auch »Lotos in den Händen« widerspiegeln. Ihnen werden eindeutig heilende Wirkungen bei entsprechenden Übungen zugeschrieben.

Den Geist einsammeln, wie vorne beschrieben, hat heilende Wirkungen, durch Jahrtausende nachgewiesen. Den Geist einsammeln auf die Wahrnehmung
- der lockeren Faust;
- der lehrenden Hand (Was sage ich alles? Ist es rund, um durch die Hand zu kommen? Was möchte ich sagen und lasse es vielleicht nicht los? Wo gelingt es, wann kann ich wieder schließen?);
- das Wunder der geöffneten Hand. Lotos durch mich entstanden, das Lebens-Zeichen im Symbol.

Ich ergreife die Bewegung, den schweifenden Geist, zentriere sie zum Wesentlichen im Lotos, um mich dann ergreifen zu lassen. Verfolgen wir die Linien unserer Hand, wenn wir sie weiterziehen, dann durchdringen wir Welten um uns, treffen uns mit Schwingungslinien anderer Menschen, sind eingebunden in kosmisches Geschehen – Heilendes im Teil des Ganzen.

Drehen wir die Handstellung »Lotos in den Händen« so, daß wir eine Schale halten können, dann paßt eine Form in unsere Hand, die ebenfalls meist die Proportionen des Goldenen Schnitts enthält. Das Maß des Menschen verwandelt sich so in Materie, die wiederum auf den Menschen zurückwirkt. Vielleicht ist ihre Wirkweise auch ein geistiger Vorgang, ein heilen-

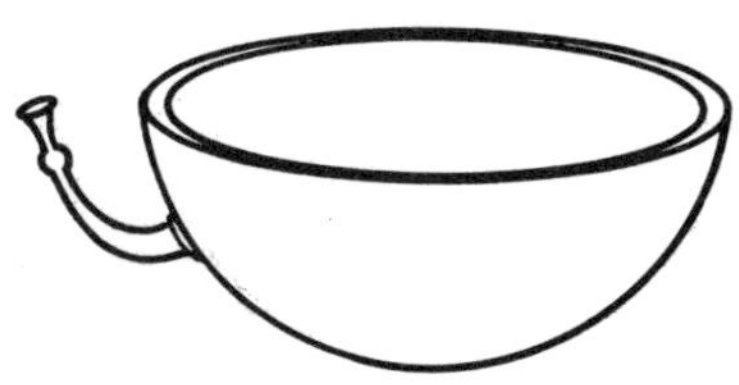

(Nachzeichnung: Schale von Enkomi, Cypern)

der Geist, der weht. Schöne Gefäße, die den Goldenen Schnitt besitzen, wirken bereits aus der Entfernung harmonisierend. Und wir können jederzeit ein solches Gefäß in unsere Hand zaubern, unsere Hand zum Gefäß machen, uns dazu hinziehen lassen.

4. SEGENSWÜNSCHE – SEGENSMELODIE

Grundlage dieser Gebärden ist ein lettisches Wiegenlied als Segenslied; mündliche Überlieferung, aufgezeichnet von Hilda-Maria Lander und Maria-Regina Zohner.

Zielgruppen: Für alle.

Meditative Elemente: Segen geben, Segen empfangen, Segen bedeutet…

Musik: Lettisches Wiegenlied

Bewegungsabfolge

Zu jeder einzelnen Gebärde wird die Melodie einmal gesungen; sie kann auch mit Instrumenten begleitet werden. Die Gebärden sind:

1. *Der Segen ist bei mir:* Jeder überkreuzt seine Hände über der Brust, rechte Hand über der linken.
2. *Segen vom Himmel holen:* Arme erheben sich, strecken sich aus; Arme senken und überkreuzen sich vor der Brust.
3. *Segen aus der Erde:* Mit beiden Händen nach unten gehen und aus der Erde den Segen schöpfen; Arme erheben sich wieder und überkreuzen sich vor der Brust.
4. *Segen aussäen:* Mit einer Hand oder beiden Händen eine Sä-Bewegung machen; Arme überkreuzen sich wieder vor der Brust.
5. *Segen weitergeben:* Zwei Partner wenden sich zueinander (vorher absprechen oder abzählen), der links stehende Partner gibt an den rechtsstehenden den Segen mit geschlossenen Händen in dessen Hände weiter.
6. *Segen weitergeben – Kreislauf des Segens:* Beide Partner drehen sich halb herum zu einem anderen Partner. Wieder gibt der linksstehende Partner seinen Segen an den rechtsstehenden weiter.
7. *Segen in die Mitte bringen – von der Mitte Segen holen:* Alle gehen mit geöffneten Händen zur Mitte und zurück und halten die anderen in W-Fassung.

5. SYMBALLEIN

Begriff, Symbol und Vorgang *symballein* erfahren, damit umgehen

Entwickelt und aufgezeichnet von Hilda-Maria Lander und Maria-Regina Zohner.

Zielgruppen: Jugendliche, Erwachsene, ältere Menschen; behinderte Menschen, soweit sie den Vorgang intellektuell erfassen können; auch für Kinder, wenn es kindgerecht aufbereitet wird.

Vorbereitung: Es wird von Kleingruppen zwischen 6 und 8 Teilnehmern ausgegangen. Entsprechend der Gruppengröße aller Teilnehmer ist die Materialvorbereitung. Für jede Kleingruppe ist ein größeres Bild gedacht, das in 6 bis 8 Teile, je nach Teilnehmerzahl, unregelmäßig zerrissen wird. Auf der Rückseite der einzelnen Teile wird *ein* Symbol, zum Beispiel Kreis, Dreieck, Spirale, aufgezeichnet. Auf allen Teilen der einen Gruppe, des einen Bildes dasselbe Symbol anbringen. Die Teile eines Bildes in ein Kuvert geben, damit bei mehreren Kleingruppen in der Vorbereitung kein Durcheinander entsteht. Meist weiß man vorher nie die genaue Zahl der Teilnehmer.

Durchführung: Wer möchte, kann ruhige, leise Musik im Hintergrund spielen lassen bis zum Punkt 6.

1. Entsprechend der Teilnehmerzahl werden die Bildteile gemischt auf einen Stuhl oder auf die Erde gelegt.
2. Die Teilnehmer, die im Raum verteilt sind, gehen ruhig und langsam, um sich einen Bildteil zu holen.
3. Jeder betrachtet seinen Bildteil von allen Seiten, geht damit im Raum umher oder sucht sich einen Platz zum Sitzen. Bewußt Zeit für diese Einzelbetrachtung lassen, auch einplanen, daß die Teilnehmer diese Teil-Bildbetrachtung allein aushalten.
4. Die Teilnehmer drehen nun ihren Bildteil um, nehmen das darauf gezeichnete Symbol wahr und suchen die anderen Teilnehmer mit demselben Symbol. Keine Hektik aufkommen lassen.
5. Die Kleingruppe, die sich nun gefunden hat, soll die Teile zu einem Ganzen, zu dem ursprünglichen Bild zusammenfügen, möglichst ohne darüber zu reden. Es geht *nicht* um eine Bildbetrachtung, sondern um den Vorgang des Zusammenfügens, des *Symballein.*
6. Die Bildteile sollen zusammengefügt und auf ein leeres Papier aufgeklebt werden (Papier und Klebstoff vorbereiten), allerdings so, daß die Reißstellen sichtbar bleiben. Manchen fällt es schwer, diese »Unvollkommenheit« auszuhalten.
7. Anschließend das zusammengefügte Bild, das Ganze, aufhängen und den Vorgang des Symballein erklären, sagen, was Symbol bedeuten kann.

Wichtig ist, den Vorgang des Symballein erleben, erfahren, gestalten zu lassen. Entsprechend Zeit für diese Meditation einplanen. Eventuell bei Punkt 7 Pausen oder lautes Mitdenken der Teilnehmer initiieren, bei Aussagen wie:

- Im Teil steckt das Ganze, und doch sind die Teile ergänzungsbedürftig.
- Das ganze Bild ist wieder nur ein Teil von ... der Mensch ist ein Teil von ..., die Natur ist ein Teil von ...
- Letztlich können wir uns dem Geheimnis von Symbol und *Symballein* nur von allen Seiten annähern – ganz ergründen werden wir es kaum.

4. *Der Weg ist das Ziel*

Methodische Aspekte

Es wird so viele methodische Formen geben, wie es Leute gibt, die Bewegung, Tanz weitervermitteln. Jeder muß seinen Stil finden, auch im Hinblick auf die Gruppe, auf die Thematik, das Ziel und seine eigene Persönlichkeitsstruktur. Zudem ist der Zeitfaktor zu beachten, ob ein Wochenende, ein Abend oder nur eine Stunde zur Verfügung steht.

Wir möchten nur wenige knappe Hinweise geben, einen lokkeren Leitfaden, der aus unserer Erfahrung entstanden ist:

1. *Aufwärmen* zur Lockerung von Leib, Seele, Geist, zu Beginn eines Abends oder einer längeren Bewegungseinheit. Sich motorisch »austoben«, Hemmnisse abbauen durch verschiedene spielerische Bewegungsformen.
2. *Zur Ruhe kommen* mit Atem- oder sonstigen Übungen, sich der meditativen Ruhe annähern. Nach Möglichkeit nicht direkt aus der Hektik in einen meditativen Tanz gehen, sondern sich einstimmen, einsammeln.
3. *Hinführung zu einem konkreten Tanz* oder einem Bewegungsthema. Einzelne Elemente des Tanzes spielerisch eintanzen, nicht sofort die Struktur des Tanzes, zum Beispiel die Takte 1 bis 12, (stur) hintereinander einüben.
4. *Struktur des Tanzes nachvollziehen,* Teile zu einem sichtbaren und spürbaren Ganzen zusammenfügen.
5. *Ein Wesensmerkmal des Tanzes* oder ein allgemeines Merkmal *vertiefen,* zum Beispiel Gleichgewichtsübungen, Fortschritt – Rückschritt usw.
6. *Den Tanz noch einmal wiederholen,* eventuell einige Male hintereinander tanzen, bis das Bewegungsgedächtnis ohne gedankliche Anstrengung funktioniert. Variationen oder Choreografien des Tanzes in der Regel nicht sofort bringen.
7. Eventuell jeder für sich *Wirkung und Inhalte des Tanzes,* der Gebärde, des Bewegungsthemas meditieren – in Stille, in Verbindung mit gemeinsamer Symbol- und Bildbetrachtung.
8. *Abschluß* der Tanzeinheit oder eines Abends: den oder die Tänze noch einmal wiederholen und/oder eine Meditationsbewegung.

Bei den Punkten 6 und 7 ist es möglich, die Sinne zurückzuziehen, die äußere Wahrnehmung abzuschalten, um sich einem anderen verfügbaren Bewußtseinszustand anzunähern. Letztlich kann das Ziel nur auf dem Weg erfahren werden, auch wenn es so aussieht, daß das Ziel nur am Ende wie ein Fixpunkt erreicht ist. Der Prozeß des Werdens ist Weg und Ziel zugleich.

Literaturverzeichnis

ARNOLD, FRITZ, Der Glaube, der dich heilt, Regensburg 1983.

ANDERS, FRIEDER, Das chinesische Schattenboxen, T'ai Chi, Meditation in Bewegung, München ^{6}1985.

ANDERS, FRIEDER, Taichi, Chinas lebendige Weisheit, Köln 1985.

BECK, DIETER, Krankheit als Selbstheilung, Frankfurt 1985.

BÉJART, MAURICE, Tänze des XX. Jahrhunderts, Antwerpen 1978.

BERGER, TERESA, Liturgie und Tanz, 1985.

BEVERLEY, BARNES, Folk Dances of Europe, Australien 1983.

BLOCH, ERNST, Das Prinzip Hoffnung, Frankfurt 1973.

BODEN, LISELOTTE M., Meditation und pädagogische Praxis, München 1978.

BÖHME, FRANZ M., Geschichte des Tanzes in Deutschland, Leipzig 1886 (Nachdruck Hildesheim 1967).

BRAUNECK, MANFRED, Religiöse Volkskunst, Köln ^{2}1979.

CAPRA, F., Wendezeit, Bern 1983.

CARIUS, INGE, Gebildbrot, Brauchtum im Jahres- und Lebenslauf, Königstein 1982.

CHARPENTIER, Die Geheimnisse der Kathedrale von Chartres, London ^{9}1986.

COOK, ROGER, The Tree of Life, London 1974.

COUSINS, NORMAN, Der Arzt in uns selbst, Frankfurt 1981.

DARGYAY, Meditation im tibetischen Buddhismus: Jahrbuch für Yoga, München 1980.

DETHLEFSEN, THORWALD/DAHLKE, RÜDIGER, Krankheit als Weg, München, 1983.

DIAMOND, JOHN, Der Körper lügt nicht, Freiburg 1983.

DOCZI, GYÖRGY, Die Kraft der Grenzen, München 1984.

DÜRCKHEIM, KARLFRIED, Wunderbare Katze und andere Zen-Texte, Bern ^{5}1982.

FEILD, RESHAD, Leben um zu heilen, München 1985.

FINK, JOSEF, Sammle mich ein, Graz 1984.

GÖTTNER-ABENDROTH, HEIDE, Die tanzende Göttin, Prinzipien einer Matriarchalen Ästhetik, München ^{3}1985.

GOMBRICH, ERNST, Ornament und Kunst, Stuttgart 1982.

GRODDECK, GEORG, Krankheit als Symbol, Frankfurt 1984.

GÜNTHER, HELMUT, Die Tänze und Riten der Afro-Amerikaner, Bonn 1982.

HEYN, BIRGIT, Die sanfte Kraft der indischen Naturheilkunde, Bern 1983.

HERDER LEXIKON, Symbole, Freiburg ^{3}1978.

HÖHLER, GERTRUD, Die Bäume des Lebens, Stuttgart 1985.

HUET, MICHEL, Afrikanische Tänze, Köln 1970.

JUCHLI, LILIANE, Heilen durch Wiederentdecken der Ganzheit, Stuttgart 1985.

JUNG, C. G., Mandala, Bilder aus dem Unbewußten, Olten ^{9}1979.

KEEL, OTHMAR, Die Welt der altorientalischen Bildsymbolik und das Alte Testament, Zürich 1972.

KERÉNYI, KARL, Vom Labyrinthos zum Syrtos, in: Atlantis, Nov. 1963.

KERÉNYI, KARL, Humanistische Seelenforschung, München 1966.

KUGLER, JOHANN, Körperliche und geistige Zustandsänderungen beim Meditieren, in: Jahrbuch für Yoga, 1980.

LANDER, HILDA-MARIA, Tanzen will ich, München 1983.

LEBOYER, FRÉDERICK, Sanfte Hände, Die traditionelle Kunst der indischen Baby-Massage, München ^{6}1985.

Lexikon der Symbole, v. Bauer/Dümetz/Golowin, Wiesbaden ^{3}1982.

Lexikon der östlichen Weisheitslehren, Buddhismus-Hinduismus, Taoismus-Zen, München 1986.

Lexikon der Symbole, HEINZ-MOHR, GERD, Bilder und Zeichnungen der christlichen Kunst, ^{6}1981.

Lexikon chinesischer Symbole, EBERHARD WOLFRAM, Köln 1985.

LOBO ROCQUE, Yoga – Sensibilitätstraining für Erwachsene, München 1978.

LUBA-PLOZZA, BORIS, Musik und Persönlichkeit, in: Tanztherapie, 2/1985.
LURKER, MANFRED, Götter und Symbole der alten Ägypter, München 1974.
LURKER, MANFRED, Wörterbuch der Symbolik, Stuttgart 1979.
LURKER, MANFRED, Der Kreis als Symbol im Denken, Glauben und künstlerischen Gestalten der Menschheit, Reinbek 1981.
MADER, JOSEF, Kirche innerhalb und außerhalb der Kirchen, Kirchenbegriff in der Theologie Paul Tillichs, Promotionsschrift, 1986.
MAIER, HERBERT, Pa Tuan Chin, Heilgymnastische und meditative Bewegungs- und Atemübungen, Kassel 1985.
MARTI, KURT, Widerspruch für Gott und Menschen, Freiburg 1982.
MARTIN, GERHARD M., Fest und Alltag, Bausteine zu einer Theorie des Festes, Stuttgart 1973.
MEYER, F. S., Handbuch der Ornamentik, München 1983.
MOINUDDIN AL CHISHTIYYA, Die Heilkunst der Sufi's, Freiburg 1984.
MÜLLER-KARPE, HERMANN, Frauen des 13. Jahrhunderts vor Christus, Mainz 1985.
MULACK, CHRISTA, Maria, Die geheime Göttin im Christentum, Stuttgart 1985.
NARANJA/ORNSTEIN, Psychologie der Meditation, Frankfurt 1978.
NEUMANN, ERICH, Die große Mutter, Eine Phänomenologie der weiblichen Gestaltung des Unbewußten, Olten ^{5}1981.
NYSSEN, WILHELM, Bildgesang der Erde, Außenfresken der Moldauklöster in Rumänien, Trier 1977.
OVERBECK, GERD, Krankheit als Anpassung, Frankfurt 1984.
PLATON, NICOLAS, Kreta, München 1968.
POEPLAU, WOLFGANG, In die Mitte der Welt führt deine Spur, Texte indianischer Weisheit, Freiburg 1984.
PURCE, JILL, The mystic Spiral, London 1974.
RAHNER, HUGO, Griechische Mythen in christlicher Deutung, Freiburg 1984.
RIEDEL, INGRID, Formen: Kreis, Kreuz, Dreieck, Quadrat, Spirale, Stuttgart 1985.
ROSENBERG, ALFONS, Christliche Bildmeditation, München 1975.
SACHS, CURT, Eine Weltgeschichte des Tanzes, Berlin 1933, (Nachdruck Hildesheim 1976).
SALBER, WILHELM, Tanz mit Leib und Seele, zur Psychologie des Tanzes, in: Tanz-Illustrierte, Mai/Juni 1985.
SCHACHERMEYR, Die minoische Kultur des alten Kreta, Stuttgart 1964.
SCHLIEPHACKE, BRUNO P., Bildersprache der Seele, Lexikon zur Symbolpsychologie, Münster 1979.
SCHMIDT-VOIGT, JÜRGEN, Russische Ikonenmalerei und Medizin, München ^{2}1983.
SCHOOP, TRUDI, Komm und tanz mit mir, Zürich 1981.
SCHWABE, JULIUS, Archetyp und Tierkreis, Grundlinien einer kosmischen Symbolik und Mythologie, Basel 1951.
SCHWÄBISCH/SIEMS, Selbstentfaltung durch Meditation, Reinbek 1981.
SCHWENK, THEODOR, Das sensible Chaos, Stuttgart ^{6}1984.
SEITZ, MARGIT, Der Meditationsführer, Wege nach innen, München 1985.
STEFFENSKY, FULBERT, Feier des Lebens, Spiritualität im Alltag, Stuttgart 1984.
WEEGE, FRITZ, Der Tanz in der Antike, 1926 (Nachdruck Halle/Saale 1976).
WEINREB, FRIEDRICH, Buchstaben des Lebens, Freiburg 1979.
ZISWEILER, VINZENZ, Vom Tanz der Tiere, in: Atlantis, Nov. 1963.
ZÖLLER, JOSEFINE, Das Tao der Selbstheilung. Die chinesische Kunst der Meditation in der Bewegung – ein Weg der Selbsthilfe und Heilung, München 1984.